LE

STATUT RÉEL FRANÇAIS

EN ALGÉRIE

OU

LÉGISLATION ET JURISPRUDENCE SUR LA PROPRIÉTÉ

DEPUIS 1830 JUSQU'A LA LOI DU 28 AVRIL 1887

PAR

L. A. EYSSAUTIER

CONSEILLER A LA COUR D'APPEL D'ALGER

DOCTEUR EN DROIT

PREMIÈRE PARTIE

ALGER

ADOLPHE JOURDAN, LIBRAIRE-ÉDITEUR

IMPRIMEUR-LIBRAIRE DE L'ACADÉMIE

4, Place du Gouvernement, 4

1887

LE

STATUT RÉEL FRANÇAIS

EN ALGÉRIE

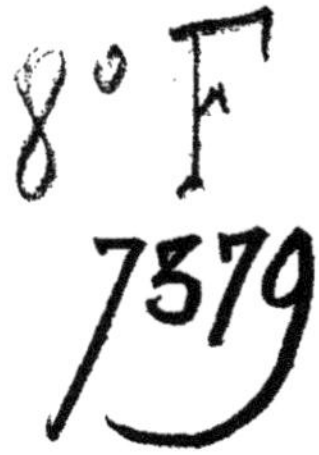

LE
STATUT RÉEL FRANÇAIS
EN ALGÉRIE

OU

LÉGISLATION ET JURISPRUDENCE SUR LA PROPRIÉTÉ

DEPUIS 1830 JUSQU'A LA LOI DU 28 AVRIL 1887

PAR

L. A. EYSSAUTIER

CONSEILLER A LA COUR D'APPEL D'ALGER

DOCTEUR EN DROIT

ALGER

ADOLPHE JOURDAN, LIBRAIRE-ÉDITEUR

IMPRIMEUR-LIBRAIRE DE L'ACADÉMIE

4, Place du Gouvernement, 4

1887

Au moment où la Chambre des députés était saisie du projet
modifiant certaines dispositions de la loi du 26 juillet 1873,
nous offrîmes à la *Revue algérienne* un article qui avait pour
objet d'appeler l'attention du législateur sur quelques points
qui venaient de donner lieu à un conflit de jurisprudence. Le
directeur de la *Revue* nous engagea à élargir notre plan, de
manière à pouvoir publier tous les arrêts sur la matière.
Notre article devint une introduction sous le titre de :
PRINCIPES GÉNÉRAUX.

Mais les arrêts se multipliaient sous nos pas, et les questions les plus délicates, naissant de la combinaison du droit
musulman, du droit algérien et du droit français, nous for-
çaient à exposer les principes de ces divers droits qui devaient
servir à les résoudre. Nous ne voulions pas faire un simple
répertoire, c'était un traité complet qui nous paraissait nécessaire, et le cadre de la *Revue* ne pouvait comporter sa publication ; c'est ce que nous fîmes observer d'abord à l'éditeur,
ensuite au directeur, dès son retour de France, en leur propo-
sant d'arrêter la publication dans la *Revue,* à la fin du titre 1er
de la loi de 1873.

C'est dans ce titre que sont posés tous les principes dont la
loi de procédure, formée des titres II et III, fait l'application.

Cette première partie forme donc un tout et pouvant se suffire nous avons pu autoriser l'éditeur de la *Revue* à la publier.

Il la fait suivre de documents inédits, trop peu connus, et qui aideront à l'interprétation plus exacte de la loi.

Nous avons pris envers nous-même l'engagement de compléter ce premier essai ; l'heure sera peut-être mieux choisie quand la Cour de cassation aura tranché un grave débat porté devant elle. La solution qu'elle y donnera peut changer l'économie de la loi, bouleverser toute la jurisprudence, la procédure même, adoptée par l'administration pour la délivrance des titres français ; il est prudent d'attendre son arrêt.

Les idées que nous avons adoptées s'appuient sur la jurisprudence la plus générale de la Cour d'Alger et de la Cour de cassation ; quand un arrêt contraire est survenu, nous avons cru devoir nous adresser, à défaut de M. Warnier qui n'est plus, à l'auteur principal, après lui, de la loi de 1873, à M. Humbert, vice-président du Sénat et professeur de droit, qui avait porté la parole, au nom de la Commission devant l'Assemblée nationale.

Voici sa réponse qu'il nous a permis de publier (1).

---

(1) Je souhaite, nous dit-il, que cette publication soit favorable à l'intérêt de *notre* cause et à l'adoption de *notre* solution par la jurisprudence.

Beaujeu, le 17 août 1887.

« Monsieur le Conseiller et honoré Confrère,

» Vous avez bien voulu m'envoyer les premières feuilles de l'ouvrage que vous allez publier sur la propriété en Algérie, et qui ont paru déjà dans la *Revue algérienne,* publiée par l'École de Droit d'Alger. Je vous suis très reconnaissant de l'envoi de votre travail, d'autant plus qu'il s'appuie, dans son interprétation de la loi sur la propriété en Algérie, non seulement sur le discours que j'ai prononcé lors de la discussion de cette loi à l'Assemblée nationale, mais encore sur une jurisprudence constante de 15 années. Il me paraît certain que les membres de la commission, dont j'avais l'honneur de faire partie, avaient entendu laisser la plus grande latitude possible à l'initiative individuelle pour franciser les immeubles algériens. C'est par ce motif qu'elle avait inséré l'article 3 dans le § 3, qui déclare français tous les immeubles pourvus d'un titre administratif ou notarié, en les dispensant d'un titre nouveau. C'est par cette raison aussi que le texte offre aux titulaires d'un titre notarié relatif à une vente faite par indigène le moyen de purger l'immeuble *erga omnes,* dans les formes de la purge tracées par le titre III. Quant aux formalités longues et coûteuses exigées par le titre II, elles avaient été prescrites pour les terres indigènes (les *melk* dans le chap. Ier, les *arch* dans le chap. II). En effaçant ces termes techniques pour les remplacer par ceux de « propriété individuelle » et de « propriété collective, » je ne pense pas que la commission ait entendu modifier la portée des dispositions du titre II. Aussi, dans la discussion à l'Assemblée, les orateurs ont toujours, à ce sujet, parlé de la *propriété indigène,* car la propriété française, appuyée sur un titre administratif ou notarié, est dispensée de ces formalités par l'art. 17 et retombe sous l'empire de la purge spéciale organisée par le titre III.

» Tel est l'avis que je crois pouvoir vous donner sur cette question délicate résolue il y a plus de dix ans, etc.

» G. Humbert. »

LE

STATUT RÉEL FRANÇAIS

EN ALGÉRIE

CHAPITRE Ier

**Législation et jurisprudence de 1830 à 1873
Principes généraux**

SOMMAIRE

1. — Droit des gens ; — art. 3 du Code civil, droit commun de la terre française en Algérie ; — la capitulation d'Alger n'y déroge pas.

2. — Arrêtés des 22 oct. 1830, 28 mai 1832 : dérogation pour les causes entre Musulmans ou Israélites, pour les transactions immobilières entre indigènes ; entre eux, entre transactions indigènes, droit *ancien;* entre Chrétiens et indigènes, entre transactions chrétiennes ou mixtes et transactions indigènes, droit *actuel.*

3. — Arrêté du 21 juin 1831, ordonnance du 16 nov. 1841 : enregistrement des actes d'acquisition d'immeubles.

4. — Arrêts des 31 juillet 1850, 30 juillet 1851 : la dispense d'inscription ne peut être invoquée qu'entre Musulmans.

5. — Ordonnance des 10 août 1834, 28 fév. 1841, 26 sept. 1842 : compétence des tribunaux français, des cadis; — conventions mixtes.

6. — Ordonnance du 1er oct. 1844 : loi française dans toute action réelle, pour toute vente ultérieure.

7. — Ordonnance du 21 juillet 1846 : vérification des titres de propriété ; — Concessions : décret du 26 avril 1851; — les conventions musulmanes sont régies par la loi musulmane, même pour des immeubles qui ont été l'objet d'un titre français.

8. — Loi du 16 juin 1851 : projets, retour au droit commun, transcription, rapports; — art. 10 et 16; — abrogation des lois antérieures; — Droit musulman de Musulman à Musulman, de contrats musulmans à contrats musulmans ; — droit français entre toutes autres personnes, entre tous autres contrats, même pour un indigène contractant avec un Européen ; — le droit musulman peut encore régir la transmission de Musulman à Musulman pour un immeuble qui a été l'objet d'un acte français ou mixte, d'un acte administratif, d'une concession ; — ordonnance de 1842 abrogée en matière réelle; — acceptation de la loi française par musulmans, acte notarié insuffisant.

9. — Loi du 23 mars 1855 promulguée en Algérie : la transcription est opposable d'actes français ou mixtes à actes entre Musulmans ; — elle ne soumet pas définitivement l'immeuble au statut réel français.

10. — Décrets du 30 août 1858, sur l'inaliénabilité musulmane; — du 21 fé-

vrier 1859, sur la prohibition relative aux biens de tribus ; — du 31 décembre 1859 et du 13 décembre 1866, sur la compétence des cadis et des juges de paix en matière musulmane.

11. — Sénatus-consulte du 22 avril 1863 : l'application du sénatus-consulte n'imprime pas pour toujours à l'immeuble le statut réel français.

12. — Arrêts des 19 mars 1862 et 21 octobre 1862, où le fait domine le droit.

13. — Arrêt du 4 avril 1868 : l'hypothèque d'un Européen, inscrite en vertu d'un jugement sur des immeubles acquis par acte transcrit, l'emporte sur l'acte musulman ; point de départ de la jurisprudence ultérieure, voie ouverte à la loi de 1873.

1. — D'après le droit des gens, le territoire est soumis à la loi de la nation à laquelle il appartient ; la conquête fait passer la terre conquise sous la loi du vainqueur. La terre algérienne, devenue terre française, a, de plein droit, été soumise à l'art. 3 C. civ. ainsi conçu : « Les immeubles, même ceux possédés par des étrangers, sont régis par la loi française », à l'art. 1341, sur la preuve, à l'art. 1328, sur la date certaine, à l'art. 2166 C. civ. et à l'art. 834 C. proc., sur les effets de la transcription relativement aux privilèges et aux hypothèques, à l'art. 11 et à la loi du 14 juillet 1819, sur les successions d'étrangers, aux lois sur la compétence.

Toutes ces dispositions ont formé le droit commun de l'Algérie sur la transmission des immeubles : à défaut de loi spéciale y dérogeant, elles doivent être appliquées ; chaque dérogation, chaque exception doit être limitée à ses termes, le silence, l'omission, tout doute doit être interprété en faveur du droit commun, doit rendre applicable l'art. 3 aux indigènes, sujets de la France, comme aux étrangers qui ne sont que ses hôtes.

Voilà le principe essentiel qui peut seul guider, la lumière qui seule doit éclairer le jurisconsulte au milieu des obscurités et des lacunes de la loi algérienne.

En droit musulman, comme en droit français avant la loi de 1855, le consentement suffit au transfert de la propriété de l'immeuble, à l'égard du vendeur et de tous ceux qui obtiendraient de lui des droits réels après la vente. Mais, en droit musulman, la preuve du contrat et de sa date peut toujours être faite par témoins, et l'on sait quelle est la valeur de la preuve testimoniale chez les indigènes ! Partout où la loi spéciale n'autorisera pas expressément la preuve testimoniale, quand le droit français la prohibe, c'est la loi française qui sera applicable.

La capitulation d'Alger porte que « l'exercice de la religion mahométane restera libre. La liberté des habitants de toutes les classes, leur religion, *leurs propriétés* ne recevront aucune atteinte. » Pas un seul mot de cette capitulation ne peut être interprété en ce sens que les propriétés ne seront pas régies par la loi française, pas un mot ne garantit aux Musulmans la preuve testimoniale de leurs conventions immobilières, et surtout l'effet de ces conventions à l'égard des Français.

2. — La première dérogation au droit imposé par la conquête à l'Algérie se trouve dans l'arrêté du général Clauzel, en date du 22 octobre 1830, qui défère au cadi maure toutes les causes entre Musulmans, à un tribunal de rabbins celles entre Israélites, à la cour de justice française les appels de ces deux juridictions et toute cause civile ou commerciale dans laquelle *un Français se trouverait intéressé*. — Art. 6 : « La cour de justice est autorisée à appliquer les lois françaises ou celles du royaume d'Alger, de même que les usages et coutumes de l'un et l'autre pays, suivant qu'elle le croira convenable. »

Le pouvoir de la cour de justice est absolu : en droit, elle peut appliquer l'une ou l'autre loi, même quand un Français est intéressé ; en fait, si elle appliquera quelquefois la loi musulmane à un Français qui paraîtra l'avoir acceptée en contractant directement avec un indigène, elle donnera la préférence à la loi française quand les deux parties, l'une française, l'autre musulmane, ne se seront pas liées l'une à l'autre par un contrat.

L'arrêté ne distingue pas entre les actions réelles et les actions personnelles; un arrêté de l'intendant civil, du 28 mai 1832, est spécial aux transactions sur immeubles : il prescrit le dépôt pendant 15 jours au greffe, la transcription et la publication des aliénations d'immeubles et des transmissions équivalentes à aliénation, de tout bail à loyer ou à rente excédant neuf années, indépendamment de l'enregistrement. Pour toute sanction, l'art. 6 prescrit au greffier de délivrer à l'acquéreur un état des inscriptions prises dans la quinzaine de la transcription ou avant elle. L'acquéreur ne pourra payer au préjudice de ces inscriptions, mais toutes inscriptions ultérieures ne lui seront pas opposables. Les hypothèques doivent être antérieures à l'aliénation, et leur inscription antérieure à l'expiration de la quinzaine qui suit la transcription.

L'arrêté ne donne pas à cette transcription rendue publique plus d'effet qu'à la purge ordinaire.

L'art. 10 ajoute : « Les dispositions du présent arrêté ne sont applicables qu'aux transactions entre Chrétiens, entre Musulmans et Chrétiens, entre Israélites et Chrétiens. Les transactions sur immeubles *entre Musulmans,* Musulmans et Israélites, Israélites, continueront à être régies par le droit antérieur jusqu'à ce qu'il en ait été autrement ordonné. »

Ainsi le juge français juge seul les causes dans lesquelles un Chrétien est intéressé, la loi française régit seule les transactions dans lesquelles *un Chrétien* est intéressé. Il y a, en outre, une corrélation évidente entre les deux paragraphes de l'art. 10; le § 2 applique la loi musulmane, *le droit antérieur, entre Musulmans,* là où le § 1er applique la loi française, *le droit actuel,* toutes les fois qu'il y a un Chrétien intéressé.

Si, en raison des premiers termes, on restreint la portée de l'article à la transcription, elle est insignifiante, car l'obligation de transcrire n'a qu'une sanction, c'est la faculté pour les créanciers privilégiés ou hypothécaires, antérieurs à l'aliénation, d'inscrire tant que la transcription n'aura pas eu lieu, et même dans la quinzaine; et, d'un autre côté, il n'est pas interdit à l'indigène de constituer des hypothèques, ni à l'acquéreur indigène de transcrire pour purger.

Mais on a étendu la portée de l'art. 10 à la dispense de la preuve écrite pour les transactions sur immeubles *entre Musulmans ;* cette dispense s'arrêtera-t-elle aux rapports des contractants entre eux, ou s'étendra-t-elle à leurs rapports avec les tiers ? Quelle que soit l'interprétation, la dispense n'existera qu'entre Musulmans, entre indigènes ; entre indigènes parties au même contrat, ou parties à deux contrats entre Musulmans relatifs au même immeuble, *droit antérieur ;* entre Chrétiens, Chrétiens et Musulmans, Chrétiens et Israélites parties au même contrat, ou parties à deux contrats différents relatifs au même immeuble, *droit actuel,* loi française.

Comment en serait-il autrement ? Si, dans la convention, l'une des parties est chrétienne, l'art. 10 dit formellement que la loi française, et non la loi antérieure, sera appliquée; et si les parties n'ont pas contracté ensemble, c'est la loi musulmane, le droit antérieur qui triompherait de la loi française, du droit actuel ?... On ne saurait prêter au législateur français une pareille anomalie.

L'indigène ne pourrait imposer la loi musulmane au Français avec lequel il contracte, et il l'imposerait au Français qui n'a pas traité avec lui ? Un indigène vend une terre à un Français, et la même terre à un Musulman ; quel est le premier acquéreur ? Sera-ce le Français qui produit un acte écrit, avec date certaine, et qui invoque les art. 3, 1328 et 1341 du Code civil ; ou l'indigène qui demande à faire la preuve par témoins en vertu de la loi musulmane ? Laquelle des deux lois sera appliquée? Si l'on ne trouve pas l'art. 10 assez formel, il faut au moins reconnaître que l'exception du § 2 n'autorise l'application de la loi musulmane qu'*entre Musulmans ;* l'art. 3 du Code civil, le droit commun doit reprendre son empire hors des termes de l'exception ; si l'art. 10 ne prévoit pas le cas où il y a conflit entre un acte musulman et un acte français, c'est encore au droit commun, à l'art. 3 qu'il fâut recourir.

Cela nous paraît aussi évident que la lumière du jour : la loi française a pu être, *tant qu'il n'en serait pas autrement ordonné,* transitoirement sacrifiée entre Musulmans, mais la loi musulmane n'a pu être infligée à un Français ayant contracté sous l'empire du droit français. Quel est l'indigène qui, après avoir vendu à un Français, se serait fait scrupule de vendre une deuxième fois à un Musulman, en s'assurant de témoins coreligionnaires attestant que la deuxième vente est antérieure à la première ?

Entre Européen et indigène, nul doute ; y en aura-t-il entre l'indigène qui a contracté avec un Européen, qui a un titre français, et celui qui a contracté avec un autre indigène par acte musulman ? Non. Une loi régit chaque convention : loi française (la loi de l'immeuble) pour l'une, loi musulmane pour l'autre ; pour la convention musulmane, un droit personnel ou contractuel dérivant de la convention, de la qualité des parties, s'est substitué au statut réel ; mais ce droit, qui n'est pas la loi de l'immeuble, ne peut régler que la convention ; en dehors d'elle, là où elle se trouve en présence d'une convention réglée par un autre droit, le statut réel reparaît, la loi privée, particulière à la convention musulmane, le *privilège* s'efface.

Il faut en conclure que, si la loi musulmane, spéciale à l'acte musulman, régit les rapports des parties à cet acte, si elle régit les rapports nés de deux conventions musulmanes entre elles, la loi de l'immeuble, celle de la terre française, peut seule régir les rapports provenant de deux titres, l'un français, l'autre musulman.

3. — Le législateur français avait si peu l'idée de soumettre la loi française à la loi musulmane que, dès le 21 juin 1831, un arrêté du général Berthezène prescrivait aux cadis de faire enregistrer tous les actes d'acquisition d'immeubles. Il s'agissait d'actes musulmans.

« Considérant, porte l'arrêté, qu'il est d'une grande importance pour les personnes qui acquièrent des immeubles en Algérie d'être fixées sur la date précise des actes de propriété ou de transfert, qu'il est du devoir de l'autorité de préserver les habitants de la régence d'Alger des dommages qui pourraient résulter pour eux de la passation d'actes antidatés. »

Quand le législateur se préoccupait avec tant de raison du danger des antidates sur les actes écrits, il aurait autorisé la preuve testimoniale d'actes musulmans contre des actes prouvés par écrit, avec date certaine, invoqués par des Français ? Il n'est pas permis de le supposer ; l'art. 10 ne dit rien de semblable ; si le texte était formel, on en douterait encore !...

L'ordonnance du 16 novembre 1841, qui a rendu applicable à l'Algérie notre loi sur l'enregistrement, avec des réductions dans le tarif, est précédée d'un rapport où nous lisons : « Le service de l'enregistrement a été introduit en Algérie par des arrêtés du général en chef, dont le premier remonte au 21 juin 1831, époque à laquelle des *abus sans nombre* avaient déjà fait sentir la nécessité d'une institution qui offre aux intérêts privés une garantie si précieuse. La législation locale ne contenait aucune prescription pour donner aux actes date certaine, et les habitudes des officiers publics se prêtaient avec une facilité déplorable à des fraudes dont la preuve devenait impossible. La survenance d'une population européenne et la multiplicité des transactions auxquelles elle se livre avec des indigènes firent tout d'abord de l'enregistrement un besoin et un bienfait. »

A un législateur qui parle ainsi peut-on prêter gratuitement une disposition qui aurait mis le Français à la discrétion du Musulman, abaissé la loi du vainqueur devant celle du vaincu ?

4. — L'arrêté du 28 mai 1832 a, le premier, provoqué la jurisprudence à se prononcer sur le conflit des deux droits réels. Dans un arrêt du 31 juillet 1850, dont on a dénaturé la portée, la Cour avait à décider si un indigène, vendeur par acte musulman d'un immeuble revendu à un Européen par acte transcrit, pouvait être alloué dans l'ordre pour la distribution du prix de revente en vertu de son privilège de vendeur, quoiqu'il ne l'eût pas fait inscrire. La lutte ne s'engageait pas entre deux acquéreurs, l'un indigène n'ayant pas transcrit, l'autre Européen ayant transcrit, mais entre des créanciers et le premier vendeur, créancier de son prix. Le vendeur a été alloué, comme il l'eût été en France, quoiqu'il n'eût pas inscrit son privilège, car c'est au point de vue du droit de suite, et non du droit de préférence, que la transcription oblige le vendeur à inscrire son privilège.

Le 30 juillet 1851, la Cour a formellement décidé que l'art. 10 de l'arrêté n'est pas opposable par un indigène à un Européen, dans l'espèce, à l'administration des domaines; la dispense de transcription et d'inscription ne peut être invoquée que de Musulman à Musulman.

5. — L'arrêté du 26 octobre 1830 aurait permis au juge français, seul compétent entre un indigène et un Français, d'appliquer le droit français ou le droit musulman. En fait, quand il ne s'agissait pas de deux parties liées par le même contrat, il nous paraît impossible, sauf au cas de fraude, que le tribunal français pût donner la préférence à la loi musulmane. — On retrouve ce pouvoir du juge, ce droit d'option entre les deux lois dans les art. 27 et 31 de l'ordonnance du 10 août 1834 et l'art. 37 de l'ordonnance des 28 février-27 avril 1841, dont les dispositions sont reproduites par l'ordonnance des 26 septembre-22 octobre 1842, art. 33 et 37, ainsi conçus :

« Art. 33 : Les tribunaux français connaissent, entre toutes personnes, de toutes les affaires civiles et commerciales, à l'exception de celles dans lesquelles les Musulmans sont seuls parties, et qui continueront d'être portées devant les cadis. — Art. 37 : La loi française régit les conventions et contestations entre Français et étrangers. Les indigènes sont censés avoir contracté entre eux selon la loi du pays, à moins qu'il n'y ait convention contraire. Les contestations entre indigènes relatives à l'état civil seront jugées conformément à la loi religieuse des parties. Dans les contestations entre Français ou étrangers et indigènes, la loi française ou celle du pays est appliquée selon la nature de l'objet en litige, la teneur de la convention, et, à défaut de convention, suivant les circonstances ou l'intention présumée des parties. »

L'art. 43 de l'ordonnance de 1842 dispose aussi que les cadis continueront à connaître *entre Musulmans* de toutes affaires civiles et commerciales.

Ces dispositions s'appliquent-elles en matière réelle, comme en matière personnelle? S'appliquent-elles aux *transactions sur immeubles* réglées par l'art. 10 de l'arrêté du 28 mai 1832? En matière personnelle, le lien de droit dérivant d'une convention ou d'un quasi-contrat, le juge peut rechercher quelle est la loi sous l'empire de laquelle les parties ont eu l'intention de s'engager, et c'est bien à de telles contestations que la loi de 1842 et les décrets antérieurs se rapportent. Si, pour les transactions sur immeubles, le législateur avait voulu donner tout pouvoir au juge, pourquoi prescrire que la loi française régirait les transactions entre chrétiens et indigènes, que la loi musulmane les régirait entre Musulmans ? Mais, si les Musulmans, en contractant, renonçaient au privilège, au droit personnel attaché à leur convention sur immeubles par l'art. 10 de l'arrêté de 1832, le juge appliquerait la loi française, qui est la loi de tout immeuble français. Entre Français, la nature du droit réel, l'impossibilité d'admettre en fait qu'un Français, en achetant par titre français, avec date certaine, ait voulu se soumettre à la loi musulmane à l'égard d'un autre acquéreur avec lequel il n'a contracté aucun engagement, ne devraient jamais permettre au juge français d'accorder, en ce cas, la prédominance à la loi musulmane sur la loi française.

6. — Quoique l'application de la loi musulmane eût été restreinte aux transactions entre Musulmans, on avait laissé subsister dans la transmission des immeubles une incertitude fatale au crédit, que l'ordonnance du 1er octobre 1844 voulut faire cesser en réparant le mal produit dans le passé, en le prévenant à l'avenir par l'application générale de la loi française.

Dans son rapport au roi, le ministre dit :

« Il est d'une haute importance politique que le territoire de l'Algérie soit promptement peuplé et mis en valeur. L'un des plus grands obstacles que puisse rencontrer la colonisation naît de l'incertitude et de l'instabilité de la propriété. Aussi, l'ordonnance que j'ai l'honneur de soumettre à la sanction de V. M. a-t-elle pour objet essentiel de faire cesser les situations douteuses, d'épurer et de fixer ou de garantir les droits immobiliers. L'habitude qu'ont les indigènes de vivre dans l'indivision, le nombre infini de co propriétaires d'un même immeuble, le manque d'état civil, font que les acquéreurs européens ont été parfois induits en erreur sur la véritable qualité de leurs vendeurs ; il est juste et urgent de régulariser leurs acquisitions. »

L'art. 1er déclare valables les ventes passées entre indigènes et Européens, par les cadis pour les mineurs, par les maris pour leurs femmes, par les frères pour leurs frères, etc. L'art. 2 dispose que le bail à rente emportera la transmission de la propriété ; l'art. 3, qu'aucune vente d'indigène à Européen ne pourra être attaquée pour inaliénabilité. L'art. 4 est ainsi conçu :

« Toutes les fois que l'État ou un Européen seront en cause, comme demandeur ou défendeur, les actions en revendication d'immeubles, en nullité ou en rescision de ventes ou actes translatifs de propriété, et en général *toutes actions réelles* seront portées devant les *tribunaux français* de la situation des immeubles et jugées *d'après les lois françaises*, combinées avec la présente ordonnance et les dispositions antérieures. » Dans l'art. 7, on lit, *in fine :* « Les ventes qui auront lieu à l'avenir demeurent soumises aux dispositions du droit civil. » Les art. 8 et suivants autorisent les acquéreurs à exiger le dépôt chez un notaire des titres de propriété de leurs auteurs médiats ou immédiats.

Ainsi, entre Européens et indigènes, les tribunaux français jugeront, les lois françaises seront appliquées ; à l'avenir, les ventes seront soumises au droit civil. Ces derniers termes sont si généraux qu'ils pourraient s'étendre aux ventes entre musulmans. On peut répondre que les premiers articles de l'ordonnance ne concernent que les ventes d'indigènes à Européens. Mais nul doute n'est plus possible quand *l'action réelle* intéresse un Européen : la loi française seule sera désormais appliquée, le texte est aussi formel que l'esprit de la loi.

7. — Le 21 juillet 1846, une ordonnance, bien importante si elle avait été exécutée sur une plus grande échelle, prescrit la vérification des titres de propriété déposés par les Européens et les indigènes ; des publications, des opérations pour l'application des titres sont faites, le Conseil du contentieux statue ; sa décision vaut titre au propriétaire reconnu, et ne peut être attaquée pour quelque cause que ce soit par les tiers qui n'auraient pas réclamé antérieurement (1).

La loi musulmane pourra-t-elle encore être appliquée entre Musulmans pour les territoires dont la propriété aura été ainsi vérifiée et reconnue par l'administration française ? L'ordonnance ne dit rien ; s'il y a doute sur ce point, il ne saurait s'élever entre Européens et indigènes.

Une question de même nature se pose pour les concessions, pour les terres attribuées par la commission des transactions et partages. Les terres ainsi concédées par l'État français pourront-elles retomber sous l'empire de la loi musulmane entre Musulmans ? Le statut réel français, ainsi imprimé au sol, se perdra-t-il ? On a eu grand tort de ne pas s'ex-

---

(1) Mentionnons ici deux arrêts :

Les arrêtés du Conseil du contentieux, rendus en exécution de l'ordonnance du 21 juillet 1846, rend le bénéficiaire légalement propriétaire, et une concession ultérieure de l'Etat ne saurait prévaloir. L'arrêté avait été transcrit. — *C. d'Alger, 28 décembre 1880.*

On a pu prescrire la propriété d'un immeuble attribué à un autre par l'ordonnance de 1846. — *C. d'Alger, 21 février 1884.*

pliquer nettement sur cette question ; le décret du 26 avril 1851 dispose que l'acte de concession sera transcrit ; cette formalité n'a pas toujours été accomplie avant la loi de 1855, mais tous les actes sont enregistrés et ont date certaine. Les ventes ultérieures, dérivant de la concession, s'y rattachant, seront certainement régies par la loi française, entre Européens, entre indigènes et Européens ; entre Musulmans, le seront-ils ? La loi musulmane, entre Musulmans, reprendra-t-elle son empire? Ces immeubles français perdront-ils leur nationalité ?

Ah ! nous approuvons hautement en législation la doctrine qui veut que les immeubles sortis de l'islam n'y rentrent plus, et il nous semble qu'aux premiers jours la faveur accordée à la terre musulmane était, dans la pensée de ceux qui la donnaient, limitée au temps pendant lequel elle resterait dans des mains musulmanes ; mais cette pensée n'est que latente ; la loi ne règle pas l'état de la terre, elle règle le droit des conventions, des transactions sur immeubles, et les expressions générales : *les transactions entre Musulmans sont régies par la loi musulmane,* ne laissent guère place à l'interprétation. Oui, la première idée du législateur a dû être, uniquement pour ménager la transition, de laisser le droit antérieur régir la terre tant qu'elle ne passerait pas à des Européens ; mais il fallait le dire expressément, et songer que la terre, après avoir été aux mains européennes, pouvait revenir aux Musulmans, qui en disposeraient en faveur de Musulmans. Autant la loi est formelle, depuis l'arrêté de 1832 jusqu'à la loi de 1844, sur les rapports entre Européens et Musulmans, entre chrétiens et indigènes, nés de transactions sur immeubles, qui devront être régis exclusivement par la loi française ; autant elle paraît n'apporter aucune restriction à sa formule vague et générale, que les transactions sur immeubles entre indigènes seront régies par le droit antérieur. Sans doute elle ne prévoit pas spécialement le cas où les immeubles sont devenus français, mais elle pose une règle sans distinction pour les ventes entre Musulmans, règle bien imprévoyante, qui fait passer incessamment la terre d'un régime à un autre, qui détruit chaque jour les résultats obtenus la veille, qui fait de l'œuvre du législateur une œuvre de Pénélope; cependant un interprète de la loi ne peut échapper à cette conséquence déplorable, à moins de prendre à la lettre l'art. 7 de l'ord. de 1844.

8. — L'ordonnance de 1844 a été remplacée par la loi du 16 juin 1851. Étudions de près cette loi, qu'aujourd'hui la jurisprudence peut avoir à appliquer aux conventions antérieures à la loi de 1873.

Le désordre le plus complet, l'agiotage le plus effréné avait été le résultat, et des coutumes indigènes, et de cette législation dépourvue de netteté, de fermeté, d'esprit de suite.

Pour établir l'ordre, la sécurité des transactions, on aurait pu exiger la transcription, au moins l'enregistrement, de tous les actes d'aliénation même entre Musulmans, ou laisser régir le territoire conquis par le statut réel français en vertu du principe du droit des gens formulé dans l'art. 3 du Code civil; si l'on désirait ménager la transition, n'autoriser la loi musulmane entre indigènes que jusqu'au jour où la terre passerait dans les mains d'un Européen.

Ce qu'on n'avait pas su faire jusqu'alors, on voulut le réaliser en 1851, et on ne put y aboutir. La commission de l'Assemblée nationale avait préparé un projet ayant pour base l'application à l'Algérie du droit commun de la France. Dans le rapport de M. Didier, nous lisons, sur l'ordonnance de 1844, cette appréciation : « Elle voulut, pour rassurer la propriété chancelante dans sa base, la rapprocher aussi, sous un autre rapport, du droit commun, et elle décida que les transactions sur immeubles seraient à l'avenir soumises au régime du Code civil. » M. Didier paraît ne pas limiter cette règle aux transactions intéressant un Européen. Ailleurs, il dit : « L'Algérie, c'est encore la France, et il ne faut pas que, en entrant dans les mains des Français, la propriété y soit moins protégée et moins sûre qu'elle ne l'est en France. En pareille matière, ce qui serait injuste et funeste en deçà de la Méditerranée ne saurait être juste et avantageux au delà. Il est donc de toute raison, comme, d'ailleurs, il est de l'intérêt bien entendu de tous, que la règle soit la même des deux côtés, et que cette règle soit la loi française. » Ailleurs : « Le droit commun c'est la sécurité du lendemain, la garantie de l'avenir. » Dans ce rapport, il n'est pas dit un mot indiquant une exception à ce droit commun pour les transactions entre Musulmans.

Le Gouvernement proposa un autre projet ayant pour base la transcription de l'acte d'aliénation, acte qui devrait être notarié ; mais il en dispensait les actes entre Musulmans.

Le *droit commun* de la France n'exigeait pas encore la transcription : « Pourquoi, dit la commission de l'Assemblée, l'imposer à l'Algérie quand elle n'existe pas en France ; aux conventions auxquelles un Européen serait partie, non à celles entre Musulmans ? » « Pourquoi, dit M. Didier dans son second rapport, substituer à l'autorité toute spiritualiste de ce principe, admis en droit français comme en droit musulman, qu'il

suffit du consentement des parties pour former les conventions, si bien en accord avec l'état de notre société, celle de la
matérialité de certaines formes solennelles que la loi commune n'exige pas ? Parce que, pendant 14 ou 15 ans, le commerce des immeubles en Algérie, livré à toutes les cupidités
de l'agiotage, a pu impunément jeter le trouble dans la propriété, par l'audace de sa mauvaise foi et de ses improbités ? »
Les illusions sont dissipées aujourd'hui, ajoute le rapporteur,
l'agiotage est déconcerté....; aux exigences du projet du Gouvernement, il paraît préférable à la commission « d'étendre à
la propriété algérienne la liberté d'action que possède la propriété française, et de remettre, d'une part, à la loi musulmane le soin de régler les transmissions de biens *de Musulman
à Musulman ;* et, d'autre part, au Code civil celui de régler
les transmissions de biens *entre toutes autres personnes,*
sans imposer aux uns plus qu'aux autres l'emploi de formalités qui ne sont en aucune manière de l'essence des contrats, et
qu'il est plus convenable de laisser au libre choix de chacun. »

Ainsi disparut cette idée excellente de la transcription, si
l'on avait imposé cette formalité même aux Musulmans entre
eux ; ainsi s'évanouit l'idée du droit commun de la France
appliqué à l'Algérie, du statut réel français régissant seul la
terre algérienne même entre Musulmans.

La loi du 16 juin 1851 formule ainsi les principes qu'elle consacre :

« Art. 10. — La propriété est inviolable, sans distinction entre les possesseurs français indigènes et les possesseurs français ou autres. »

« Art. 16. — Les transmissions de biens de Musulman à
Musulman continueront à être régies par la loi musulmane ;
entre toutes autres personnes, elles seront régies par la loi
française. »

Cette loi abroge les lois antérieures, et l'arrêté de 1832, et la
loi de 1844, elle ne laisse subsister de l'ordonnance de 1846
que les dispositions relatives à la vérification des titres. Il
faut donc l'interpréter en elle-même, mais l'histoire du droit
antérieur éclairera notre interprétation. Ainsi, la loi de 1851 a
voulu étendre, plutôt que restreindre, l'application du droit
commun de la France à l'Algérie, aux transactions entre *toutes
autres personnes* que *de Musulman à Musulman.* La conséquence nécessaire est que tous rapports de droit réel d'Européen à Musulman, de Musulman à Européen seront régis par
la loi française, comme d'ailleurs ils l'étaient auparavant.

Aucun doute n'est permis à cet égard, soit que l'Européen ait contracté avec le Musulman, soit qu'il lui oppose un acte dans lequel le Musulman n'a pas été partie.

Il n'est pas douteux non plus qu'entre deux actes de Musulman à Musulman, la loi musulmane sera appliquée. Mais le Musulman qui aura contracté avec un Européen pourra-t-il invoquer la loi française contre un Musulman ? Ces mots *transmission de Musulman à Musulman* pourraient faire croire que la loi musulmane régit la transmission de la propriété entre Musulmans, quels que soient les actes auxquels ils aient pris part, qu'elle régit les personnes et non les conventions musulmanes, comme la loi française *toutes autres personnes*. La loi réelle, qui est unique pour tous, varierait non suivant les conventions, mais suivant les personnes.

Toutefois, nulle part, on ne voit que le législateur ait voulu innover à cet égard. L'arrêté de 1832 fait régir par la loi française les *transactions* entre Chrétiens et Musulmans ; par la loi musulmane, les transactions entre Musulmans ; la loi régit la convention, non la personne. La loi de 1873, en empruntant ce même principe à celle de 1851, se sert des mots « *transaction, convention* ». Nous croyons que celui de *transmission,* dans l'art. 16, a la même signification.

Dans les lois sur la compétence musulmane, nous trouvons toujours ces mots « *conventions musulmanes* ». D'ailleurs, la loi permet au Musulman d'accepter la loi française pour règle de ses conventions ; en faisant avec un Européen une transaction sur immeubles que la loi déclare régie par la loi française, il accepte bien certainement cette loi ; il peut l'invoquer, comme il doit la subir.

Ainsi, dès qu'une contestation sur la transmission des immeubles s'élèvera entre Européens et Musulmans, c'est la loi française qu'il faudra appliquer.

Deux ventes sont en conflit, l'une entre Musulmans, l'autre entre Européens et Musulmans ; l'une est régie par la loi musulmane, droit personnel des deux contractants ; l'autre par la loi française, droit personnel de l'un des contractants, droit réel de l'immeuble. Quel sera le droit entre les deux ventes régies par deux droits contractuels différents ? Ce sera le droit réel de l'immeuble, le droit de la terre française, le droit de l'art. 3 du Code civil, ce droit assoupi entre contractants musulmans, ou entre deux contrats musulmans, mais qui reprend toute sa vigueur là où se trouve un Français, un non-Musulman, et pour tout acte français même avec un Musulman. Le statut réel avait cédé au droit contractuel entre

Musulmans ; entre deux droits contractuels différents en conflit, il renaît, le privilège personnel aux contrats purement musulmans cesse, le droit commun s'applique. C'était le droit sous l'arrêté de 1832 ; la loi de 1851 n'a pas restreint le domaine de la loi française par cette expression de *transmission d'immeubles* substituée à celle de *transactions sur immeubles*. Cela est incontestable pour les Européens, cela est vrai même pour les Musulmans ayant contracté avec un Européen. La loi française l'emporte entre deux parties, entre deux contractants dont l'un est Européen, elle l'emporte entre deux conventions dont l'une est française, l'autre musulmane. Par conséquent la preuve écrite, la date certaine seront imposées par le Français au Musulman, par le titre français au titre musulman ; la preuve testimoniale ne sera jamais imposée au Français par le Musulman, au titre français par la convention entre Musulmans.

L'art. 16 porte sans restriction que la loi musulmane régira les transmissions d'immeubles de Musulman à Musulman ; il ne fait pas d'exception pour le cas où l'immeuble aurait été déjà l'objet d'un titre français. Sortie de l'islam, la terre peut donc, sous la loi de 1851, rentrer dans l'islam, être régie de nouveau par la loi musulmane, si elle est l'objet d'une transmission entre Musulmans. La loi ne fait absolument aucune distinction, et le rapport n'exprime nulle part cette pensée de la nationalisation définitive de l'immeuble.

Nous croyons que si l'immeuble avait été l'objet d'un titre émané même de l'État français, la transmission ultérieure de cet immeuble de Musulman à Musulman sera régie par la loi musulmane. Quoique nous regrettions profondément cette solution, sous l'empire de la loi de 1851, nous ne voyons pas comment échapper à ce texte si positif de l'art. 16.

Pourra-t-on encore appliquer l'ord. de 1842 sur les contestations entre Européens et indigènes ; le juge pourra-t-il opter entre les deux droits, en matière réelle ? La loi de 1851 a abrogé toutes les lois antérieures relatives à la propriété privée, par conséquent les dispositions de l'ord. de 1842 qui pourraient y être relatives. Le juge appliquera donc uniquement la loi de 1851, la loi musulmane *de Musulman à Musulman,* la loi française *entre toutes autres personnes.* En matière réelle immobilière le juge français jugera seul entre Européens et indigènes, et jugera d'après la loi française seule. Telle est désormais la règle absolue. C'est dans le sens de cette règle que le décret du 31 décembre 1859 sur la justice musulmane porte, art. 18, que les cadis connaissent (entre

Musulmans) des actions immobilières en dernier ressort jusqu'à 20 fr. Nous parlerons plus tard du nouveau décret de 1886.

Aux termes de toutes les lois sur la juridiction musulmane, les indigènes ont le droit, en le déclarant, d'accepter la loi française pour règle de leurs conventions.

Un acte notarié ne suffirait pas pour faire admettre que les contractants musulmans ont voulu adopter la loi française, car les actes entre Musulmans peuvent être reçus par un notaire comme par un cadi (1). L'enregistrement de l'acte ne suffirait pas non plus ; un acte de cadi est lui-même soumis à l'enregistrement. Il faut donc une déclaration expresse de leur intention quand les Musulmans contractent entre eux.

La loi du 16 juin 1851 défère aux tribunaux français toutes les actions intentées par le Domaine ou contre lui, reconnaît tous les droits maintenus ou constitués par le Gouvernement, valide toutes les acquisitions faites par l'État, réserve à l'État le droit d'acquérir les terres appartenant à une tribu, dispose que l'inaliénabilité, fondée sur la loi musulmane, ne pourra être opposée à un non Musulman.

Toutes ces dispositions prouvent que le législateur a voulu agrandir en tous sens le domaine de la loi française.

9. — Par décret du 4 juillet 1855, la loi du 23 mars 1855 sur la transcription est promulguée en Algérie, sans explication, sans restriction. Le législateur de 1851 avait écarté l'obligation de transcrire parce qu'elle n'existait pas en France, il n'avait pas voulu l'exiger de l'Européen, en ne l'exigeant pas de l'indigène ; la loi nouvelle sera-t-elle applicable en Algérie aux Européens entre eux et à l'égard des Musulmans, le sera-t-elle de Musulman à Musulman ?

La loi sur la transcription est une loi réelle, affectant les immeubles ; en vertu de l'art. 3 du Code civil, elle régit tout le territoire français, en Algérie comme en France, sauf les dérogations spéciales. Cette loi n'a pas abrogé la loi de 1851 ; l'art. 16 subsiste donc avec tous ses effets ; pour les actes de Musulman à Musulman la loi musulmane reste donc seule applicable. Mais, entre toutes autres personnes, la loi française du 23 mars 1855 devra être exécutée.

Il faut en conclure que le Français pourra opposer la transcription de son titre au Musulman qui n'aura pas transcrit, comme il pouvait lui opposer auparavant son titre écrit, sa

____

(1) V. en ce sens, arrêt du 23 mars 1878, relatif à un testament notarié. *(Bull. jud.*, 1881, p. 239 et ci-dessous chap. VI).

date certaine. L'arrêté de 1832 appliquait déjà la transcription de Chrétien à Musulman, et n'en dispensait que les transactions entre Musulmans.

Le Français doit transcrire, et il garantit ainsi son droit contre tous. Le Musulman qui a traité avec un Européen a la même obligation, et bénéficie des mêmes droits résultant de la transcription à l'égard des Musulmans, comme à l'égard de tous autres.

Le Musulman qui a traité avec un Musulman n'a pas besoin de transcrire à l'égard des Musulmans parties au même contrat, ou à d'autres contrats entre Musulmans, usant ainsi de la loi de faveur, du droit personnel attaché à la convention musulmane, mais il doit transcrire à l'égard des Européens ou des Musulmans parties à un acte français, car c'est le droit commun, la loi de la terre française qui règle leurs rapports.

La transcription d'un acte entre Musulmans ne pourrait être opposée à un Musulman.

Le titre transcrit soumet-il, dès la transcription, l'immeuble qui en est l'objet au statut réel français ?

La transcription aurait pu devenir le signe public de la nationalité française de l'immeuble, le moyen de faire passer définitivement la terre musulmane sous l'empire de la loi française ; favorable au crédit foncier, une telle mesure eût été d'une sage politique. Mais le législateur, en ne modifiant pas la loi de 1851, nous force, bien à regret, d'appliquer sous la loi de 1855 la solution que nous avons adoptée soit pour cette loi, soit pour la législation antérieure. En principe, la transcription n'est pas plus exigée de Musulman à Musulman que la preuve écrite, que la date certaine. Mais un acte musulman ayant date certaine et transcrit aura, en fait, grande chance d'être préféré à l'acte musulman qui ne s'appuiera que sur la preuve testimoniale, et il sera opposable aux non-Musulmans.

Il est certain que le Musulman pourra invoquer contre un Musulman le titre transcrit que son auteur aurait pu opposer à ce dernier.

La jurisprudence va d'ailleurs nous permettre d'appliquer les principes aux espèces les plus diverses, se référant aux ordonnances et aux lois que nous avons étudiées, dont aucune n'a eu d'effet rétroactif. Elles peuvent être appliquées encore aujourd'hui aux actes passés sous leur empire.

10. — Mentionnons le décret du 30 août 1858, qui applique aux ventes entre Musulmans l'interdiction d'attaquer une

vente pour inaliénabilité dérivant de la loi musulmane ; celui du 21 février 1859, levant la défense d'acquérir en territoire de tribus.

Dans le décret du 31 décembre 1859, sur la justice musulmane, nous retrouvons ce principe, reproduit dans le décret du 13 décembre 1866, que la loi musulmane régit toutes les conventions et toutes les contestations civiles et commerciales entre Musulmans, mais que la déclaration dans un acte, par les Musulmans, qu'ils entendent contracter sous l'empire du droit français les soumet à la loi française et à la justice française. D'après le décret de 1866, c'est le juge de paix qui jugera dans ce cas (1).

Les cadis ne jugent les affaires civiles et commerciales qu'entre Musulmans.

Ne faut-il pas conclure de ces dispositions qu'entre Européens et indigènes, surtout en matière immobilière, la loi française sera seule appliquée, que les tribunaux français seront seuls compétents ? Les conventions entre Musulmans peuvent même, s'ils le déclarent, être régies par la loi française, et la loi se tait sur les conventions mixtes, que la loi de 1851, en matière réelle, soumet au statut réel français.

11. — Le 22 avril 1863, un sénatus-consulte célèbre déclare les tribus propriétaires des territoires dont elles ont la jouissance, ordonne la délimitation de ces territoires, leur répartition entre les douars, l'établissement de la propriété individuelle entre les membres du douar. L'art. 30 du décret réglementaire du 23 mai 1863 (2) prescrit la transcription des titres délivrés en vertu du sénatus-consulte.

Nulle part ni le sénatus-consulte ni le décret ne songent à déclarer qu'après les opérations, qu'après cette transcription, les immeubles qui en auront été l'objet seront soumis pour toujours au statut réel français. La loi de 1851 régissant seule la propriété, l'art. 16 aurait permis d'appliquer la loi musul-

---

(1) Les causes que les Musulmans soumettent à la justice française doivent être portées devant le juge de paix ; l'incompétence du tribunal peut être déclarée d'office par la Cour, et l'avoué peut être condamné aux dépens de l'instance frustratoire. — *C. d'Alger, 6 janvier et 14 novembre 1877, 12 février 1878.*

(2) Le décret réglementaire du 23 mai 1863 est légal et obligatoire. — Les particuliers qui n'ont pas revendiqué dans les délais sont déchus de tous droits contre l'État. — *C. d'Alger, 31 octobre 1830 et arrêt de rejet du 8 novembre 1882.*

mane aux conventions ultérieures, aux transmissions de ces immeubles de Musulman à Musulman, si des titres avaient été délivrés après la constitution de la propriété privée. Le vice radical d'une telle législation appelait une réforme. Mais, avant d'aborder la loi du 26 juillet 1873, étudions l'œuvre de la jurisprudence jusqu'à cette époque.

12. — Aucun arrêt n'a été publié avant 1862; mais certainement il en a été rendu, et le conflit des deux droits réels français et musulman préoccupait les jurisconsultes, comme en témoigne un remarquable article anonyme, publié au *Journal* de Robe (1861, p. 141), où l'auteur conclut avec beaucoup de vigueur à la prédominance du statut réel français sur le droit musulman.

La jurisprudence n'a pas tardé à suivre cette voie.

Le 19 mars 1862 (1), la Cour donne la préférence à la vente

---

(1) *(El Hadj Sghir et cons. c. Ben Ichou)*. — La Cour, — *Considérant que la seule question à résoudre, aux termes de l'arrêt interlocutoire du 17 juillet dernier, était celle de savoir si la vente aux enchères sur laquelle les appelants appuyaient leurs droits était antérieure à l'adjudication qui, le 24 août 1859, a été tranchée au profit de l'intimé; — Considérant que les cinq faits dont la preuve était ordonnée concouraient à la solution de cette question dominante du procès à vider; — Considérant que l'enquête à laquelle il a été procédé démontre jusqu'à la dernière évidence que, dès le mois de janvier 1859, les appelants étaient devenus propriétaires de l'immeuble depuis adjugé à l'intimé; que les pièces et documents versés au procès sont d'accord avec les divers témoignages recueillis pour établir qu'antérieurement à cette dernière adjudication et même au premier acte de poursuites, qui est du 29 mars 1859, les appelants étaient devenus adjudicataires de l'immeuble qui en était l'objet, par suite d'une vente faite aux enchères et selon toutes les formes prescrites par la loi musulmane; — Considérant qu'en vain on oppose qu'en négligeant de suivre les formes prescrites, en pareil cas, par la loi française, les appelants se sont mis dans le cas de voir les droits qui leur compétaient en vertu de la première adjudication invalidés par ceux qu'attribuait à Ben Ichou la seconde; que, pour qu'il pût en être ainsi, il faudrait que la loi française fût applicable à toutes les ventes faites sur le sol de l'Algérie, sans distinction des personnes qui peuvent avoir à y concourir; que c'est ce qui ne saurait être admis : 1° en l'absence d'un texte formel qui autorise cette extension; 2° quand il résulte, et de la disposition de l'art. 37 de l'ordonnance de 1842, et des dispositions des ordonnances précédentes, que les indigènes sont présumés avoir contracté selon les lois du pays, à moins qu'il n'y ait conventions contraires; que tout ce que l'on peut induire de l'état actuel de la législation, c'est que, dans le cas d'une vente à faire par un indigène, le soin de s'enquérir incombe à un plus haut degré encore à celui qui a le dessein d'acheter; qu'il est difficile, au surplus, d'admettre que Ben Ichou, qui*

musulmane non transcrite sur la vente postérieure faite à un Européen et transcrite, dans les circonstances suivantes: Sghir avait acheté, en janvier 1859, à la criée, selon la coutume musulmane, un immeuble situé à Tlemcen, au prix de 3,000 fr. La vente n'avait été rédigée qu'en avril et enregistrée en octobre. Dans l'intervalle, la veuve Valette, créancière de l'un des copropriétaires, avait poursuivi la licitation de l'immeuble, qui fut adjugé à Ben Ichou au prix de 600 fr. Ce dernier voulut expulser Sghir. Le tribunal d'Oran ordonna cette expulsion. La Cour, après enquête, donna raison à l'Arabe contre l'Israélite. L'un des motifs de l'arrêt est bien que la vente entre Musulmans peut être prouvée par témoins à l'encontre d'une vente dans la forme française, mais la Cour considère qu'il est difficile d'admettre que Ben Ichou, indigène israélite qui habite Tlemcen, ait pu ignorer le fait des enchères publiques auxquelles il avait été procédé pendant deux mois et de la vente à Sghir; que la notoriété publique résulte de ce que la deuxième vente a eu lieu au prix de 600 fr. tandis que la première avait été faite au prix de 3,000. Ce motif de fait a dû dicter à la Cour son arrêt, plus que le motif de droit que le rédacteur a pu ajouter à l'appui de celui qui avait emporté la décision : notons qu'aucune transcription n'avait précédé la vente musulmane et n'avait imprimé à l'immeuble le caractère de sol français.

En 1847, Saboundji achète de Bourkaïb, par acte du cadi, une propriété, moyennant un prix qu'il paie comptant. Il la revend ensuite à un défenseur et à Doreau. L'acquéreur défenseur, agissant comme défenseur de Saboundji, fait transcrire et notifier l'acte de vente de 1847, de Bourkaïb à Saboundji, quoique le prix eût été payé, et, dans l'ordre, un créancier est alloué. Saboundji attaque le défenseur en désaveu et en dommages-intérêts, le créancier en nullité de la purge et de l'ordre.

Saboundji soutenait qu'il n'avait pas donné mandat au

---

habite Tlemcen, ignorât, et le fait des enchères publiques auxquelles pendant deux mois il avait été procédé, et le fait de la vente qui, à la suite de ces enchères, a été opérée au profit des appelants; que, s'il fallait établir qu'il y avait notoriété publique à cet égard, il suffirait de rappeler que le prix de la première adjudication était de 3,000 fr., tandis que celui de la seconde n'a point dépassé la modique somme de 600 fr.; qu'on ne saurait expliquer, en effet, une aussi énorme différence, à dates aussi rapprochées, que par le motif que tout le monde avait conscience qu'une première vente avait eu lieu; etc.

C. d'Alger (1re Ch.), 19 mars 1862. — MM. DE VAULX, *prés.*; DURAND, *av. gén.*; BOURIAUD et JOURNÈS, *av.*

défenseur d'ouvrir cette procédure, qui avait amené l'inscription et l'allocation du créancier de Bourkaïb. La Cour admet le désaveu, et annule la procédure d'ordre par arrêt du 21 oc-

(1) *(De Lapeyrière c. Saboundji et consorts).* — La Cour, — Attendu que, par jugement préparatoire rendu par le tribunal de céans, le 18 avril dernier, enregistré, Me ... avait été admis à prouver, tant par titres que par témoins, que l'acte de vente du 24 décembre 1847, transcrit, avec l'état des inscriptions, lui avait été remis par Saboundji, ou son mandataire, pour opérer la purge des hypothèques et suivre un ordre ; — Attendu qu'à l'audience fixée par le jugement précité, les témoins ont été entendus, et qu'il résulte de l'enquête faite que Saboundji ni personne pour lui n'avait chargé Me ... d'entamer la procédure d'ordre qui a été faite, et que, si Me... s'est trouvé détenteur du titre de vente du 24 décembre, ce n'était point pour agir au nom et comme mandataire de Saboundji ; — Attendu, au fond, qu'il est certain que l'acte de vente dont s'agit avait été consenti par l'indigène Mustapha ben Sid Ahmed Bourkaïb à l'indigène Hadj Mohamed Saboundji, et que, lors de cette vente, consentie en 1847, le prix de l'immeuble avait été payé comptant par l'acquéreur ; — Attendu, en droit musulman, que l'hypothèque et la transcription n'étaient point admises, et que l'ordonnance du 26 septembre 1842 déclare que les indigènes sont censés avoir contracté selon la loi du pays ; que dès lors on ne s'explique pas dans quel intérêt et dans quel but Hadj Mohamed Sadoundji aurait fait transcrire au bureau des hypothèques, le 19 mars 1856, l'acte de vente de Bourkaïb, passé devant le cadi au mois de septembre 1847, alors surtout que, par suite du paiement total du prix d'acquisition, Saboundji, vis-à-vis de Bourkaïb, se trouvait entièrement libéré, et n'avait, aux termes de la loi musulmane, aucune crainte d'être recherché ou évincé ; — Attendu que si, plus tard, et après la vente du même immeuble consentie par Saboundji à M* ... et Doreau, ce dernier a cru qu'il était de son intérêt d'entamer une procédure en purge d'inscriptions, remontant à une époque bien antérieure à celle de son acquisition, Saboundji, qui avait bien acheté et régulièrement revendu l'immeuble, ne saurait être atteint par cette procédure, à laquelle il est resté constamment étranger ; — Attendu qu'on objecte à la vérité que Saboundji avait connaissance de la procédure d'ordre et y était consentant, puisqu'il avait payé à Me Fourrier les frais qui lui incombaient ; — Mais attendu que ce fait importe peu dans la cause, puisque Saboundji, ignorant d'ailleurs les formalités de la procédure française, a payé sous toutes réserves et comme pour ainsi dire contraint ; que dès lors on ne peut lui opposer comme acquiescement le paiement des frais qu'il a effectué. — En ce qui touche les dommages-intérêts demandés par Saboundji : — Attendu qu'il est incontestable qu'il a éprouvé un préjudice, soit par les mises en demeure, soit par le commandement et la présentation du bordereau de collocation, mais que la somme de 1,000 fr. réclamée par lui est exagérée, et qu'il y a lieu de la réduire à 200 fr.

Par ces motifs : — Reçoit comme bien fondé le désaveu. Ce faisant, déclare nulle toute la procédure.

C. d'Alger (Ire Ch.), 21 octobre 1862. — MM. de Vaulx, *prés.;* Durand. *av. gén.;* Bouriaud, Quinquin et Robe, *av.*

tobre 1862 (1). Dans le jugement confirmé par la Cour, et motivé surtout en fait, on trouve, à l'appui du désaveu, cette considération qu'en droit musulman l'hypothèque et la transcription n'étaient point admises, que les indigènes contractent selon les lois du pays, que dès lors on ne s'explique pas pourquoi la purge avait été faite, Saboundji ne pouvant être, après le paiement de son prix, ni recherché, ni évincé. Sur un tel motif ainsi glissé dans un arrêt ou dans un jugement confirmé, peut-on attribuer à la Cour une doctrine formelle, quand le désaveu suffisait pour faire disparaître la procédure de purge et d'ordre, et motiver la condamnation de l'officier ministériel à des dommages-intérêts ? — Notons encore qu'aucun acte transcrit n'avait précédé la vente musulmane.

Sous l'influence de ces premiers arrêts, M. Robe (1867, p. 37) examine lui-même la question de savoir si un Musulman ayant vendu à un Musulman un immeuble qu'il vend ensuite à un Européen par acte transcrit, ou qu'il hypothèque plus tard à un Européen qui prend inscription, la vente transcrite et l'hypothèque inscrite postérieurement à la vente musulmane prévaudront contre elle ; il pense que celle-ci devra être préférée, que la loi sur la transcription n'est pas applicable, mais il le regrette et il exprime le désir qu'elle régisse les actes entre Musulmans.

Nous faisons remarquer que M. Robe suppose une vente musulmane antérieure à la vente transcrite ou à l'inscription européenne ; que décider si l'immeuble a été d'abord l'objet d'une vente transcrite, et ultérieurement d'actes entre Musulmans non transcrits, et d'autres actes transcrits, ou d'inscriptions ? En 1868, la Cour fut appelée à résoudre cette question.

13. — Le 4 mai 1857, Kolli achète une maison, par acte notarié, transcrit le même jour ; il avait agi pour lui seul. En 1861 et 1864, par actes entre Musulmans, non transcrits, il reconnaît n'être propriétaire que pour une partie des immeubles dépendant d'une succession et acquis par lui ; l'acte ne désigne pas spécialement la maison achetée en 1857. Le 4 janvier 1865, il hypothèque encore seul cette maison. Le 6 juillet 1865, un de ses créanciers, Fabre, prend inscription sur tous ses biens ; après saisie, les cohéritiers de Kolli demandent la distraction de la part leur appartenant sur cette maison, achetée, d'après eux, avec des fonds provenant de la succession. Le tribunal de Bône décide en fait que les actes Musulmans de 1861 et 1864 établissent les droits de propriété des cohéri-

tiers de Kolli sur la maison achetée par lui en 1857. En droit, il décide que les actes, quoique non enregistrés ni transcrits, sont opposables au créancier Fabre inscrit postérieurement.

« Attendu que Fabre, porte le jugement, prétend que la demande en distraction doit être rejetée par le motif que l'acte de partage du 15 juin 1861 n'étant ni enregistré ni transcrit ne peut lui être opposé ; — Mais, attendu qu'il est constant que la législation algérienne (art. 10 de l'arrêté du 28 mai 1832, art. 37 de l'ordonnance du 26 septembre 1842) a conservé spécialement aux indigènes leur loi pour les transactions immobilières ; que cette loi n'assujettit ces derniers, dans leurs contrats relatifs à des immeubles, à aucune des formalités que notre droit a créées ; qu'il faut alors décider que leurs actes en ces matières, quoique non transcrits, sont préférables à ceux des tiers munis même de titres transcrits, mais postérieurs en date aux titres des indigènes ; que ce peut être là un état de choses très défectueux au point de vue de tous, mais qu'il n'est pas au pouvoir des tribunaux de le modifier par des interprétations arbitraires. »

Sur l'appel, les intimés firent défaut, mais M. l'avocat général Robinet de Cléry soutint vivement cette doctrine en citant notamment l'article de M. Robe et les arrêts antérieurs de la Cour, et conclut que l'acte de 1861 n'avait pas besoin d'être transcrit pour être opposé à un Européen ; que l'acte d'un cadi n'avait pas besoin d'être enregistré pour avoir date certaine, alors même qu'il portait transmission de la propriété d'un immeuble.

La question était posée, la Cour (4 avril 1868) la résolut à tous les points de vue. En fait, elle constate qu'El Kolli, seul acquéreur en vertu d'un acte transcrit, avait toujours agi comme s'il était seul propriétaire, qu'il avait seul consenti une hypothèque même après les actes de 1861 et de 1864 qui auraient reconnu à ses cohéritiers des droits sur l'immeuble ; que les actes de partage n'avaient pu avoir pour effet d'attribuer aux cohéritiers un droit sur un immeuble qui ne dépendait pas de l'hérédité ; puis, abordant la question de droit, elle décide d'abord que l'acte du cadi, n'ayant pas été transcrit, ne peut être opposé à un Européen qui a régulièrement inscrit son hypothèque ; que, au surplus, « l'art. 37 de l'ordonnance du 26 septembre 1842, dans les contestations entre Français et indigènes, laisse au juge l'option entre la loi française et la loi musulmane » ; que, dans l'espèce, c'est le cas d'appliquer les principes du droit commun ; « qu'en effet, il s'agit d'un immeuble vendu par·des Français, par acte privé, devant un notaire français, dans les formes du droit commun, avec enregistrement et transcription ; que c'est sur la foi de cet acte qu'El Kolli s'est créé un crédit et que des inscriptions judiciaires et conventionnelles ont été prises ; que, si l'on admettait que les conventions entre Musulmans pussent avoir pour effet, sans aucune publicité réelle, par un simple acte de cadi, de dépouiller de leurs droits des créanciers de bonne foi qui auraient fait pour établir et conserver leurs droits tout ce que leur prescrit la loi française et spécialement la loi relative à la transcription, toute sécurité disparaîtrait en Algérie relativement aux transactions immobilières ; que l'option pour le régime de la publicité est commandée dans l'intérêt même des indigènes musulmans, puisque, si les droits des tiers étaient incessamment menacés par des transactions frauduleuses, leurs immeubles demeureraient hors du commerce, au grand détriment de la prospérité publique, ainsi que les droits réels qui s'y rattachent.... ; — Attendu que, du reste, dans l'état des faits, cette option n'est pas laissée aux magistrats, et que l'immeuble dont s'agit est exclusivement régi par la loi française ; que de tout ce qui précède il résulte que la demande en distraction doit être repoussée. »

Ainsi, la Cour décide que, l'acte de vente à El Kolli ayant été transcrit, l'inscription sur cet immeuble d'un créancier de cet indigène est valable, alors même que, dans l'intervalle et avant l'inscription, il y aurait eu une vente musulmane non enregistrée ni transcrite, ou la reconnaissance d'un droit de cohéritiers sur l'immeuble acheté avec des deniers communs ; qu'au surplus, le juge aurait l'option entre la loi musulmane et la loi française et qu'il devrait opter pour cette dernière.

L'argument principal, à nos yeux, est celui-ci :

Le jugement, emportant hypothèque générale au profit d'un Français contre un Musulman, doit être assimilé à un acte entre Français et indigènes régi par la loi française hypothécaire, acte ayant date certaine, suivi d'inscription, tandis que le prétendu titre musulman n'était ni enregistré, ni transcrit, et par conséquent ne pouvait être opposé au Français. Entre Européens et Musulmans, c'est la loi française qu'il faut appliquer (art. 16 de la loi de 1851).

Ces deux actes, l'un français, l'autre musulman, se rattachent tous deux à un acte français, notarié, transcrit ; tel est le second argument, qui ouvrira la voie au législateur de 1873, et le portera à soumettre pour toujours à la loi française l'immeuble qui a été l'objet d'un acte notarié.

Avant la loi de 1873, citons encore un arrêt étranger à notre question générale :

Un Européen achète devant le cadi un immeuble d'un indigène qui stipule pour prix une rente perpétuelle. La Cour
(26 novembre 1869) décide que le vendeur indigène n'a pas
été obligé d'inscrire son privilège; d'ailleurs ce privilège avait
été inscrit par l'acquéreur, qui, en revendant le même immeuble, avait imposé à son propre acheteur l'obligation de servir
la rente au premier vendeur. En droit français ce privilège
ainsi inscrit ne serait pas éteint.

CHAPITRE II

Loi du 26 juillet 1873
Principes généraux

SOMMAIRE

14. — Avant d'aborder la loi de 1873, résumons l'état du droit.

En principe, les immeubles ne sont soumis qu'à une seule loi, quels qu'en soient les propriétaires. La loi française aurait dû être la loi de la terre algérienne au fur et à mesure de la conquête ; la limite de la terre conquise eût été la ligne séparative de la terre française et de la terre musulmane.

Le législateur aurait pu laisser la terre sous la loi musulmane tant qu'elle ne sortirait pas de la main des indigènes, la déclarer française pour toujours dès qu'elle en serait sortie, prendre l'enregistrement ou la transcription pour signe public du passage de la terre d'un statut à l'autre. Le statut français aurait succédé au statut musulman, les deux statuts n'auraient pas coexisté sur la même terre.

Sans doctrine formelle, presque sans idée préconçue, le législateur a créé pour la terre algérienne un état hybride : elle est musulmane entre indigènes ayant contracté avec des indigènes, française entre tous autres ; musulmane un jour, française le lendemain, puis encore musulmane ou française, mobile suivant la nationalité des contractants ; au-dessus de cette mobilité du statut, un principe fixe : la loi française, en conflit avec la loi musulmane, doit l'emporter.

Sous l'empire de la loi de 1851 et de celle de 1855, au moment où la loi de 1873 était discutée, la transmission de la terre se réglait ainsi :

Si l'acte d'aliénation était passé entre Européens et indigènes, le consentement suffisait pour la transmission de vendeur à acquéreur ; au-dessus de 150 fr., la preuve devait être écrite. De l'acquéreur aux autres ayants-droit du vendeur, acquéreurs de droits réels, créanciers hypothécaires ou privilégiés, créanciers saisissants, Européens ou Musulmans, par actes français ou musulmans, la transmission était réglée par la date certaine sous la loi de 1851, par la transcription sous la loi de 1855 ; règle absolue, alors même que le titre du vendeur était musulman, à plus forte raison s'il était français, et surtout transcrit. En droit algérien, comme en droit français, la transcription l'emportait, entre deux acquéreurs, sur la date certaine antérieure, à moins de fraude.

De même, les créanciers de l'acquéreur en vertu d'un titre transcrit (c'est l'espèce du dernier arrêt), l'emportaient sur l'acquéreur, Européen ou Musulman, qui n'avait pas transcrit.

La transmission entre Musulmans, d'après la loi musulmane, s'opérait d'acquéreur à vendeur par le simple consentement, prouvé même par témoins, quelle que fût la valeur de l'immeuble ; de l'acquéreur aux ayants-droit musulmans du vendeur, acquéreurs de droits réels, créanciers, le consentement et la preuve orale suffisaient également ; de l'acquéreur musulman aux ayants-droit européens du vendeur, la date certaine et la transcription étaient nécessaires.

Enfin, des acquéreurs d'un vendeur non propriétaire, *a non domino,* au vrai propriétaire, la prescription française ou musulmane, suivant la nationalité des parties, était nécessaire.

La transcription, même après les opérations de l'ordonnance
de 1846, après une concession de l'État, après les opérations
du sénatus-consulte, après une décision judiciaire, n'empê-
chait pas la terre de retomber sous la loi musulmane, si elle
était plus tard transmise de Musulman à Musulman.

En quoi et comment ce droit a-t-il été modifié par le législateur de 1873 ?

En deux mots, voici la réponse de la jurisprudence :

1° Le statut réel français une fois imprimé à l'immeuble
devient immuable ; il est définitif, permanent comme tout
statut réel ; il régit la compétence, toutes les personnes, tous
les faits, tous les actes, tous les contrats, sauf la dérogation
expresse pour les règles de succession et de testament ;

2° Le statut est imprimé à l'immeuble par le titre français,
administratif, notarié, judiciaire, du jour de la loi si ce titre
est antérieur, du jour de sa date s'il est postérieur ;

3° Les immeubles qui n'ont pas de titre français restent
sous un statut transitoire mixte, celui de la loi de 1851, jusqu'au jour où l'administration les rend français par la délivrance d'un titre à la suite d'une enquête.

Démontrons ces propositions par les travaux préparatoires
de la loi, par le commentaire de son texte, dans le chapitre
suivant par la jurisprudence :

15. — Le projet de loi avait été élaboré à Paris à la suite de
conférences auxquelles avaient pris part le maréchal Mac-
Mahon, le général Gresley, MM. Victor Lefranc, Dufaure,
Hanoteau, Warnier, Lucet, les chefs de la Cour d'Alger. Cette
commission avait été unanime à reconnaître l'urgence de
constituer la propriété individuelle à l'aide d'un registre terrier, en la soumettant aux règles de notre droit civil.

Au sein de la commission parlementaire à laquelle le projet
fut renvoyé, les protestations les plus vives s'élevèrent contre
le régime qui ne soumettait pas à la loi française la propriété
algérienne, et, à l'unanimité, le retour à l'art. 3 du Code civil
fut réclamé.

Le procès-verbal des délibérations de cette commission, qui
nous a été communiqué, est fort intéressant sur ce point.
M. Humbert, un jurisconsulte, un professeur de droit, fait
l'historique du droit romain sur le sol provincial appliqué en
Afrique et en conclut que le droit de l'État y est resté domi-
nant ; il demande avec insistance l'application de l'art. 3 à

l'Algérie. — M. Warnier fait l'histoire des capitulations et soutient qu'elles sont abolies. — M. Lucet dit que la capitulation d'Alger a garanti la propriété, non la législation musulmane. — M. le duc d'Aumale définit ainsi le but de la loi : 1° Respect des droits reconnus par la loi de 1851 et le sénatus-consulte ; 2° Il n'y aura d'autre statut réel que la loi française ; 3° La loi musulmane ne subsistera qu'à titre de statut personnel, et la compétence des cadis sera restreinte aux questions de statut personnel entre Musulmans. Ailleurs, il demande l'unité territoriale et de législation en faveur de la propriété *melk* sur l'un et l'autre versant du Tell. — M. Lucet dit que la transmission de la propriété doit être réglée uniformément dans toute l'Algérie. Il fait observer qu'un principe supérieur domine tout, c'est la nécessité d'établir l'unité de législation territoriale ; sinon le pays resterait livré à l'anarchie économique et à une fatale incertitude. Il pense que les législateurs ont à trancher deux questions, celle de savoir si la loi française régira le statut réel dans le Tell, et quelles exceptions ou dérogations devront être autorisées. Le but à tracer, dit-il, consiste à faire régir dès maintenant tous les *melks* par la loi française. — M. d'Harcourt pense qu'à défaut de cadastre la loi française ne pourra s'appliquer. — M. Colas répond que cela n'est pas nécessaire. — M. le duc d'Aumale et M. Malens insistent pour qu'il n'y ait qu'une seule juridiction et que les transactions soient libres partout où la propriété est ou sera constituée.

Le rapport s'exprime ainsi : « Nous distinguons entre le statut réel et le statut personnel des Musulmans. Nous respectons ce dernier, qui touche par divers points à la liberté de conscience, à la religion, à la vie intime de la famille, mais nous considérons comme un devoir de retirer le statut réel, celui qui touche aux intérêts immobiliers, pour le soumettre à la loi française, aux principes de notre droit public partout où flotte le drapeau national. Le § 1er de l'art. 3 du Code civil est appliqué depuis 1830, le § 2 doit l'être également. Le retard apporté à son application ne s'explique que par la réserve dont parle l'exposé des motifs du gouvernement, et par la croyance erronée de l'existence d'une législation musulmane régissant la propriété et contre laquelle la législation française pouvait se heurter.... Nous ne pouvions hésiter à donner à la propriété la seule législation possible, celle de la France.... Le projet de loi devait soumettre la propriété en Algérie à une législation qui la régisse d'une manière uniforme : la législation française de préférence à toute autre. »

Dans la discussion, M. Humbert, chargé de prendre la

parole au nom de la commission, établit la nécessité de n'avoir qu'une législation territoriale ; il démontre que la législation musulmane est inférieure à la nôtre, pour la preuve, pour la transmission ; il dit que si elle a été maintenue *entre Musulmans,* par mesure transitoire, les lois antérieures y ont dérogé, et il invoque l'art. 3 du Code civil, qui ne fait que reproduire un principe du droit des gens. « La diversité de ces statuts et les conflits qui peuvent en résulter imposent, au point de vue des transactions immobilières, des obstacles infranchissables, qui ne permettent pas la pénétration réciproque des deux éléments de la population. Il ne faut pas maintenir l'équilibre de ces deux statuts. La politique commande d'assurer la prépondérance à la législation française. »

C'est à la lumière de ces idées si claires, si unanimes, si fermes de la commission qu'il faut lire et interpréter la loi du 26 juillet 1873 ; il est à regretter qu'au lieu de travailler sur un projet, cette commission n'ait pas elle-même rédigé seule une loi qui aurait mieux exprimé et réalisé sa pensée (1).

16. — L'art. 1er, en posant le principe général, l'exprime avec une grande clarté, que n'imite pas le reste de la loi : « L'établissement de la propriété immobilière en Algérie, la conservation et la transmission contractuelle des immeubles et droits immobiliers, quels que soient les propriétaires, sont régis par la loi française. En conséquence sont abolis tous droits réels.... qui seraient contraires à la loi française. »

M. Warnier, dans son rapport, résume ainsi ce premier point : « application de la loi française à la propriété indigène en exécution du § 2 de l'art. 3 du Code civil. » D'ailleurs, par eux-mêmes, ces mots *établissement, conservation, transmission* comprennent tous les actes relatifs aux immeubles, toutes les transactions, toutes les conventions immobilières, selon les termes de l'art. 2. La pensée du législateur, interprétée par lui-même, est aussi large que possible. C'est en vain qu'on veut *tuer* par la lettre une pensée qui est aussi compréhensive. Les successions, le testament sont seuls exceptés.

L'art. 31 limite au Tell algérien l'application de la loi. Une limite d'une autre nature est faite par l'art. 2 : « Les lois françaises, et notamment celle du 23 mars 1855 sur la transcription, *seront appliquées* aux transactions immobilières : 1° à

___

(1) M. Humbert aurait dû être chargé de cette rédaction ; sa plume de jurisconsulte n'aurait pas laissé subsister tant d'équivoques.

partir de la promulgation de la présente loi, pour les conventions qui *interviendront* entre individus régis par des statuts différents ; 2° à partir de la même époque, pour les conventions entre Musulmans, relatives à des immeubles situés dans les territoires qui ont été soumis à l'application de l'ordonnance du 21 juillet 1846, et dans ceux où la propriété a été constituée par voie de cantonnement ; 3° au fur et à mesure de la délivrance des titres, pour les conventions relatives aux immeubles désignés par l'art. 3. »

Sur cet article, nous devons faire une remarque essentielle : le législateur parle au futur, il ne statue que pour l'avenir, pour les conventions qui *interviendront*. Les conventions antérieures restent soumises au droit antérieur. Ainsi il n'est pas douteux que la loi française et celle de la transcription régissaient déjà les conventions entre non Musulmans.

M. Humbert a dit positivement dans la discussion, en réponse à M. Clapier, que cet article ne fait qu'appliquer l'art. 16 de la loi de 1851. La loi de 1873 confirme ce qui existait sur ce point, au lieu de l'abolir.

D'ailleurs, il eût été impossible de supposer que le législateur eût rayé tout le passé par l'emploi de ce *futur :* la promulgation de la loi de 1855, la loi de 1851, l'ordonnance de 1844 et l'arrêté de 1832 ! lui qui, dans l'art. 1er, employant *le présent,* dit formellement : « l'établissement, la conservation et la transmission contractuelle des immeubles et droits immobiliers, quels que soient les propriétaires, *sont régis* par la loi française » ; *la loi française,* entre Musulmans comme entre Européens, *quels qu'en soient les propriétaires.*

C'est l'art. 3 du Code civil réédité, développé, mis au frontispice de la loi, pour servir de règle générale, pour suppléer aux omissions, pour résoudre tous les doutes, les dérogations devant être réduites à leurs limites les plus étroites. Le principe général posé, l'art. 2 en règle le mode d'application aux diverses conventions, les unes déjà soumises à la loi française, les autres ne devant y être soumises qu'à partir de la promulgation, les autres plus tard encore suivant les territoires ; pour les premières, on aurait pu employer *le présent,* pour les secondes, il fallait employer *le futur,* qui convenait également aux premières puisque la loi ne dispose que pour l'avenir. Voilà pourquoi l'art. 2 s'exprime ainsi : Les lois françaises *seront appliquées,* ce verbe régissant simultanément le 1er, le 2e et le 3e § ; l'emploi du futur dans le premier membre de phrase commande grammaticalement l'emploi du même temps dans les autres.

Aussi, de ces mots : « 1° à partir de la promulgation de la présente loi, pour les conventions qui *interviendront* entre individus régis par des statuts différents, » il ne faut pas conclure qu'avant la loi de 1873 ces conventions n'étaient pas régies par la loi française ; elles l'ont été successivement par les lois que nous venons d'énumérer, notamment en 1832, 1844, 1851, 1855 ; les conventions qui *sont intervenues* avant la loi de 1873 resteront régies par ces lois, suivant leur date ; et *celles qui interviendront* seront régies par les lois françaises et notamment par la loi sur la transcription, conformément au principe général de l'art. 1er.

Quant aux conventions *entre Musulmans,* régies par la loi musulmane avant la loi de 1873, elles le seront par les lois françaises, et immédiatement, pour les immeubles auxquels l'ordonnance de 1846 aura été appliquée et pour ceux où la propriété individuelle avait été constituée par cantonnement. A notre avis, ces immeubles n'étaient pas encore soumis à la loi française entre Musulmans. M. Clapier a exprimé l'opinion contraire. Relativement aux autres immeubles, l'art. 2, § 3, laisse subsister la loi musulmane, pour les conventions de Musulman à Musulman, jusqu'à la délivrance des titres de propriété par l'autorité française, soit qu'ils dépendent de territoires où la propriété collective des tribus est constatée (terre *arch),* soit qu'ils dépendent de territoires où les droits de propriété privée (terre *melk)* sont reconnus par l'autorité, *s'ils ne sont pas déjà constatés par acte administratif ou notarié.*

C'est l'art. 3 qui formule cette règle (1) et distingue les terri-

---

(1) L'art. 3 est ainsi conçu : « Dans les territoires où la propriété collective aura été constatée au profit d'une tribu ou d'une fraction de tribu, par application du sénatus-consulte du 22 avril 1863 ou de la présente loi, la propriété individuelle sera constituée par l'attribution d'un ou plusieurs lots de terre aux ayants droit et par la délivrance de titres opérée conformément à l'art. 20 ci-après.

» La propriété du sol ne sera attribuée aux membres de la tribu que dans la mesure des surfaces dont chaque ayant droit a la jouissance effective ; le surplus appartiendra, soit au douar comme bien communal, soit à l'Etat comme biens vacants ou en déshérence, par application de l'art. 4 de la loi du 16 juin 1851.

» Dans tous les territoires autres que ceux mentionnés au § 2 de l'article précédent, lorsque l'existence de droits de propriété privée non constatés par acte notarié ou administratif aura été reconnue par application du titre II ci-après, des titres nouveaux seront délivrés aux propriétaires.

» Tous les titres délivrés formeront, après leur transcription, le point de départ unique de la propriété, à l'exclusion de tous autres. »

toires en territoires de propriété collective et territoires de propriété privée. Dans les premiers, il faudra constituer la propriété individuelle, et c'est l'objet des art. 20 à 23; dans les seconds, il faudra constater la propriété privée, c'est l'objet des art. 8 à 19.

Dans l'un et l'autre cas, les opérations étant terminées, un titre français est délivré; du jour de la délivrance de ce titre, la loi française régira l'immeuble.

Mais, si déjà les droits de propriété étaient constatés par acte administratif ou par acte notarié, une nouvelle constatation ne serait pas nécessaire, aux termes de l'art. 3 ; un titre nouveau ne serait pas établi, aux termes de l'art. 17, ni délivré ; la jurisprudence en a conclu que la loi française régit les immeubles, objet de ces actes, dès leur date s'ils sont postérieurs à la loi de 1873, depuis la loi s'ils sont antérieurs ; car, elle ne pourrait jamais les régir s'il fallait attendre une délivrance de titre nouveau qui n'aura jamais lieu, et ils doivent pourtant produire, sous ce rapport, les mêmes effets que le titre nouveau dont ils dispensent, c'est à-dire soumettre les immeubles à la loi française.

Parmi ces actes sont les titres délivrés par la commission des transactions et partages. Le rapporteur assimile spécialement les immeubles pourvus de ces titres à ceux provenant de l'application de l'ordonnance de 1846 ou d'un cantonnement.

M. Humbert s'exprime ainsi dans la discussion : « Quand il s'agit de territoires où la propriété n'a pas encore été constituée ou reconnue, l'application de la loi a été suspendue, jusqu'à la délivrance de titres réguliers, par le 3ᵉ alinéa de l'art. 2;.... lorsqu'il s'agit de propriétés privées proprement dites, nous nous bornons, toutes les fois que la propriété privée n'est pas constatée *par des titres parfaitement réguliers,* à ordonner cette constatation en commandant la délivrance de nouveaux titres. »

La constatation administrative n'est donc pas ordonnée, elle ne peut être faite pour les immeubles dont la propriété est constatée par des titres parfaitement réguliers, par des titres français, et est placée, comme celle de toute terre française, sous la sauvegarde spéciale des tribunaux.

Aux termes de l'art. 3, *ces titres parfaitement réguliers* sont les actes administratifs et les actes notariés. Donc, pour les immeubles qui ont été l'objet de ces actes, la loi française s'applique sans qu'il soit nécessaire d'attendre la délivrance de nouveaux titres, et les formalités du titre II ne les concernent pas.

Le projet donnait au gouvernement le droit de procéder, partout où il le jugerait utile, en terre *melk*, à la reconnaissance de la propriété, à la vérification des limites à fin de délivrance de titre français (art. 2 du projet de procédure); l'art. 4 lui conférait le même droit pour la terre *arch;* l'art. 22 pour les partages et licitations.

La commission parlementaire ne voulant pas accorder de tels pouvoirs à l'administration sans les définir, eut soin de soustraire complètement à son action les immeubles munis de titres français, administratifs ou notariés; comme le projet, elle réserva aux tribunaux les contestations relatives à la propriété privée concernant les immeubles sans titres français et pour lesquels il fallait en délivrer; elle supprima les dispositions relatives aux partages pour les laisser régir par la loi française, et n'accorda à l'administration un pouvoir plus étendu que pour la constitution de la propriété individuelle dans les territoires de propriété collective.

Dans ce but, elle modifia les § 1 et 2 de l'art. 3, et ajouta à cet article le § 3, qui précise mieux le pouvoir que le projet donnait à l'administration de reconnaître en terre *melk* les droits de propriété, de les contrôler, de vérifier les limites, et de délivrer de nouveaux titres. Ce paragraphe est ainsi conçu: « Dans tous les territoires *autres que ceux mentionnés au* § *2 de l'art.* 2, lorsque l'existence de droits de propriété privée, *non constatés par acte notarié ou administratif,* aura été reconnue par application du titre II ci-après, des titres nouveaux seront délivrés aux propriétaires. » Ainsi, la reconnaissance des droits de propriété est limitée aux territoires qui n'ont pas été soumis à l'ordonnance de 1846, ou à un cantonnement; et elle n'aura pas lieu pour les droits constatés par acte notarié ou administratif; l'action de l'administration est limitée aux droits de propriété non constatés par des titres français. Les droits constatés ne seront pas reconnus ou vérifiés, puisque les droits non constatés doivent l'être seuls.

Ce n'est pas tout; l'art. 10, remplacé par l'art. 17, portait: « Au vu des conclusions du commissaire enquêteur, le service des domaines procédera à l'établissement des titres provisoires de propriété, au nom de tous les individus dont les droits auront été reconnus par le commissaire enquêteur. »

La commission rédige ainsi l'art. 17: « Pour tout ce qui se rapporte à la constatation, à la reconnaissance, et à la confirmation *de la propriété possédée à titre privatif, et non constatée par acte notarié ou administratif,* le service des domaines, sur le vu des conclusions du commissaire enquêteur, procédera à l'établissement des titres provisoires de propriété au nom des individus dont *les droits ne sont pas contestés.* »

Ainsi, la reconnaissance que fait l'administration est celle de la propriété *non constatée par acte notarié ou administratif;* ces mots déterminent, précisent, limitent le sens du substantif précédent, et avec intention, pour remplacer la disposition trop générale, *indéterminée* du projet. C'est à *ce terme* que le pouvoir de l'administration est limité.

Le législateur ne lui permet d'établir des titres provisoires que pour *les droits non contestés,* tandis que le projet permettait de les délivrer aux droits reconnus par le commissaire.

Enfin, dans l'art. 6, en accordant à l'administration plus de latitude pour les terres *arch,* de propriété collective, on réserve aux tribunaux seuls la connaissance des contestations relatives aux immeubles de propriété privée, quoique non constatée par acte notarié ou administratif.

Ainsi : 1° Immeubles avec titres français, notariés ou administratifs, exclus de toute action de l'administration, régis par les principes de notre droit public français ;

2° Immeubles dont la propriété non constatée par acte notarié ou administratif sera reconnue par l'administration, auxquels s'appliquera le titre II, chap. 1er, les tribunaux devant seuls résoudre les contestations élevées à leur sujet ;

3° Immeubles de propriété collective où la propriété individuelle sera constituée par l'administration.

L'administration ne pourra pas plus juger les contestations relatives aux seconds que reconnaître, vérifier les droits de propriété relatifs aux premiers.

Elle ne peut pas plus constater, reconnaître, vérifier les droits de propriété privée constatés par acte notarié ou administratif que les titres de cantonnement, ou ceux délivrés en vertu de l'ordonnance de 1846; pas plus qu'elle n'aurait pu vérifier les titres des terres *cultivées* si on lui avait donné seulement le droit de vérifier ceux des terres *non cultivées.* Elle a reçu le pouvoir de vérifier les droits *non constatés* par titres notarié ou administratif; si elle vérifie les droits *constatés,* elle agit sans pouvoir, incompétemment, son opération est nulle, ne produit rien.

Pendant vingt ans, la Cour, on le verra bientôt, a décidé que le titre II ne s'applique pas aux droits constatés par acte notarié ou administratif, que par conséquent le statut réel français est imprimé à la terre, objet de ces droits; qu'elle ne peut plus être transmise par acte musulman, que les lois françaises sur la preuve, sur la transcription, sur la compétence lui sont applicables; la Cour de cassation a confirmé cette jurisprudence; et, tout à coup, on a ressuscité la question à propos des déchéances de l'art. 18 : ce titre français, soustrait à dessein par la loi à la vérification de l'administration, qui ne doit reconnaître que les droits non constatés par titres français, il faudrait le produire, sinon il serait supprimé par déchéance administrative! Où est imposée cette obligation de produire un titre notarié ou administratif? Nulle part. Le titre de propriété que le législateur a placé au-dessus de tous serait ainsi privé de la protection que notre droit public français accorde à toute propriété, et que Duvergier (1873, p. 292, note 2) voit avec regret refusée à la propriété collective. Aussi ne faut-il pas s'étonner que la Cour de cassation ait admis le pourvoi contre l'arrêt qui l'a ainsi décidé (1).

17. — Les art. 1, 2 et 3 de la loi se résument ainsi :

La loi française, l'art. 3 du Code civil régit le Tell algérien, dès à présent pour les immeubles objet des opérations de l'ordonnance de 1846 ou du cantonnement, objet de tout acte administratif ou notarié antérieur à la loi; du jour de l'acte administratif ou de l'acte notarié postérieur à la loi ; du jour de la délivrance de titres français suivant les formes déterminées par le titre II, pour tous les autres immeubles.

C'est ainsi que le statut réel français s'imprimera successivement au territoire du Tell algérien, ce qui n'avait pas lieu sous les lois antérieures, le droit musulman régissant alors les conventions entre Musulmans, même après que l'immeuble avait été l'objet d'un titre français.

Mais tant qu'il n'aura pas été affecté définitivement de ce statut, l'immeuble sera soumis au régime mixte et mobile de l'art. 16 de la loi de 1851, loi musulmane entre Musulmans, statut réel français entre toutes autres personnes. C'est pour les immeubles soumis à ce régime, c'est pour les en faire sortir, que les opérations du titre II, chap. 1er sont prescrites ; c'est pour donner un titre français aux immeubles qui n'en ont pas, pour rendre français ceux qui ne le sont pas.

Ce régime mixte a été critiqué avec raison par M. Clapier. M. Humbert s'est bien gardé de le justifier ; il a répondu qu'il n'était que transitoire, que le projet ne l'avait pas créé, qu'il l'avait emprunté à la loi de 1851, en attendant l'exécution des opérations ordonnées par le projet. Ces paroles de M. Humbert ont une grande importance pour l'interprétation et pour l'application des art. 2 et 3.

---

(1) Arrêt du 2 avril 1884 (*Revue algérienne*, 1887, 2, 109); le pourvoi a été admis par arrêt du 5 août 1885.

Nous trouvons donc dans la loi de 1873 un statut réel définitif, le statut français, régissant absolument l'immeuble, dès qu'il le frappe, entre toutes personnes; un statut réel transitoire, droit personnel plus que réel, différent suivant les personnes, suivant les conventions, tantôt français, tantôt musulman.

18. — Étudions d'abord le premier.

Il régit les immeubles qui ont été soumis à l'application de l'ordonnance de 1846. La jurisprudence a compris parmi eux les immeubles de la banlieue des villes.

Il régit également ceux attribués dans un cantonnement; pas de difficultés à cet égard.

Enfin, il régit les immeubles dont les droits de propriété sont établis par acte administratif ou par acte notarié. Ce point a donné lieu à beaucoup de questions : posons bien les principes avant d'examiner la jurisprudence.

Les actes administratifs sont : 1º ceux qui ont reconnu les droits de propriété en appliquant l'ordonnance de 1846 ou en procédant au cantonnement, que l'art. 2 a spécialement désignés; 2º les actes de concession; 3º les titres délivrés par la commission des transactions et partages, visés dans le rapport de M. Warnier; 4º ceux qui auraient pu être délivrés dans les opérations du S. C. (il n'y en avait pas eu encore en 1873). Avant la loi de 1873 nous nous étions demandé si ces titres avaient, dès lors, définitivement affecté les immeubles à la loi française; avec regret, nous avions répondu négativement; désormais plus de doute pour l'avenir.

Avant la loi de 1855, ces actes ne sont pas toujours transcrits; la transcription est-elle nécessaire pour imprimer à l'immeuble le statut réel français? La loi ne l'exige pas, nulle part on ne s'est préoccupé de la transcription à ce point de vue. M. Humbert parle de titres parfaitement réguliers, rien de plus. Dès lors, au point de vue de la soumission de l'immeuble à la loi française, la transcription n'est pas nécessaire; mais ces actes non transcrits ne jouiraient pas des avantages attachés à cette formalité par la loi du 23 mars 1855.

Nous en disons autant des actes notariés, qui, en fait, sont tous transcrits.

La jurisprudence a assimilé les décisions de justice, les actes judiciaires aux actes administratifs; ces décisions constatent, en effet, les droits de propriété avec une autorité encore plus grande, celle de l'autorité de la chose jugée.

Un acte sous-seing privé, enregistré et transcrit, n'est-il pas un titre parfaitement régulier? Cela est incontestable, mais la loi exige formellement un acte notarié; le rapport est explicite. A nos yeux, le législateur eût mieux fait d'attribuer à la transcription de tout acte l'effet qu'il attache aux actes administratifs, aux actes notariés, sans s'inquiéter s'ils sont ou non transcrits; mais il a préféré, sans doute, un acte dont la rédaction soit confiée à un fonctionnaire ou à un officier public, plus capables de le rédiger avec soin. Il est des pays où l'acte notarié peut seul être transcrit. Mais, en France, l'acte sousseing privé suffit pour la transcription; la loi musulmane se contente, à l'égard des tiers, de la preuve par témoins. On devrait, afin de hâter l'application de la loi française à la terre algérienne, profiter de la réforme de la loi de 1873 pour édicter que la loi française régira absolument tout immeuble qui aura été l'objet d'un acte transcrit, même entre Musulmans.

Avant la loi de 1873, le titre administratif, judiciaire ou notarié ne *francisait* pas définitivement l'immeuble; c'est donc du jour de l'acte que le statut réel français devient pour toujours la loi de l'immeuble, et du jour de la loi, si le titre français est antérieur.

Le titre délivré en vertu de l'art. 18 de la loi de 1873 est aussi un acte administratif qui confère à l'immeuble le statut réel français. Il en est de même de ceux délivrés en vertu du chap. 2 du titre II, et en vertu du titre III. On peut donc généraliser, et dire que le titre français, administratif, judiciaire ou notarié, imprime à l'immeuble la nationalité française. Ces termes généraux comprendraient tous les titres dont nous venons de parler, entre autres ceux du deuxième § de l'art. 2.

La première prérogative attachée à ce caractère d'immeuble français est que la propriété en est placée sous la protection spéciale de la justice française, et c'est pour ce motif, sans doute, que le législateur de 1873 ne l'a pas soumise aux opérations administratives et aux déchéances du titre II.

Nous avons vu ce qu'a dit M. Humbert dans son discours; le rapport s'était déjà exprimé en ces termes : « Dans tous les cas où le sol est possédé privativement, avec ou sans titre, *sauf le cas de titre notarié ou administratif*, la possession est constatée et affirmée par la délivrance d'un titre nouveau. »

Le cas de titre notarié ou administratif affranchit donc · l'immeuble de la procédure administrative, dont le but est la délivrance d'un titre administratif, qu'il possède ou dont il a l'équivalent ; c'est par une action en revendication devant les tribunaux qu'il faudra agir pour l'atteindre.

Les lois françaises, selon les expressions de l'art. 2, toutes les lois françaises, sauf les dérogations formelles, régissent ces immeubles *francisés* entre toutes personnes, et sont appliquées par les tribunaux français seuls.

19. — Le statut réel, transitoire, de faveur, d'exception, est celui qui régit les immeubles non compris parmi ceux que nous venons d'énumérer ; leur propriété devra être constatée conformément au titre II, pour devenir l'objet d'un titre français qui les soumettra au statut réel français définitivement et pour toujours ; c'est un statut mixte et d'attente.

Il a plus le caractère de statut personnel ou contractuel que de statut réel. La loi française régit les conventions relatives à ces immeubles entre personnes d'un statut différent ; la loi musulmane, les conventions entre Musulmans. On pourrait même dire que cette seule exception est faite à l'art. 1er, qui a rendu applicable l'art. 3 du Code civil à la terre algérienne : « La loi musulmane régit les conventions entre Musulmans relatives aux immeubles qui n'ont pas un titre français, administratif, judiciaire ou notarié, en attendant la délivrance d'un titre français après les opérations du titre II. »

Et cette exception doit être renfermée dans ses termes les plus stricts : *Entre Musulmans, entre conventions musulmanes.*

L'arrêté de 1832 disait : *transactions sur immeubles;* l'art. 16 de la loi de 1851 : *transmission immobilière ;* la loi de 1873 : *transactions immobilières, conventions.*

Avec les termes plus larges de la loi de 1851, on pourrait dire que la *transmission* est réglée par la loi musulmane de Musulman à Musulman, quel qu'il soit, même ayant contracté avec un Européen. Avec les termes de l'arrêté de 1832 et ceux de la loi de 1873, on pourrait restreindre l'application de la loi musulmane aux contractants entre eux, ne pas l'étendre aux tiers même musulmans. Nous ne pouvons savoir si c'est à dessein que le législateur de 1873 a rejeté l'expression de la loi de 1851, s'il a voulu la définir, la limiter, par celle de *transaction,* de *convention;* mais nous savons qu'en 1851 on n'a pas voulu étendre le champ de la loi musulmane au delà des termes de l'arrêté de 1832. Il faut, croyons-nous, assimiler toutes ces expressions, dire que la loi musulmane ne régira les tiers musulmans que s'ils ont contracté avec des Musulmans ; que la loi musulmane sera un droit personnel dérivant du contrat, régissant les contrats entre Musulmans, n'ayant pas d'action sur des contrats français ou mixtes.

En effet, le n° 1 de l'art. 2 déclare la loi française applicable *à la convention* entre Européens et Musulmans, entre personnes de statut différent, et non *aux Européens* qui ont contracté avec des Musulmans. La convention tout entière obéit donc à une seule loi, loi de tous les contractants, musulmans aussi bien qu'européens.

Il en est de même pour la convention entre Musulmans, la loi musulmane la régit tout entière. Entre deux conventions musulmanes, toutes deux régies par la loi musulmane, il n'y a pas conflit, et la loi musulmane est, on le comprend, la seule applicable.

Mais entre deux conventions, l'une soumise à la loi française, l'autre à la loi musulmane, il y a conflit de deux lois; c'est le statut réel de l'immeuble, le statut français, qui doit l'emporter : le droit personnel dérivé de la convention s'efface, le droit réel de la terre française reprend son empire.

Le Musulman dira vainement : en vertu de la loi musulmane, applicable à la convention entre Musulmans, le consentement m'a transféré la propriété même à l'égard des tiers, comme en droit français avant la loi de 1855, et, dès lors, toute acquisition ultérieure ne peut m'être opposée. Ce raisonnement serait juste si l'art. 2 avait dit que la loi musulmane serait opposable aux tiers, et à tous les tiers, même ayant contracté sous l'empire de la loi française ; mais, au contraire, ce même art. 2 porte que la convention faite entre des personnes de statuts différents, à plus forte raison entre Français, est régie par la loi du 23 mars 1855, qui donne à ces contractants le droit d'opposer la transcription à tous ceux qui n'ont pas transcrit auparavant, même à l'acquéreur ayant un acte de date certaine antérieure. Opposable à l'Européen, au Français, elle l'est au Musulman, que l'art. 2 n'a pas excepté. Ou il y a entre le 1° et le 3° de l'art. 2 antinomie, contradiction, qu'il faut résoudre par l'application de l'art. 1er de la loi française ; ou le n° 3 doit être entendu, comme l'art. 16 de la loi de 1851, en ce sens que la loi musulmane ne règle que les rapports entre contractants musulmans et les rapports naissant de deux conventions entre Musulmans. C'est là, en effet, la pensée de la loi, c'est le seul cas où le juge musulman peut connaître d'une transaction immobilière, aux termes du décret du 10 septembre 1886 sur la justice musulmane, ce qui résultait d'ailleurs du décret de 1859.

Si des Musulmans ont contracté par acte notarié, il est

certain, aux termes de l'art. 3, que la loi française, et notamment celle sur la transcription, pourra être invoquée par eux contre leurs coreligionnaires.

Mais le pourront-ils s'ils ont contracté par acte devant le cadi ou par acte sous seing privé transcrit ? Oui, en vertu des ordonnances de 1842, 1859, 1866, s'ils ont expressément adopté la loi française. La transcription ultérieure pourrait paraître insuffisante.

En fait, le juge devra généralement préférer la preuve écrite à la preuve orale, la date certaine à celle qui ne l'est pas, l'acte transcrit à l'acte non transcrit ; ce serait difficile si l'acte musulman non transcrit avait date certaine antérieure à l'acte musulman transcrit, à moins qu'il n'y eût dans cet acte acceptation de la loi française. La transcription de l'acte musulman a toujours l'avantage de pouvoir être opposée à un titre français.

20. — Résumons. L'art. 2 a eu le grand tort de déroger à l'art. 1er, qui avait posé le principe que la terre française algérienne doit être régie par la loi française. Le statut réel français n'est la loi de la terre que pour un petit nombre d'immeubles, il dérive du titre constitutif de la propriété, du titre français ; pour les autres immeubles, au lieu d'être la loi des conventions, il est régi par elles, il varie avec elles ; au lieu d'être un, immuable, il est resté mobile pour la plus grande partie du territoire algérien, en attendant l'accomplissement des opérations du titre II.

L'art. 2 aurait pu se formuler ainsi :

« En conséquence, les lois françaises et la loi du 23 mars 1855 seront appliquées aux transactions immobilières même entre Musulmans: la preuve écrite au-dessus de 150 fr. sera préférée à la preuve orale, la date certaine à celle qui ne l'est pas, l'acte transcrit à l'acte non transcrit. »

Notre droit national aurait cessé de capituler devant le droit musulman.

Ou bien, exprimant avec plus de clarté les principes que la jurisprudence de la Cour d'Alger et de la Cour de cassation a consacrés, allant même au delà, il aurait pu s'exprimer ainsi :

« Les lois françaises et notamment la loi sur la transcription seront appliquées entre toutes personnes :

» 1° Aux immeubles qui ont été ou seront l'objet d'actes administratifs, de décisions judiciaires, d'actes notariés, *d'actes sous seing privé, signés de toutes les parties, même musulmanes,* depuis leur transcription ;

» 2° Aux territoires soumis à l'application de l'ordonnance de 1846 ou aux opérations du cantonnement ;

» 3° A ceux qui auront été l'objet des opérations du titre II.

» La loi musulmane régira les conventions entre Musulmans, relatives aux immeubles non encore soumis définitivement à la loi française, dans les rapports des contractants entre eux ; dans leurs rapports avec les tiers même musulmans, la preuve écrite sera préférée à la preuve orale, la date certaine à celle qui ne l'est pas, l'acte transcrit à l'acte non transcrit. »

La transcription serait ainsi le signe public de la nationalité française pour tous les immeubles, et les actes individuels contribueraient à leur *francisation* comme les actes de l'administration.

21. — Passons à l'examen des principes généraux du titre II, sauf à discuter plus tard avec détails les questions qu'il soulève.

Le chapitre 1ᵉʳ a pour objet, aux termes de l'art. 3, § 3, de reconnaître les droits de propriété privée *non constatés par acte notarié ou administratif,* auxquels on a assimilé le titre judiciaire, dans les territoires *autres que ceux soumis à l'ordonnance de 1846 ou au cantonnement ;* il faut aussi en exclure les territoires de propriété collective, qui sont l'objet du chapitre II.

La procédure de constatation de la propriété privée ne s'étend pas à tous les territoires, à tous les immeubles. Il s'agit de donner des titres français aux propriétaires qui n'en ont pas, spécialement aux indigènes, et non à ceux qui en ont ; de soumettre à la loi française le sol arabe, et non le sol déjà français.

Nous avons prouvé, au n° 17, par les modifications si profondes apportées par la commission au projet du gouvernement, que c'est avec intention que la loi a limité aux droits *non constatés par acte notarié ou administratif* le pouvoir, accordé à l'administration, de reconnaître la propriété privée.

Pour constater les droits de propriété privée non constatés déjà par un acte notarié ou administratif, la loi ordonne une enquête publique ; un commissaire examine tous les titres, en fait l'application sur le terrain, rédige un premier travail, que les intéressés peuvent contester ; dans un deuxième travail, il examine les contestations et indique à qui les titres doivent être délivrés ; des titres provisoires sont établis au nom des intéressés dont les titres ne sont pas contestés. Les parties qui se croient lésées peuvent contester devant les tri-

bunaux; après l'expiration du délai s'il n'y a pas de contestation, après les décisions judiciaires s'il y a eu contestation,
un titre nouveau est délivré au propriétaire reconnu, et ce
titre transcrit sert de point de départ unique à la propriété à
l'exclusion de tous droits réels antérieurs ; la loi française
régira dorénavant l'immeuble, et ceux qui auraient pu avoir
des droits antérieurs, même le vrai propriétaire si le possesseur avait acquis *a non domino,* sont forclos. Les droits réels
ou hypothécaires se rattachant au titre délivré doivent être
transcrits, retranscrits, inscrits ou réinscrits dans un délai,
à peine de déchéance.

Plusieurs questions sont nées de l'insuffisance des dispositions de la loi ; voici la principale :

Celui qui a pour titre un acte administratif, un acte notarié,
une décision judiciaire, est-il obligé de se présenter à l'enquête,
et le nouveau titre peut-il lui être opposé ?

Nous avons déjà démontré par les travaux préparatoires
(n° 17) que le législateur, avec intention, n'a accordé à l'administration le pouvoir de reconnaître que les droits *non constatés* par acte notarié ou administratif, et que le titre II est
absolument étranger aux droits constatés par titres français.
La question est des plus graves, car il s'agit de savoir si
des titres français, administratifs, judiciaires, notariés, seront
soumis, en dehors de l'autorité judiciaire, au contrôle de
l'administration, représentée par un simple commissaire
enquêteur, et exposés à des déchéances rigoureuses si l'on
ne conteste pas dans un délai de trois mois. L'avis de ce commissaire administratif pourrait mettre en échec des arrêts
ayant l'autorité de la chose jugée, des concessions de l'État, les
décisions du Conseil du contentieux après les opérations de
l'ordonnance de 1846, les actes de cantonnement, les titres
délivrés par la commission des transactions et partages, qui
ne sont, tous, que des titres administratifs, ceux même délivrés après les opérations du titre II, après la purge du titre III,
si un nouveau commissaire commettait quelque erreur dans
le périmètre de ses opérations. Le territoire entier, celui où la
propriété est assise depuis longtemps, pourrait subir le contrôle administratif, que rien ne limiterait. Sans doute l'autorité
judiciaire, si elle est saisie, doit dire le dernier mot dans cette
enquête, mais elle peut n'être pas saisie, et un délai fatal peut
anéantir le droit de propriété fondé sur les meilleurs titres,
rendus publics par la transcription !

Est-il vrai qu'aucune limite n'ait été tracée à l'administration par le législateur ?

Une première sera bien admise : si le titre II a été appliqué à un immeuble, les opérations du commissaire d'un périmètre voisin, ou d'un autre commissaire opérant à tort dans le même périmètre, suivies, par erreur, de la délivrance d'un titre nouveau, seront absolument nulles, alors même que le possesseur du titre délivré à la suite de la première enquête ne se présenterait pas. Que l'hypothèse soit plus ou moins réalisable (dans une aussi vaste opération des erreurs peuvent être commises, même par l'administration, même par des commissaires enquêteurs), cela importe peu pour notre raisonnement : voilà un acte administratif qui prévaudra certainement.

Allons du connu à l'inconnu. Il en sera de même évidemment des actes délivrés à la suite des opérations de l'ordonnance de 1846, et des actes de cantonnement prévus par le n° 2 de l'art. 2. Admettra-t-on que le législateur ait permis à l'administration de soumettre la banlieue d'Alger, par exemple, aux opérations du titre 2, et qu'il y aurait déchéance pour ceux qui ne présenteraient pas leurs actes? Cela est impossible.

Or, quelle est la disposition qui exempte ces territoires et non ceux qui ont été l'objet d'autres titres administratifs, judiciaires ou notariés? C'est l'art. 3, § 3, ainsi conçu :

« Dans tous les territoires *autres que ceux mentionnés au § 2 de l'article précédent,* lorsque l'existence de droits de propriété privée, *non constatés par acte notarié ou administratif,* aura été reconnue par application du titre II ci-après, des titres nouveaux seront délivrés aux propriétaires. »

C'est dans la même phrase que les territoires qui ont été l'objet de l'application de l'ordonnance de 1846 ou du cantonnement et les immeubles dont les droits de propriété ont été constatés par acte notarié ou administratif sont dispensés de l'application du titre II et de la délivrance d'un nouveau titre. Ainsi, même droit pour les territoires qui, en bloc, ont été soumis aux opérations de 1846 ou à celles du cantonnement et pour les immeubles qui, isolément, ont été l'objet de titres français. Pour tous, l'existence des droits de propriété privée ne sera pas reconnue, des titres ne seront pas délivrés. Quelle autre dispense accorde-t-on aux territoires mentionnés au § 2 de l'art. 2 ? L'une et l'autre exception sont formulées de la même manière par des compléments déterminatifs limitant le sens des termes généraux, la portée de la règle générale.

La jurisprudence et la loi, d'après elle, ont assimilé complètement ces territoires, ont attaché les mêmes effets aux actes dont ils ont été l'objet. Il y a plus : les immeubles qui ont des titres de 1846 ou de cantonnement ont pu être l'objet d'actes musulmans, avant 1873, et ceux qui ont des actes administratifs, notariés ou judiciaires postérieurs à cette loi n'ont été transmis que par des titres français. On appliquerait le titre II et ses déchéances à ceux-ci, non à ceux-là ?...

Nous avons établi ci-dessus (n° 17) que le projet du gouvernement donnait à l'administration un pouvoir indéterminé de constater partout, de reconnaître la propriété et ses limites, et que la commission a voulu, par trois dispositions, restreindre ce pouvoir aux droits non constatés par acte notarié ou administratif; que c'est pour ce motif seul qu'elle a inséré le § 3 dans l'art. 3, modifié l'art. 17, fait des réserves dans l'art. 6.

Le commentaire de cet art. 3, § 3 est donné par le rapporteur lui-même : « Dans tous les cas où le sol est possédé privativement, avec ou sans titre, *sauf le cas de titre notarié ou administratif*, la possession est constatée et affirmée par la délivrance d'un titre nouveau. » Cette proposition, *sauf le cas de titre notarié ou administratif*, quoique incidente, n'est-elle pas aussi claire que possible ? Un seul mot, *acte administratif*, comprend à la fois les actes de cantonnement, ceux délivrés en vertu de l'ordonnance de 1846, les concessions, etc. Il y a assimilation absolue.

L'art. 17 est non moins formel : « Pour tout ce qui se rapporte à la constatation, à la reconnaissance et à la confirmation de la propriété possédée à titre privatif, et *non constatée par acte administratif ou notarié* », le service des domaines procédera à l'établissement de titres provisoires au nom des individus dont les titres ne seront pas contestés. Là encore, un seul mot pour tous les actes administratifs, y compris ceux du cantonnement.

M. Humbert, un jurisconsulte, a dit dans son discours, au nom de la commission : « Nous nous bornons, *toutes les fois que la propriété privée n'est pas constatée par des titres parfaitement réguliers*, à ordonner cette constatation en commandant la délivrance de titres nouveaux. »

Ces titres parfaitement réguliers comprennent, unis dans la même expression, dans la même règle, les actes délivrés par application de l'ordonnance de 1846 et par suite de cantonnement, les actes administratifs de toute nature, les actes notariés, les titres judiciaires, que la jurisprudence leur a assimilés.

Comment, désormais, appliquer deux règles différentes à

des actes que le législateur a liés les uns aux autres dans deux textes, dans le rapport, dans le discours de l'organe de la commission ?

Ainsi, point de constatation, point de titre provisoire, point de titre nouveau, au cas d'acte notarié ou administratif. N'est-ce pas dire clairement que l'opération du titre II n'aura pas lieu pour les terres ayant un titre français, soumises par ce fait à la loi française, placées sous la garantie exclusive de l'autorité judiciaire, non exposées dès lors à des déchéances administratives ?

La Cour d'Alger et la Cour de cassation, on va le voir, l'ont si bien pensé, qu'elles ont décidé maintes fois que les immeubles dont la propriété repose sur des titres français sont soumis à la loi française, appartiennent définitivement au statut réel français, à la juridiction des tribunaux français, parce que le titre II ne s'applique pas à eux, parce qu'un titre nouveau ne peut leur être délivré aux termes des art. 3 et 17, et que si ces immeubles n'étaient pas déjà français ils ne pourraient jamais le devenir. Ou il faut renverser cette jurisprudence, qui date de vingt ans, ou il faut interpréter les art. 3 et 17 comme elle l'a fait.

Éclairée par ces arrêts, l'administration a prescrit aux commissaires enquêteurs d'arrêter toute opération portant sur des immeubles dont la propriété est constatée par des titres français, administratifs, judiciaires ou notariés. (V. Circulaire du préfet d'Alger, *Revue algérienne*, 1885, 2, 346). On y lit : « Le commissaire enquêteur, qui a la mission de constater la propriété indigène dans les territoires soumis à la loi musulmane, n'a pas le pouvoir d'opérer sur des immeubles qui se trouvent déjà placés sous l'empire de la loi française. »

Le décret du 10 septembre 1886 sur la justice musulmane a appliqué les mêmes principes.

L'art. 1er ne maintient le droit musulman entre Musulmans que *pour ceux de leurs immeubles dont la propriété n'est pas établie conformément à la loi du 26 juillet 1873, ou par un titre français, administratif, notarié ou judiciaire.*

Ainsi le texte des art. 3 et 19, la jurisprudence éclairée par le rapport de M. Warnier, par le discours de M. Humbert, l'administration, le décret, soumettent exclusivement à la loi française, déclarent français les immeubles qui ont de tels titres, et on leur appliquerait une procédure, des déchéances dont le seul objet est de délivrer un titre français à ceux qui n'en ont pas ? Non ; cela est contraire à la lettre de la loi, cela

est contraire à son esprit, à l'intention formelle du législateur
de limiter le pouvoir de l'administration aux droits non constatés par des titres français, de réserver aux droits constatés
par des titres français les prérogatives dont notre droit public
protège la propriété privée.

Qu'arrivera-t-il donc si le propriétaire en vertu d'un acte
administratif, judiciaire ou notarié se présente au commissaire enquêteur ? Très probablement, celui-ci refusera de
procéder à toute opération relative à l'immeuble objet d'un tel
titre, et se bornera à mentionner sur son registre, à la colonne
affectée à cette mention, l'acte invoqué et sa date. Le nom du
propriétaire ne doit pas même y être indiqué.

Si le propriétaire consentait à se soumettre aux opérations
du titre 2, et que l'administration acceptât, à nos yeux le
commissaire enquêteur devrait procéder comme pour tous
les autres : en cas d'avis favorable, son titre pourrait être
contesté devant les tribunaux, et un titre nouveau devrait être
délivré et transcrit. Si l'avis était défavorable, on procéderait
suivant les dispositions de l'art. 17. En théorie, voilà ce qui
se passerait ; en pratique, le commissaire se conformerait
sans doute à la circulaire (1).

Supposons, au contraire, que ce propriétaire ne se présente
pas, croyant en être dispensé aux termes de la loi et de la jurisprudence, ou n'ayant pas connu l'ouverture des opérations
par suite d'absence, de maladie ou par tout autre motif ; que
le commissaire, ignorant lui-même l'existence d'un titre français, ou commettant une erreur dans l'application des titres, ou
enfin (pour tout prévoir) cédant à de coupables suggestions,
procède aux opérations, émette un avis ; que la déchéance
soit encourue, et le nouveau titre délivré à un autre ; le bénéficiaire de ce nouveau titre, propriétaire *à l'exclusion de tous*

____

(1) L'arrêt du 28 février 1887, dont nous allons parler, dit que l'administration a donné des instructions dans ce sens que les titres administratifs
et notariés devraient être produits. La circulaire est positivement contraire
et s'incline devant la jurisprudence. Le commissaire mentionne l'acte produit, rien de plus, il ne retient pas même le nom de celui qui le produit.
On nous affirme que l'ordre est donné aux commissaires enquêteurs de ne
pas procéder quoique l'acte administratif ou notarié antérieur à la loi de
1873 ait été suivi de titres indigènes. Pour obtenir un titre conforme à
l'art. 18, les propriétaires qui ont un acte administratif ou notarié ont soin
de le cacher au commissaire enquêteur. Au lieu de délivrer des titres, il
aurait mieux valu faire simplement un cadastre, et ouvrir un livre terrier
pour y inscrire tous les titres futurs.

autres droits réels, pourra-t-il opposer une forclusion absolue à l'acte administratif, judiciaire ou notarié, avant d'avoir prescrit en vertu de son juste titre ?

En sa faveur, on peut invoquer le texte de l'art. 18, et la disposition de l'art. 8 prescrivant à tout intéressé de réunir ses titres. Cet argument de texte est sans doute sérieux ; il a motivé un arrêt de la Cour, du 2 avril 1884 (1) ; mais la Cour de cassation, par arrêt du 4 août 1885, a admis le pourvoi, cette décision paraissant contredire sa jurisprudence antérieure et celle de la Cour d'Alger.

La rédaction de la loi de 1873 est souvent défectueuse, et dans son interprétation il ne faut pas trop s'asservir à la lettre ; mais ici le texte est exact, si l'on ne l'applique qu'aux immeubles ayant un statut réel transitoire, tantôt français, tantôt musulman, et non à ceux qui ont acquis par un titre français le statut réel français définitif, immuable ; si le titre II tout entier, par les principes posés au titre Ier, art. 3, ne concerne pas les immeubles dont les droits de propriété sont constatés par des actes administratifs, notariés ou judiciaires (2).

---

(1) V. cet arrêt et celui cité note 2, *Revue algérienne*, 1887, 2, 101 et suiv.

(2) Depuis que ces lignes sont écrites, et pendant que nous corrigions les épreuves, un arrêt, dont la rédaction est fort remarquable, a été rendu par la 1re Chambre, le 28 fév. 1887, dans le même sens que l'arrêt déféré à la Cour de cassation (v. *Revue algérienne*, 1887, 2, 102). Il serait désirable que la Chambre civile statuât bientôt ; il vaudrait encore mieux que le législateur, qui est saisi d'une réforme de la loi, décidât la question par un texte clair et précis.

Nous ne faisons ici qu'œuvre d'interprète ; si l'art. 18 peut prêter au doute quand on l'isole de l'art. 3, éclairé par le rapport et par le discours de M. Humbert, la conciliation des textes est facile : il n'y a qu'à reconnaître que le titre II ne concerne pas les immeubles dont le propriétaire a un titre français, un acte notarié, un acte administratif, aussi bien qu'un acte de cantonnement, qui n'est qu'un acte administratif.

L'arrêt développe avec beaucoup d'habileté et d'éloquence l'argument fondé sur l'art. 18, qui met en demeure tous les intéressés « d'avoir à réunir tous documents ou témoignages utiles pour établir leurs droits » et sur ces mots de l'art. 18 « à l'exclusion de tous autres droits réels. » Nous croyons y avoir répondu d'avance. Ces intéressés, qu'on met en demeure, non de produire leurs titres, mais de réunir leurs documents et témoignages, ne sont pas (on le reconnaît) ceux qui ont un titre de cantonnement ou un titre délivré après les opérations de l'ordonnance de 1846 ; pourquoi seraient-ils ceux qui ont une concession, un acte notarié, un arrêt souverain, un titre français, si la procédure de délivrance *d'un titre français* (expression dont se sert la loi elle-même, art. 19) ne s'applique pas, en vertu de l'art. 3, aux immeubles qui ont déjà un titre français ? Si le titre II tout entier n'est

Il faut donc revenir à la question générale, celle de savoir si l'administration a reçu le droit de procéder aux opérations du titre II dans l'étendue de tout le Tell algérien ou seulement sur les terres non soumises au statut réel français, c'est-à-dire si les terres protégées par un titre français ont été assujetties à des opérations, à des déchéances, dont le but est la délivrance d'un titre français, qu'elles possèdent, l'établissement du statut réel français, dont elles jouissent.

---

relatif qu'aux immeubles non définitivement français, de statut mixte, les intéressés dont parle l'art. 8, les droits réels dont parle l'art. 18 ne sont pas ceux qui intéressent un immeuble frappé de l'empreinte du statut réel français définitif.

L'arrêt réfute bien imparfaitement la disposition, qu'il qualifie d'incidente, de l'art. 3 et celle de l'art. 17 ; il ne discute pas le rapport de M. Warnier ni le discours de M. Humbert, tous deux si limpides ; on a laissé ignorer à la Cour que cette disposition a été intercalée par le législateur pour limiter le droit de l'administration à la reconnaissance de la propriété non constatée par des titres français. Or, c'est là qu'est le nœud de la question ; c'est là que se révèle la pensée du législateur, la raison d'être du titre II ; c'est là que sont tracées les limites infranchissables dans lesquelles l'administration devra se renfermer en procédant à la délivrance d'un titre français pour des immeubles qui ne l'ont pas. — Les uns trouveront la loi mauvaise, parce qu'elle n'étend pas les opérations du titre II à tout le territoire, d'autres parce qu'elle expose la propriété à toutes les erreurs d'une enquête administrative ; cela est du domaine du législateur ; le juge et le jurisconsulte ne doivent s'inspirer que de la pensée qui a dicté la loi. Or, cette pensée n'est pas douteuse : le projet laissait le gouvernement libre d'indiquer les territoires qui lui paraîtraient devoir être soumis à l'opération du titre II ; la commission a imposé une limite pour les territoires, une autre pour les droits à vérifier ; le législateur lui-même a dit qu'il n'ordonnait la délivrance des titres que là où il n'y avait pas des titres parfaitement réguliers, des titres français. Son titre de prédilection n'est pas du tout celui délivré en vertu des art. 17 et 18, c'est le titre français administratif ou notarié soumettant immédiatement l'immeuble à la loi française, à l'art. 3 du Code civil. La prédilection du législateur de 1873, hautement proclamée, est pour la loi française et non pour la loi musulmane, pour la terre française et non pour la terre musulmane ; par ses déchéances il veut frapper, non les titres français *parfaitement réguliers*, mais les titres arabes, équivoques et obscurs. C'est pour cela qu'il a écrit deux fois, et dans l'art. 3 et dans l'art. 17, que l'administration n'ordonnerait pas la procédure de délivrance de titre français pour les immeubles qui auraient déjà un titre équivalent, un acte administratif ou notarié, que, si elle l'avait ordonné, elle s'arrêterait devant le titre produit ou découvert par elle.

Un arrêt de la 1re Chambre, rendu sous la même présidence, porte ce qui suit : « Considérant que cette procédure (celle relative à la purge spéciale du titre III) n'aurait pu avoir pour objet de purger l'immeuble de droits reposant sur des actes notariés transcrits ; que le titre III a eu pour objet de protéger les Européens acquérant des indigènes contre les revendications

Il était essentiel de bien poser cette question, qui se rattache
directement aux principes généraux du statut réel français,
avant d'étudier la jurisprudence sur ces principes; car, à nos
yeux, les deux questions n'en font qu'une. Ou les immeubles
qui ont un titre français sont soumis à la loi française, et le
titre II ne leur est pas applicable; ou il leur est applicable, et
ils ne sont pas soumis au statut réel français.

---

de droits occultes qui trop souvent compromettent la transmission des propriétés, *mais que le législateur de 1873 n'a pu vouloir soumettre à une déchéance les tiers européens porteurs de titres français, dont il a voulu au contraire assurer la prédominance et l'emploi exclusif.* » (Arrêt du 30 mars 1886,
Revue algérienne, 1886, 2, 246.)

Nous nous étions inspiré de cette doctrine en écrivant, avant l'arrêt du
28 février 1887 : le législateur du titre II est le même que celui du titre III,
et le but à atteindre est identique.

L'arrêt reconnaît que le titre résultant d'un cantonnement prévaudrait
contre le titre nouveau délivré par l'administration, malgré les termes de
l'art. 18. Or, on a vu que c'est le point de départ de notre raisonnement.
Il est donc vrai que le titre II ne s'applique pas à tous les immeubles.
Pourquoi faire une différence entre ce titre et une concession, ou un
échange de l'État avec un terrain de colonisation? L'art. 3 n'assimile-t-il
pas l'acte notarié et la jurisprudence le titre judiciaire à ces actes administratifs? Pourquoi la procédure de délivrance d'un titre français s'appli-
querait-elle aux uns, non aux autres? Ni les uns ni les autres n'ont besoin
d'un titre français, ce sont des titres français. Les immeubles qui en sont
l'objet n'ont pas besoin d'être soumis à la loi française; ils y sont soumis.
Où est le texte faisant une distinction?

Depuis 1873 la jurisprudence de la Cour d'Alger, confirmée par la Cour
suprême, a assimilé tous ces immeubles, en se basant précisément sur ce
que, tous, ils ne peuvent être l'objet de la délivrance d'un titre nouveau.
Aussi, la Chambre des requêtes n'a-t-elle pas hésité à admettre le pourvoi
contre le premier arrêt qui appliquait au titre administratif ou notarié une
déchéance résultant d'une procédure que l'administration ne pouvait diri-
ger sur un immeuble déjà soumis à la loi française.

Le succès de la loi serait compromis, dit l'arrêt, si, à côté du titre délivré par l'administration, il pouvait y en avoir un autre. D'abord, cet autre
sera transcrit, si c'est un acte public, administratif ou notarié; et, en
France, toute propriété ne se trouve-t-elle pas dans ces conditions? A tout
acte d'acquisition on peut opposer devant les tribunaux un simple acte
sous seing privé transcrit antérieurement. Ce qui nous surprend, nous,
c'est que l'acte sous seing privé entre Français, transcrit régulièrement,
devant jouir de tous les effets de la transcription, comme le lui permet
l'art. 2, puisse encourir une déchéance de cette nature, et, il y a deux mois,
nous avons prié l'un de nos députés de proposer une correction à cette imperfection de la loi. — Ensuite, qu'arrivera-t-il? Si le propriétaire, en vertu
de l'acte administratif ou notarié est en possession, celui qui aura obtenu
le nouveau titre ou reconnaîtra son droit, ou saisira la justice. S'il n'est
pas en possession, le bénéficiaire du nouveau titre pourra posséder et pres-

A la Cour de juger si elle veut maintenir sa jurisprudence et en adopter les conséquences, ou la renverser, en sacrifiant l'intérêt des colons actuels à celui, très problématique, des colons futurs.

Il faut sacrifier, dit-on, les intérêts particuliers à l'intérêt général : nous répondons qu'il ne faut pas sacrifier des intérêts français aux intérêts de la propriété indigène, enlever à la propriété française la garantie de la justice française qui lui est due, lui fermer la porte des tribunaux français par des déchéances administratives.

---

crire par dix ans. La prescription paraît plus conforme à l'équité que la déchéance brutale, à bref délai, d'un titre français, laquelle profitera la plupart du temps à un indigène.

L'arrêt tire un argument de l'art. 19, qui prononce une déchéance contre les hypothèques qui ne seraient pas inscrites ou les droits réels qui ne seraient pas transcrits avant la transcription du titre français délivré à la suite de la procédure du titre II. La déchéance serait encourue quoique les actes fussent notariés. Nous faisons d'abord remarquer que les droits réels résultant d'actes sous seing privé transcrits seraient opposables au nouveau titre. En outre, si la transcription antérieure protège de simples droits réels contre toute déchéance, pourquoi ne protégerait-elle pas la vente, la concession de droits de propriété ?

L'arrêt précité du 30 mars 1886 n'admet pas la déchéance prononcée par l'art. 30, dans les mêmes termes que l'art. 18, contre les titres français transcrits.

Les art. 19 et 30 fournissent donc un argument bien plus puissant à la cause des actes administratifs et notariés que contre elle. Nous avions cru devoir ne pas en parler avant l'étude approfondie des titres II et III, et concentrer la discussion sur son véritable terrain, sur l'art. 3, sachant très bien que les diverses parties de la loi de 1873, composée de plusieurs projets soudés ensemble, ne s'harmonisent pas toujours parfaitement. Sans réduire l'autorité doctrinale des motifs de l'arrêt, nous devons faire remarquer que la Cour décide, en fait, que par l'acte notarié transcrit celui qui l'invoquait ne justifie d'aucun droit de propriété sur l'immeuble attribué à son adversaire par application de la loi de 1873. Par conséquent, ce dispositif eût été le même si le point de droit discuté dans l'arrêt avait été résolu dans un sens opposé. La Cour a pu faire de la théorie sans aucun péril dans l'espèce ; aurait-elle osé prononcer une déchéance si le droit de propriété avait été complètement justifié, et si l'erreur commise par la délivrance d'un nouveau titre avait été démontrée !... Il n'est pas interdit d'en douter.

Un arrêt du 23 décembre 1884 (*Revue algérienne*, 1887, 2, 112), applique aussi la déchéance de l'art. 18, dans une espèce où l'on produisait un jugement de cadi, rendu avant la délivrance du titre définitif de l'art. 18, mais confirmé par jugement du tribunal de Mostaganem rendu en matière musulmane plus de cinq mois après cette délivrance. Cette espèce nous paraît bien différente, quoique des motifs analogues soient invoqués, et l'autorité juridique d'un arrêt comme décision judiciaire dépend surtout du fait, du dispositif auquel le droit s'applique.

A dessein, nous avons laissé de côté la circonstance que l'acte administratif ou notarié soit ou non transcrit. Au point de vue de la soumission des immeubles au statut réel français, la loi ne se préoccupe pas de la transcription, bien à tort, croyons-nous.

Si l'acte n'est pas transcrit, et qu'il dérive du même auteur que l'acte de celui qui a obtenu le titre nouveau, il est certain que la transcription de ce dernier titre le fera prévaloir. S'il est transcrit, ou si, non transcrit, il se rattachait à un autre auteur, la question se présenterait entière.

La question ne peut se présenter pour l'acte sous seing privé, même transcrit. La loi est formelle, quoique illogique, et le rapport est explicite.

Il serait fort à désirer que la loi nouvelle, soumise à la Chambre des députés, décidât que les tribunaux devront statuer sur la radiation de toute transcription, au lieu de frapper l'acte, même transcrit, d'une déchéance; il suffirait de s'exprimer ainsi dans l'art. 18 : « A l'exclusion de tous autres droits réels *non transcrits.* »

22. — Le chapitre 2 du titre II de la loi est relatif à la constitution de la propriété individuelle dans les territoires de propriété collective *(arch* ou *sabéga).* Des opérations de même nature et la délivrance d'un titre français transcrit soumettent l'immeuble pour toujours au statut réel français. Les contestations sont résolues par l'autorité administrative, au lieu de l'être par l'autorité judiciaire.

La propriété est purgée, *ergà omnes,* de tous droits antérieurs.

23. — Le titre III prévoit un cas de purge spéciale provoquée par l'acquéreur lui-même. Quand une vente est faite par un indigène à un Européen, le titre étant transcrit, l'acquéreur n'a rien à redouter de tiers ayant acquis des droits réels du même vendeur soit avant, soit après lui, s'ils n'ont pas transcrit leur titre avant le sien, que ces tiers soient Européens ou indigènes; mais, si le vendeur n'était pas propriétaire, ou ne

---

Terminons par une observation. Le législateur, en rejetant du projet les pouvoirs illimités qu'il attribuait à l'administration, n'a pas voulu mettre à sa discrétion le sort de la propriété française, fondée sur des titres français, ni exposer des immeubles français à l'expropriation pour utilité publique par voie de déchéance ! La loi de la terre française, le droit commun ne fait place au droit *exorbitant* que si la loi exceptionnelle qui l'impose est claire, formelle, non douteuse, et c'est le contraire qui est prouvé par les travaux préparatoires, par le texte, par la jurisprudence, par les circulaires et la pratique administratives, par le décret du 10 septembre 1886.

l'était que pour partie, la transcription ordinaire ne protège pas l'acquéreur contre la revendication du vrai propriétaire. Or, les indigènes ne se font pas faute de vendre le bien d'autrui, et l'obstacle le plus grand aux transactions immobilières en Algérie est la crainte d'une éviction ou d'un procès en éviction, toujours coûteux et difficile à soutenir contre des titres incertains, les uns antérieurs à la conquête, à la loi de 1855, les autres postérieurs, mais se rattachant à une autre origine, ne dérivant pas du même vendeur, titres dont la véracité et l'authenticité sont très souvent douteuses, où les noms d'hommes, de lieux, sont toujours les mêmes, où les indications de limites sont confuses, incomplètes. La loi a voulu donner à l'acquéreur européen le moyen d'obtenir, avant les opérations du titre II, les mêmes garanties, celle de la purge extraordinaire, *ergà omnes*. La purge spéciale du titre III les lui donne; la transcription ordinaire ne le protégerait que contre les ayants droit de son vendeur. Cette purge spéciale aboutit à la délivrance d'un titre français, mentionné en marge de la transcription de l'acte, ce qui constitue bien une nouvelle transcription.

Partout nous retrouvons la transcription pour imprimer définitivement à l'immeuble le caractère d'immeuble français. Pourquoi ne pas exiger la transcription des titres qui doivent rendre l'immeuble français (en fait ils sont tous transcrits), et ne pas se contenter de cette transcription pour les actes sous seing privé ? Pourquoi prononcer des déchéances, quand le titre, même sous seing privé, est transcrit ?

Nous établirons que la purge spéciale du titre III n'est pas autre chose que la purge du titre II, faite par l'acquéreur pour lui-même, au lieu d'être faite par l'administration pour tous, qu'elle ne peut porter comme celle-ci que sur des immeubles de statut mixte, sans titres français, qu'elle ne peut dès lors entraîner de déchéances pour ces titres.

Parmi les questions qui nous occuperont également, signalons celle de savoir si l'acte qui permet la purge doit être notarié. Les mots *acte notarié* ont été retranchés dans l'art. 25 et conservés dans l'art. 30, peut-être par mégarde.

Ces idées sur l'ensemble de la loi de 1873 nous permettront de mieux comprendre la jurisprudence postérieure, soit que les arrêts appliquent cette loi, soit qu'ils appliquent l'une des lois antérieures, notamment celle de 1851. Abordons la jurisprudence genérale, sauf à étudier plus tard la jurisprudence sur les questions spéciales.

CHAPITRE III

Jurisprudence, depuis la loi du 26 juillet 1873, sur les principes généraux

---

SOMMAIRE

24. — Arrêt du 12 janvier 1876 : acte notarié postérieur à la loi de 1873 ; — action en partage d'immeubles de statut français ; — arrêt du 24 juillet 1876 : acte administratif, immeuble dispensé de titre nouveau, date ancienne, date récente ; — arrêts du 5 février 1878, du 16 février 1887 : décisions judiciaires, jugement et arrêt de Chambre musulmane.

25. — Arrêts d'Alger, du 5 février 1876 ; de la Cour de cassation, du 14 juin 1877 : immeubles objet de l'ordonnance de 1846, droit musulman applicable entre Musulmans avant la loi de 1873, prescription.

26. — Arrêts des 4 janvier et 20 mars 1878 : action entre Musulmans, acte administratif, compétence des tribunaux et des notaires français.

27. — Arrêt du 27 avril 1880 : titre français dispensé de titre nouveau, titre II non applicable, immeuble soumis au statut réel français.

28. — Arrêt du 28 juin 1880 : acte notarié transcrit, revente à Musulman par acte enregistré non transcrit, saisie postérieure de créanciers du premier acquéreur, validité de leur saisie malgré un acte musulman avec date certaine antérieure.

29. — Arrêt du 9 avril 1881 : acte transcrit, acte musulman non transcrit, saisie, même solution.

30. — Arrêt du 2 mai 1881 : revendication, concession, actes notariés transcrits, loi française seule applicable.

31. — Arrêts d'Alger, du 15 juillet 1881, et de la Cour de cassation, du 6 mars 1882 : actes administratif, notarié, transcription, acte reçu par un iman, loi française.

32. — Arrêts des 11 mars et 19 mai 1882 : actes entre Musulmans, acte notarié transcrit antérieur à la loi de 1873, loi musulmane.

33. — Arrêt du 14 février 1884 : acte administratif antérieur à la loi de 1873, acte musulman intermédiaire, loi musulmane.

34. — Arrêt du 14 décembre 1885 : acte administratif, acte notarié transcrit, acte de cadi enregistré non transcrit, actes antérieurs à 1873, saisie par des Européens créanciers du précédent acquéreur, validité, loi française, loi de 1851.

35. — Arrêt du 7 décembre 1885 : indigène adjudicataire d'immeubles

vendus par l'Etat, mandat prétendu par ses frères, loi musulmane non appliquée, critique.

36. — Arrêts des 30 août 1878 et 2 février 1886 : contestation entre Européens et Musulmans, préférence donnée à l'acte musulman, admission du pourvoi contre le premier arrêt : loi de 1851, observations.

37. — Résumé de la jurisprudence sur les principes généraux.

24. — Par adjudication transcrite en 1866, sur licitation entre Français et Musulmans, devant un tribunal français, un Musulman achète un immeuble, qu'il revend en 1874 à un Musulman par acte notarié. La Cour décide, le 12 janvier 1876 (1), que la juridiction française doit connaître d'un partage relatif à cette vente, parce que les parties avaient accepté par avance cette juridiction en procédant en vertu de titres français avec exécution parée. On aurait pu dire que l'acte notarié rend la loi française applicable depuis la loi de 1873.

Ainsi le décide un arrêt du 24 juillet 1876 (2), rendu sur les

---

(1) *(Mustapha bach Agha c. El-Amri et consorts)*. — LA COUR, — En ce qui touche la question de compétence : — Attendu que la moitié de la propriété dont s'agit a été acquise par ben Guettah et ben El-Amri, suivant acte du 22 juillet 1874, reçu par un notaire français ; que la venderesse, la dame Aïcha, était elle-même propriétaire en vertu d'un jugement d'adjudication sur criées, enregistré et transcrit, rendu par le tribunal de Constantine, le 10 octobre 1886, dans une licitation poursuivie contre elle, les héritiers ben Ali Khodja, le sieur Nouja, ingénieur civil français, et l'appelant ; — Attendu que toutes les parties procèdent ainsi en vertu de titres d'acquisition français, portant exécution parée et entraînant nécessairement, pour cette exécution et l'exercice des droits pouvant en dériver, l'application de la loi française ; — Que la justice ordinaire est donc seule compétente pour ce faire, et qu'en contractant, ainsi qu'elles l'ont fait, les parties s'y sont soumises par avance ; — Attendu que l'appelant l'a si bien compris qu'il a conclu et plaidé au fond devant le tribunal de Constantine sans soulever aucune exception ; qu'il résulte, en outre, de ses conclusions de première instance que lui-même a suivi la même voie en appelant son adversaire en conciliation devant le juge de paix, avant d'intenter contre lui devant le tribunal civil sa prétendue action en retrait successoral ; — Que c'est pour la première fois en appel qu'il excipe de la compétence de la justice française et que cette exception n'est point fondée ; — Au fond, adoptant les motifs des premiers juges ; — Par ces motifs : — Confirme le jugement dont est appel, etc.

C. d'Alger (Ire Ch.), 12 janvier 1876. — MM. DE MÉNERVILLE, prem. prés.; VALETTE, av. gén.; CHABERT et SABATÉRY, av.

(2) *(Ali ben Sliman c. Mohammed El-Mouloud ben el Rito et Consorts)*. — LA COUR, — Considérant que la loi du 26 juillet 1873 a soumis à la loi fran-

conclusions conformes de M. l'avocat général Cammartin,
pour un acte administratif, une concession par l'État à des
indigènes en échange de terres nécessaires à la colonisation :
l'acte administratif dispense l'immeuble d'un titre nouveau,
aux termes de l'art. 17 ; il lui est donc assimilé, il doit produire
les mêmes effets, et soumettre l'immeuble au statut réel
français. Cependant les motifs de l'arrêt admettent que, si le

---

çaise tous les immeubles appartenant à des indigènes à partir de la délivrance de titres français ; — Considérant que les art. 3 et 17 de cette loi
s'opposent à la délivrance de nouveaux titres lorsque les droits de propriété
privée sont déjà constatés par des actes notariés ou administratifs ; — Considérant qu'il résulte de ces textes que la loi française a été applicable dès
la promulgation de la loi du 26 juillet 1873 à toutes les contestations relatives à des droits immobiliers reposant sur des immeubles dont la propriété
a été constatée par des actes notariés ou administratifs ; — Considérant
que ces dispositions de la loi doivent être interprétées dans ce sens que, les
titres notariés ou administratifs, auxquels elle attribue une aussi haute
importance, peuvent réellement servir de base à la propriété et rendre
superflue la délivrance de nouveaux titres ; — Considérant que cette appréciation appartient soit aux tribunaux saisis des questions litigieuses relatives aux immeubles, soit à l'administration, appelée à se prononcer sur la
nécessité de délivrer de nouveaux titres ; — Considérant que la loi n'a
prescrit et ne pouvait prescrire à cet égard aucune règle absolue pour
déterminer dans quelles circonstances les titres notariés ou administratifs
devraient être considérés comme faisant obstacle à la délivrance de titres
nouveaux ; — Considérant, en effet, que la propriété privée a pu être
constatée sur la tête d'indigènes par un de ces titres à des dates anciennes ;
que le titre français a pu être suivi de nombreuses transactions constatées
par des actes en forme musulmane, et que, dans ce cas, l'existence de
l'ancien titre français ne peut évidemment suppléer à la délivrance d'un
nouveau titre ; — Considérant, d'autre part, qu'il serait également contraire
au vœu manifeste de la loi, de considérer l'existence d'un ou plusieurs
titres transmissifs de propriété depuis l'existence d'un titre français notarié
ou administratif, pour retarder l'application de la loi française et motiver la
délivrance de nouveaux titres ; qu'il suffit, dans ce cas, de rattacher le titre
français existant au nom du propriétaire actuel ; — Considérant que l'application des art. 3 et 17 susvisés est donc subordonnée à une application
en fait ; — Considérant qu'on doit admettre comme règle en cette matière
que la loi française sera applicable à partir de la promulgation de la loi de
1873, et que les nouveaux titres de propriété ne devront pas être délivrés
toutes les fois que le titre notarié ou administratif, qui aura constaté la
propriété privée sur un immeuble, aura conservé toute sa force et pourra
servir à l'établissement de la propriété actuelle, quels que soient, d'ailleurs,
sa date et les actes qui l'auront suivi ; — Considérant que la loi interprétée dans un autre sens produirait des conséquences inadmissibles ; qu'on
ne pourrait, d'une autre part, sans laisser la propriété sans titre probant,
attribuer une importance aussi considérable à un acte ancien et qui n'aurait
qu'une valeur de souvenir, et, d'autre part, qu'on livrerait le point de départ

titre français est très ancien, de nouveaux actes musulmans pourraient être régis par la loi musulmane. Quelques actes musulmans ne suffiraient pas pourtant; le dispositif déclare le tribunal français compétent pour connaître d'une vente musulmane relative à une terre qui avait été l'objet d'un acte administratif. La plume du rédacteur est allée un peu loin dans le champ de la théorie, c'est le dispositif qui traduit seul la pensée de la Cour.

Il en est ainsi, à plus forte raison, quand l'immeuble a été l'objet d'une décision des tribunaux français : 5 février 1878(1). Le jugement ou l'arrêt de la Chambre musulmane est une décision judiciaire française : arrêt du 16 février 1887 *(Revue algérienne,* 1887, 2, 163).

---

de l'application de la loi française à la volonté des indigènes, s'il suffisait d'une transmission par acte de cadi pour frapper d'impuissance un titre notarié ou administratif servant en réalité de base à la propriété actuelle; — Considérant que ces règles doivent être appliquées à la cause actuelle; — Considérant que les parties reconnaissent qu'une des propriétés en litige a été concédée administrativement dès avant 1870 ; que cette concession sert de base encore à la propriété, qui cependant a été l'objet d'un acte ultérieur de cadi ; — Considérant que l'acte de concession rend complètement inutile la délivrance d'un titre nouveau, puisque par son contexte on peut déterminer la nature de la propriété, son étendue, ses limites, sa contenance et son propriétaire à une date récente; — Considérant, dès lors, que cet acte est de ceux que les art. 3 et 17 de la loi du 26 juillet 1873 a eus en vue; — Que, dès lors, son existence rend la loi française applicable à l'immeuble dont il a constaté la propriété; — Considérant que le litige dont cet immeuble est l'objet est, dès lors, de la compétence de la juridiction française; — Considérant que les autres immeubles compris dans le même litige doivent, par suite de la connexité, suivre la même juridiction; — Considérant, en effet, qu'en cas d'existence dans la même instance d'immeubles soumis à des juridictions différentes, la juridiction française de droit commun, qui est appelée, dans un prochain avenir, à comprendre toutes les contestations relatives à des droits immobiliers, doit avoir la préférence; — Considérant, dès lors, que le cadi était incompétent dans l'instance actuelle ; — Par ces motifs : — Se déclare incompétente, etc.

C. d'Alger (*Ch. musulm.*), *24 juillet 1876.* — MM. Lauth, *ff. prés.*; Cammartin, *av. gén.*

(1) *(Amina bent Abdallah c. Mohammed ben Aouda).* — La Cour, — Attendu que la loi du 26 juillet 1873 a eu pour but de constater la propriété immobilière en Algérie; — Attendu à cet effet que l'art. 17 de la dite loi dispose que « pour tout ce qui se rapporte à la constatation, à la recon-
» naissance et à la confirmation de la propriété possédée à titre privatif et
» non constatée par acte notarié ou administratif, le service des Domaines,
» sur le vu des conclusions du commissaire enquêteur, procédera à l'éta-
» blissement des titres provisoires des propriétés; » Attendu qu'il résulte de l'art. 18 qu'à partir de ce moment les contestations qui pourraient sur-

25. — La Cour d'Alger, 5 avril 1876, et la Cour de cassation, 14 juin 1877 *(Dalloz,* 1878, 1, 432), en rejetant le pourvoi, décident que, malgré l'application de l'ordonnance du 21 juillet 1846, et l'arrêté du Conseil du contentieux rendu conformément à cette ordonnance, l'immeuble n'a pas été soumis à la loi française avant la loi de 1873, et que la prescription du droit musulman a pu être acquise par les Musulmans qui l'ont possédé.

Cette décision confirme l'opinion que nous avons dû embrasser malgré nous : avant la loi de 1873, le statut de l'immeuble algérien a toujours été instable.

26. — Le 4 janvier 1878, la 2e Chambre, sous la présidence de M. Bastien, décide que « ce serait à bon droit que le tribunal se serait déclaré incompétent pour statuer en matière territoriale entre Musulmans, mais que, l'appelante fondant sa revendication sur un acte d'échange passé en la forme administrative,

---

gir seraient soumises aux tribunaux français ; — Attendu qu'il n'apparaît pas que l'immeuble qui fait l'objet du procès ait été soumis à l'application des formalités prescrites par l'ordonnance du 21 juillet 1846, et qu'à cette époque des titres nouveaux aient été délivrés aux ayants-droit ; — Mais que, s'il suffit, d'après l'art. 17 sus visé, qu'une propriété ait été l'objet d'un acte notarié ou administratif, pour rendre utile les formalités prescrites par la loi de 1873 et soumettre de plein droit l'immeuble à la loi française, à plus forte raison cet effet doit-il être produit par cela seul que l'immeuble a été l'objet d'une décision judiciaire quelconque ; — Attendu qu'il résulte des documents versés au procès que déjà, à la date du 23 juillet 1853, le haouch Hadj, situé aux Hadjoutes, a été l'objet d'une décision judiciaire en ce que le sieur Hachette a été reconnu propriétaire d'une part indivise de l'immeuble ; — Que, postérieurement à ce jugement, diverses tentatives ont été faites devant le tribunal de Blidah pour arriver au partage de cette propriété, revendiquée par un grand nombre de copropriétaires ; — Attendu qu'en dernier lieu un jugement du tribunal de Blidah, du 14 mars 1877, a ordonné la licitation du haouch Hadj, vu le grand nombre des ayants-droit et l'impossibilité d'arriver à un partage en nature ; — Attendu que l'adjudication a eu lieu en huit lots suivant jugement du 8 mai 1877 ; — Attendu que, dans ces circonstances, et la question relative à la validité de la vente du 24 février 1871 n'ayant été soulevée que postérieurement à toutes les procédures ci-dessus mentionnées, la juridiction musulmane ne pourrait en connaître sans contrevenir aux principes relatifs à la litispendance, le tribunal de Blidah étant saisi de la question de savoir dans quelles proportions et entre qui les divers prix d'adjudication devront être répartis ; — Qu'il y a lieu dès lors de confirmer la sentence du premier juge ; — Par ces motifs : — Confirme le jugement dont est appel ; — Renvoie les parties à se pourvoir ainsi qu'elles aviseront, etc.

C. d'Alger (Ch. musulm.), 5 février 1878. — MM. CARRÈRE, *prés.;* CAMMARTIN, *av. gén.;* AMAR et CHABERT-MOREAU, *av.*

le 21 mars 1858, entre elle et l'État, enregistré le 16 mai 1859, les tribunaux français sont seuls compétents pour apprécier les questions de propriété fondées sur des actes émanés de l'autorité française; que cette compétence est la conséquence de la souveraineté française; que les tribunaux musulmans ne peuvent apprécier des droits constatés par des fonctionnaires ou officiers publics sur lesquels ils ne peuvent avoir aucune action. » La Cour réforme par défaut un jugement du tribunal de Blida.

Nous avons cité textuellement l'arrêt. Le motif exact de cette décision est celui qui se fonde sur la souveraineté territoriale, mais il aurait fallu ajouter que, depuis le 26 juillet 1873, l'immeuble était soumis au statut réel français comme ayant été l'objet d'un titre français. Le motif tiré de ce que l'acte a été reçu par un officier public n'est pas exact, car il n'est pas nécessaire d'avoir action sur les notaires pour appliquer leurs actes, et la Chambre musulmane applique chaque jour des actes notariés entre Musulmans. Il s'agissait ici d'un acte en la forme administrative auquel l'État était partie; c'était un acte mixte régi par la loi française; l'indigène, autre partie à cet acte, avait droit à la compétence et à la loi françaises, suivies contre un Musulman, ainsi que nous l'avons établi, sous la loi de 1851, comme sous l'arrêté de 1832. L'arrêt a bien jugé, mais, aux motifs, on reconnaît un arrêt de défaut.

Le 20 mars 1878, sous la présidence de M. Carrère, la Cour juge aussi que les immeubles cédés par l'État à des indigènes sont régis par la loi française, et que les cadis sont dorénavant incompétents pour passer des actes entre indigènes relativement à ces immeubles.

Le 3 février 1880, le tribunal de Constantine adopte la jurisprudence de la Cour dans une espèce où le titre administratif avait été suivi d'une vente entre Musulmans.

27. — Dans un arrêt de la Chambre musulmane rendu le 27 avril 1880 (1), la doctrine de la Cour est formulée avec une

____

(1) (*Ahmed ben Amar bel Ounis c. Saïd bel Ounis et consorts*). — LA COUR, — Adoptant les motifs des premiers juges; — Attendu, en outre, que, d'après les prescriptions de l'art. 17 de la loi du 26 juillet 1873, sur la propriété en Algérie, des titres de propriété doivent être délivrés par le service des domaines pour tout ce qui se rapporte à la constatation, à la reconnaissance et la confirmation de la propriété possédée à titre privatif, mais qu'il n'y a pas lieu d'en délivrer lorsque la propriété privée est constatée par un acte soit notarié, soit administratif; — Attendu que cette disposition implique que l'acte notarié ou administratif existant rend superflu le titre

grande précision : la délivrance d'un titre nouveau, d'après la loi de 1873, assujettit désormais l'immeuble à la loi française ; le titre judiciaire, administratif ou notarié dispense de la délivrance du titre nouveau, il produit donc les mêmes effets, ou jamais la terre, objet de ce titre, ne serait soumise à la loi française, puisque l'art. 2 ne s'appliquerait pas à ce titre et que l'art. 17 ne permettrait pas d'en délivrer un autre.

En d'autres termes, en vertu de l'art. 1er de la loi de 1873, la terre du Tell algérien est désormais terre française, régie par la loi française, dont l'application n'est retardée que pour les immeubles dont la propriété a besoin, pour être fixée, de la délivrance d'un titre nouveau.

28. — L'État concède une terre à deux Français, qui la revendent à un indigène par acte notarié et transcrit. Cet indigène revend, en 1874, à un autre indigène par acte de cadi enregistré, non transcrit. Des créanciers de l'indigène vendeur dans le dernier acte saisissent l'immeuble et le font vendre. La Cour, 28 juin 1880 (1), décide que la vente musulmane

---

domanial et a, par suite, la même efficacité ; — Attendu que l'effet de la délivrance des titres par le domaine est de soumettre, aux termes de l'art. 2 de la loi précitée, les immeubles qui en sont l'objet à la loi française ; que le titre notarié ou administratif préexistant doit donc avoir le même effet ; — Attendu que cette explication de l'art. 17 est justifiée par les conséquences qui résulteraient d'une interprétation contraire : — Attendu, en effet, que si les immeubles dont la propriété est constatée par un acte notarié ou administratif n'étaient pas soumis, dès la promulgation de la loi de 1873, à la législation française, ils n'y seraient jamais soumis ; qu'ils ne sont compris, en effet, dans aucune des catégories spécifiées par l'art. 2 ; qu'il ne peuvent donner lieu à la délivrance de titres domaniaux en vertu de l'art. 7, d'où il résulterait que ces immeubles, dont la propriété, la mutation est constatée par des actes offrant le plus de garantie, seraient précisément exclus du bénéfice de la nouvelle loi, dont le but principal est l'unité de jugement devant la juridiction française ; — Par ces motifs : — Confirme, etc.

C. d'Alger (Ch. musulm.), 27 avril 1880. — MM. Truaut, *prés.* ; Cammartin, *av. gén.* ; Fruchier et Ach. Huré, *av.*

(1) (*Abdelkader El-Djilali c. Haïm et Judas Laskar*). — La Cour, — Attendu que le domaine de l'État a concédé à deux Français des terres situées sur le territoire de Lodi ; — Que ces deux Français ont vendu ces terres à l'indigène Bourouïs, par acte notarié et transcrit ; — Et que Bourouïs a vendu ces mêmes terres à Abdelkader ben Djilali, par acte du cadi de Médéah, en date du 21 octobre 1874, enregistré dans les trois mois de sa date conformément au décret de 1859, mais non transcrit ; — Attendu que les créanciers hypothécaires de Bourouïs ont fait saisir lesdits immeubles

non transcrite ne peut être opposée au créancier saisissant ;
un titre nouveau, délivré conformément au titre 2 de la loi
de 1873, n'était pas nécessaire au débiteur du saisissant, le
sien étant notarié et transcrit ; la loi française était applicable
en vertu de l'art. 1er de la loi de 1873 ; il importerait peu que
la dernière vente fût antérieure à cette loi, quoique enregistrée plus tard ; la preuve testimoniale de ce fait est inadmissible.

Remarquons que, le titre français étant antérieur à la loi de
1873, la terre a été soumise à la loi française pour toujours
depuis la promulgation de cette loi.

---

sur la tête de leur débiteur, par procès-verbal des 21, 22 et 23 mars
1877, et qu'ils les ont fait vendre par jugement d'adjudication du tribunal
de Blida, en date du 11 décembre 1877 ; — Attendu que les adjudicataires,
El-Haïm et Laskar, ont trouvé Abdelkader en possession légale de ces
immeubles ; — Que, nonobstant cette possession, ils se sont emparés desdits
immeubles ; — Que, par suite, ils ont provoqué une instance possessoire
dans laquelle ils ont justement succombé et dont les frais doivent rester à
leur charge ; — Attendu qu'après avoir perdu ce procès en première
instance et en appel, ils ont régulièrement assigné Abdelkader au pétitoire ;
qu'ils ont gagné leur procès par jugement du 12 février 1880 ; qu'Abdelkader a interjeté appel principal et qu'ils ont relevé appel incident ; — Sur
l'appel principal : — Attendu qu'aux termes de l'art. 1er de la loi du
26 juillet 1873, « l'établissement de la propriété immobilière en Algérie, sa
» conservation et la transmission contractuelle des immeubles et des droits
» immobiliers, quels que soient les propriétaires, sont régis par la loi
» française ; — Attendu que la propriété dont s'agit, se trouvant d'ores et
déjà constatée, tant par deux actes administratifs de concession que par
deux actes notariés, il n'y avait pas à attendre, pour l'application des lois
hypothécaires, la délivrance de nouveaux titres énoncés dans l'art. 2 de
ladite loi ; — Attendu, dès lors, que ladite propriété tombait de plein droit
sous l'application des lois françaises et notamment de la loi de 1855 sur la
transcription ; — Attendu que, pour échapper aux conséquences de cette
loi, Abdelkader offre de prouver par témoins que son acquisition remonte
à 1872, c'est-à-dire à une date antérieure à la loi de 1873 ; — Attendu que,
pour faire admettre cette preuve testimoniale absolument interdite en droit
français, Abdelkader invoque le droit musulman ; — Attendu que sans
examiner ici les règles spéciales du droit musulman, en matière de vente
d'immeubles, il est certain qu'Abdelkader ne saurait imposer la loi musulmane, ni aux créanciers hypothécaires qui ont poursuivi la vente, et qui
paraissent Maltais, ni aux adjudicataires, qui sont Israélites, qui sont citoyens
français et qui ont acheté à la barre du tribunal civil ; — Attendu, dès lors,
que l'offre de preuve n'est pas recevable ; — Attendu que, par suite, la seule
preuve d'Abdelkader pour la date de son acquisition est l'acte du cadi de
Médéah ; — Attendu qu'aux termes des décrets sur la justice musulmane,
la date d'une acquisition à l'égard des tiers ne résulte ni du jour indiqué
par la seule déclaration des parties, ni du jour où les adels ont pris note de
cette déclaration, mais seulement du jour où cette déclaration a été portée

29. — Sous la présidence de M. Sautayra, le 9 avril 1881 (1), la Cour juge une affaire analogue. Un immeuble provenant de séquestre avait été concédé à Sahri par acte transcrit; Sahri avait rétrocédé, par autre acte transcrit, à Treski; les créanciers de Treski saisissent l'immeuble, et ses frères produisent un acte de cadi enregistré en 1877, non transcrit, demandant à faire preuve de l'antériorité de leur acte. La Cour les repousse, l'immeuble étant, au moment de sa transmission, soumis à la loi française, comme provenant de séquestre, et comme transmis par acte français (transcrit, ajoutons-nous).

---

sur le registre spécial soumis au contrôle de l'autorité supérieure; — Attendu que cet acte n'a été porté sur le registre que le 22 octobre 1874; — Attendu qu'à cette date la loi du 26 juillet 1873 était depuis longtemps promulguée à Médéah; — Attendu que, par conséquent, l'appel principal est mal fondé; — Sur l'appel incident : — Attendu que Abdelkader doit restituer les fruits à dater du jour où il a cessé de posséder de bonne foi; — Attendu que la Cour a les éléments nécessaires pour apprécier la valeur de ces fruits; — Par ces motifs, etc.

C. d'Alger (1re Ch.), 28 juin 1880. — MM. Houyvet, *prem. prés.*; Piette, *av. gén.;* Dazinière et Lemaire, *av.*

(1) *(Joseph Kesby c. Ahmed ben Baba Ali et autres).* — La Cour, — Au fond : — Attendu que, l'appelant ayant fait saisir l'immeuble dont s'agit sur les époux Ben Tresky, les frères Baba Ali ont soutenu qu'ils en étaient propriétaires, et ont produit, à l'appui de leur prétention, un acte passé devant le cadi en date du 7 décembre 1877; — Attendu que cet acte a été enregistré et non transcrit et que, par suite, la question que le litige présente à résoudre est celle de savoir si cet acte peut être opposé à l'appelant; — Attendu que l'immeuble dont s'agit a été séquestré, qu'il est entré dans le domaine de l'Etat; qu'il a été ensuite concédé à titre gracieux à un nommé Ben Sahri Ahmed, aux droits duquel se trouvent substitués les époux Ben Turqui, suivant acte administratif du préfet d'Alger, en date du 22 novembre 1858, régulièrement transcrit; — Que cet immeuble était ainsi, au moment de sa transmission à un indigène, soumis à la loi française; que cette loi n'a pas cessé depuis lors de lui être applicable, soit parce que l'immeuble a, depuis qu'il a été réuni au domaine de l'État, une origine française, soit parce que le titre en vertu duquel il est détenu est un titre français; — Que, dès lors, les droits réels consentis sur cet immeuble ne peuvent être opposés aux tiers qu'autant qu'ils ont été établis conformément à la loi du 23 mars 1855; — Attendu que les frères Baba Ali, acquéreurs à réméré, aux termes de l'acte passé devant le cadi, le 7 décembre 1877, n'ont point fait transcrire leur contrat; qu'ils sont mal fondés à l'invoquer vis-à-vis de Kesby, et, par suite, que leur demande en distraction doit être repoussée; — Par ces motifs, etc.

C. d'Alger (2e Ch.), 9 avril 1881. — MM. Sautayra, *prem. prés.;* Wurtz, *subst. du proc. gén.;* Chéronnet et Dazinière, *av.*

30. — Le 2 mai 1881, un arrêt dont la rédaction porte l'empreinte de la plume de M. le premier président Houyvet, jurisconsulte de l'école de M. Demolombe, formule en termes énergiques la jurisprudence consacrée par la Cour sous la présidence de MM. Brown, Ménerville, Lauth, Truaut, Bazot, Bastien, Carrère, Sautayra, les uns Algériens, les autres venus de France à la Cour :

« Attendu que le demandeur fonde sa revendication sur des arrêtés de concession faits au profit de ses auteurs par l'autorité publique française, notamment sur un arrêté de concession de 1880, transcrit, et sur deux actes notariés transcrits, qui lui confèrent la propriété des immeubles en litige ;

Attendu, en droit, que la nationalité comprend le sol ; que l'Algérie est une terre française dans son ensemble comme dans toutes ses parties ; qu'en principe général, toute terre française doit être soumise à la loi française, et que toutes les actions réelles dont elle est l'objet sont de la compétence exclusive des tribunaux français, sauf les exceptions de droit étroit légalement établies ;

Attendu que la loi du 26 juillet 1873 consacre en termes formels ce principe général par son art. 1er ; qu'il suit de là que toutes les fois que la propriété a été constituée ou est établie à un titre quelconque, il y a lieu d'appliquer les lois françaises et notamment celles qui sont relatives à la compétence en matière immobilière ;

Attendu que l'art. 18 de la loi de 1873 accorde même compétence exclusive aux tribunaux français de l'ordre judiciaire pour statuer, entre Musulmans, sur toutes contestations préalables à la délivrance des titres destinés à constituer la propriété individuelle ;

Attendu qu'il résulte de l'art. 3, § 3 de la même loi, que tout acte notarié ou administratif est considéré comme un titre régulier pour constituer la propriété ; qu'il suffit donc qu'un titre de propriété notarié ou administratif soit produit pour rendre compétents les tribunaux français. »

31. — Les mêmes principes sont émis dans un arrêt signé par le président Boullay, qui a fait toute sa carrière en Algérie ; cet arrêt porte la date du 15 juillet 1881 (1).

---

(1) *(Daho c. Daho)*. — LA COUR. — Attendu que Kaddour ben Chenan est porteur d'un acte d'achat d'immeubles, reçu par un notaire français et dûment transcrit ; — Attendu que par cela seul il semble avoir le droit d'invoquer à son profit le bénéfice de l'application du code civil ; — Attendu qu'à l'appui du dit acte, il a eu le soin de produire un état des transcrip-

Voici le fait : Daho père, acquéreur, par actes notariés transcrits en 1873, d'immeubles provenant d'une concession après séquestre, revend par acte notarié transcrit en avril 1879. Son fils vend le même immeuble en mars 1879, par acte trans-

---

tions opérées au bureau des hypothèques de Mostaganem, et concernant la maison par lui achetée ; — Attendu que la ville de Mascara et sa banlieue, dans un rayon de 24,000 mètres, ayant été soumise au régime du séquestre par arrêté du gouverneur général en date du 30 mai-25 juin 1881 *(B. O.,* n° 98), le premier acte transcrit est un acte administratif, concédant à un nommé El-Hadj Abdelkader ben Baghdad Khodja, un terrain de 90 centiares, sis à Mascara, faubourg Bab-Aly, et portant le n° 232 bis du plan de l'administration ; — Attendu qu'il a été construit une maison sur le dit terrain ; que cette maison est devenue la propriété de ben Daho père, et que ben Daho père a vendu cette maison à ben Daho son fils par acte transcrit le 2 mai 1870 ; — Attendu que ben Daho fils a vendu à réméré la dite maison au sieur Antonio Pérès, par acte notarié transcrit le 17 juin 1871 ; — Attendu qu'après avoir exercé le réméré à l'encontre de Antonio Pérès, ben Daho fils a revendu cette maison à ben Daho père, également à réméré, par acte notarié transcrit le 11 avril 1872 ; — Attendu que le dit acte reçu par Me Favereau, notaire à Mascara, porte en termes exprès, que, faute par ben Daho fils d'avoir exercé le réméré le 14 juin 1873, ben Daho père deviendrait purement et simplement propriétaire définitif de la maison dont s'agit ; — Attendu qu'il n'est ni prouvé, ni même allégué que ben Daho fils ait exercé le réméré dans le dit délai ; — Attendu dès lors que ben Daho père est devenu propriétaire incommutable du dit immeuble dès le 11 juin 1873 ; — Attendu que, par suite, il a eu le droit évident de vendre la maison à ben Chenan, ainsi qu'il l'a fait suivant acte reçu par Me Bancharelle, notaire à Mascara, le 9 avril 1879 ; — Attendu que dans ces circonstances il semble que le code civil est seul applicable à la cause ; — — Attendu en effet qu'aux termes de la loi du 26 juillet 1873, art. 1er, « l'établissement de la » propriété immobilière en Algérie, sa conservation et la transmission con- » tractuelle des immeubles et des droits immobiliers, quels que soient les » propriétaires, sont régis par la loi française ; » — Attendu qu'aux termes de l'art. 2 de ladite loi, « les lois françaises et notamment celle du 23 mars » 1855 sur la transcription seront appliquées aux transactions immobiliè- » res : 1°... ; 2°... ; 3° au fur et à mesure de la délivrance des titres de » propriété pour les conventions relatives aux immeubles désignés à l'art. 3 » ci-après ; » — Attendu que l'art. 3 après avoir traité des terres habituellement appelées terres arch, dispose ainsi au sujet des terres habituellement appelées terres melk : — « Dans tous les territoires autres que ceux men- » tionnés au § 2 de l'art. précédent, lorsque l'existence de droits de pro- » priété privée non constatés par acte notarié ou administratif aura été » reconnue par application du titre 2 ci-après, des titres nouveaux seront » délivrés aux propriétaires ; » — Attendu qu'aux termes de cet article, il semble évident que l'administration n'a point à délivrer des titres nouveaux, aux propriétaires porteurs d'actes notariés ou administratifs ; — Attendu que cette disposition de l'art. 3 de la loi du 26 juillet 1873 paraît confirmée par l'art. de la même loi, et que, par conséquent, tout propriétaire porteur

crit, et produit un acte reçu par un iman d'après lequel, à une époque antérieure, son père lui aurait vendu cet immeuble à lui-même. Il y avait donc conflit entre cette vente musulmane non transcrite et celle transcrite d'avril 1879. L'arrêt rejette la vente non transcrite, en vertu des principes du droit français,

d'un acte administratif ou notarié n'a aucun besoin d'un titre nouveau, à délivrer par le service des domaines, et a le droit, au contraire, d'invoquer d'ores et déjà le bénéfice de l'application de la loi française; — Attendu que tel est le cas de ben Chenan, puisque son droit repose sur un acte administratif et trois actes notariés successivement transcrits; — Attendu que cependant ben Daho fils, dans ses dernières conclusions déposées sur le bureau de la Cour, soutient qu'il n'est pas exact de dire que la loi de 1873 soit applicable à Mascara, et que c'est tout le contraire qui doit être entendu; — Attendu que ces conclusions trouvent un appui dans le commentaire de la dite loi, p. 39, n° 21 bis; — Attendu que, dans l'espèce, il est inutile de résoudre cette question en droit, parce qu'en fait il est indifférent de résoudre le procès, soit par les textes du droit français, soit par les textes du droit musulman; — Attendu, en effet, que ben Chenan s'est rendu acquéreur de la maison dont s'agit par acte aux minutes de Me Bancharelle, notaire à Mascara, en date du 9 avril 1879, dûment transcrit et non contesté en la forme, moyennant un prix de 1,375 fr. quittancés; — Attendu qu'ayant voulu se mettre en possession de la maison à lui vendue par ben Daho père, il a trouvé la dite maison occupée par ben Daho; — Attendu qu'en conséquence et par exploit de Cadoz, huissier à Mascara, en date du 25 octobre 1879, il a fait à Daho fils sommation de déguerpir de la dite maison et de lui en remettre les clefs; — Attendu que ben Daho fils ayant refusé de satisfaire à la dite sommation, ben Chenan l'a assigné devant le tribunal de Mostaganem, par exploit du 12 novembre 1879, en déguerpissement des lieux et en 2,000 fr. de dommages-intérêts; — Attendu que devant le tribunal ben Daho fils a purement et simplement opposé qu'il avait vendu la dite maison à un sieur ben Brahim, par acte aux minutes de Me Rocher, notaire à Mascara, en date du 12 mars 1879, transcrit le 17 mars 1879, vol. 259, n° 29, et que le sieur ben Brahim se trouvait, dès lors, seul intéressé au procès; — Attendu qu'à l'appui de son dire, il a produit une expédition du dit acte portant, entre autres choses, que l'acquéreur aurait la jouissance de la maison à dater du jour de l'acte, c'est-à-dire à dater du 17 mars 1879; — Attendu qu'ainsi ben Daho fils, pour justifier de son droit à se perpétuer dans la maison jusqu'à ce jour, invoque un acte aux termes duquel il aurait dû la quitter depuis plus de deux ans; — Attendu, au surplus, que ben Brahim est intervenu dans l'instance, et qu'il a eu à justifier comment il avait pu acheter de ben Daho fils une maison appartenant à ben Daho père, aux termes d'actes notariés et dûment transcrits; — Attendu que, pour le justifier, il a produit l'expédition de la traduction d'un acte arabe annexé à la minute de son contrat d'acquisition; — Attendu qu'aux termes de cette expédition, ben Daho fils aurait acheté la dite maison du sieur ben Daho père, par acte dressé le 22 novembre 1873 par l'iman de la grande mosquée de Mascara; — Attendu qu'en vertu des principes généraux de la législation algérienne et spécialement en vertu de l'art.

applicable à un immeuble dont la propriété reposait sur un titre français transcrit, et en vertu du droit Musulman, qui ne reconnaît aucune force probante à un acte reçu par un iman, s'il ne vaut pas comme acte sous seing privé. Le pourvoi con-

---

44 du décret du 31 décembre 1859, l'iman de la grande mosquée de Mascara n'avait aucune compétence pour dresser un acte de vente d'immeuble, et que, par conséquent, le prétendu acte de vente du 22 novembre 1873 est radicalement nul comme acte authentique ; — Attendu qu'en vertu du droit musulman, il ne suffit pas d'écrire sur une feuille de papier que deux parties ont conclu un contrat devant un iman, mais qu'il faut, en outre, prouver le fait ; — Attendu, il est vrai, que ben Brahim aurait eu le droit de prouver ce fait par des témoins, mais qu'en première instance il n'a pas demandé à faire cette preuve, et que, par ses conclusions du 27 février 1880, M⁰ d'Aubonne, pour ben Chenan, a fait observer que, sur les six prétendus témoins de l'acte, il y en avait cinq de morts ; — Attendu que la seule preuve de la véracité du dit acte est une sorte de certificat mis à la suite du dit acte et qualifié homologation ; — Attendu que cette homologation certifie, il est vrai, l'acte de vente, la signature de l'iman et la signature de ben Daho père, mais que cette homologation elle-même a besoin d'être prouvée ; — Attendu que, d'après la traduction produite, l'empreinte du cachet de cette pièce est tout à fait illisible, et que, dans la signature de son auteur, on ne peut lire que les mots : Abdelkader fils de.... ; — Attendu que le simple nom d'Abdelkader, mis au bas d'un écrit, sans aucune indication des qualités, de la profession, ni du domicile de cet Abdelkader, ni même de la date de l'écrit, ne saurait constituer une preuve légale en droit musulman ; — Attendu que la question se réduit ainsi à savoir si l'acte dont s'agit peut faire preuve légale, d'après le code civil français ; — Attendu qu'aux termes du code civil, cet acte ne pourrait avoir de valeur que comme acte sous-seings privés ; — Attendu que cet acte constatant des conventions synallagmatiques, il aurait dû être fait en double ; — Attendu que non seulement il n'a pas été fait en double, mais que l'original unique du dit acte ne porte que la signature de l'une des parties, celle de ben Daho père ; — Attendu que non-seulement l'original unique de cet acte ne porte que la signature de ben Daho père, mais que ben Daho père a formellement dénié sa signature ; — Attendu qu'ainsi et aux termes du Code civil, l'acte invoqué par ben Daho fils est absolument sans valeur ; — Attendu, il est vrai, que, par ses conclusions de la dernière heure, ben Daho fils offre de prouver par témoins que l'acte principal porte la signature de son père, et que l'homologation porte la signature du cadi de Mascara ; — Mais attendu que, d'une part, la preuve de la signature du cadi de Mascara ne rendrait pas l'acte authentique ; — Attendu que, d'autre part, toutes les circonstances de la cause, notamment une lettre de ben Daho père, en date du 14 mai 1879, laquelle sera enregistrée avec le présent arrêt, démontrent suffisamment qu'il n'y a pas lieu d'accueillir l'offre de preuve de ben Daho fils ; — Adoptant, au surplus, les motifs des premiers juges, etc. — Confirme, etc.

C. d'Alger (2⁰ Ch.), 15 juillet 1881. — MM. Boullay, *prés.*; Gariel, *av. gén.*; Garau, Bouriaud et Robe, *av.*

tre cet arrêt a été rejeté par la Cour de cassation, le 6 novembre 1882 (1), par le motif que, depuis la loi de 1873, lorsqu'il y a eu vente par acte administratif ou notarié, les immeubles algériens ne peuvent plus être transmis par actes musulmans même entre Musulmans. Le statut réel français, une fois acquis, devient immuable.

---

(1) (*Sid Mohammed Ould El-Hadj Mohammed ben Daho c. Kaddour ben Chenan, etc.*). — La Cour. — Sur le 1er moyen pris de la violation de l'art. 24 du décret du 13 décembre 1886: — Attendu qu'en première instance Kaddour ben Chenan a saisi de sa demande le tribunal civil français de Mostaganem, dont la juridiction a été acceptée par les trois autres parties; qu'en appel Mohammed ben Daho fils a saisi à son tour la Cour d'Alger en qualité de tribunal supérieur français; — Attendu que, dès lors, il ne pouvait être question de soumettre le jugement d'un tribunal français à la Chambre mixte, composée de magistrats français et d'assesseurs arabes, à laquelle le décret susvisé n'a attribué juridiction qu'au cas d'appel des sentences d'un cadi ou d'un juge de paix statuant en matière musulmane; — Attendu que cette solution dispense de rechercher si le recours en cassation eût été recevable au cas de vice de composition, même avéré, d'une juridiction d'appel constituée en matière purement musulmane; — Sur le 2e moyen pris de la violation de l'art. 1er du décret du 13 décembre 1886 et des art. 1, 2, 3, 17 de la loi du 26 juillet 1873; — Attendu que, si l'arrêt attaqué (Alger, 15 juillet 1881) a cru devoir examiner le litige au point de vue de la force probante de l'acte produit par ben Daho fils, et a résolu la question ainsi posée au double point de vue du droit français et du droit musulman, il a, en outre, déterminé la portée de la loi du 26 juillet 1873 et constaté soigneusement toutes les circonstances de fait qui en rendent l'application facile à l'espèce; — Attendu, en droit, que la combinaison des art. 1, 2, 3, 17 de cette loi démontre qu'à partir de sa promulgation, et dans tous les territoires, lorsque « l'existence de droits de propriété privée a été constatée par acte notarié ou administratif, » les immeubles qui en ont fait l'objet ne peuvent plus être transmis contractuellement, même entre musulmans, que conformément aux lois françaises, sans qu'il soit besoin de délivrer des titres nouveaux aux propriétaires investis de droits; — Attendu que telle était en fait, dans l'espèce, la situation de l'immeuble litigieux; — Qu'en effet, l'arrêt attaqué a constaté que, séquestré en 1841 avec Mascara et son territoire, il a été concédé par acte administratif à un musulman, puis transmis à plusieurs reprises par des actes notariés régulièrement transcrits, et que, au moment où la loi de 1873 est entrée en vigueur, le propriétaire au titre français était ben Daho père; que, par suite, la vente notariée et transcrite qu'il en a faite en 1879 à Kaddour ben Chenan a été conforme aux prescriptions de la loi; — Attendu, au contraire, que ben Daho fils prétend, à tort, que, le 22 novembre 1873, l'immeuble a pu légalement lui être vendu par son père, soit verbalement, soit par un acte informe, avec la coopération de fonctionnaires arabes sans titre ni qualité, et, en tout cas, en dehors des formes et règles du droit français; qu'une pareille transaction immobilière, d'ailleurs non transcrite, est précisément de celles que la loi de 1873 a voulu interdire dans l'intérêt public

32. — La jurisprudence si formelle de la Cour ne reçoit aucune atteinte de deux arrêts rendus le 11 mars 1882 (1) et le 19 mai 1882 (2). Il s'agissait d'actes entre Musulmans antérieurs à la loi de 1873, les uns non transcrits, les autres transcrits; la preuve de l'antériorité de l'acte non transcrit a été admise : la contestation avait lieu entre Musulmans, l'acte

de la stabilité de la propriété foncière en Algérie ; — Attendu que cette solution dispense d'examiner les autres vices de l'acte produit et, par suite, les deux derniers moyens du pourvoi ; — Par ces motifs : — Rejette.

(Ch. req.), 6 novembre 1882. — MM. BÉDARRIDES, *prés.*; BABINET, *rap.*; CHEVRIER, *av. gén.*; DEMONTS, *av.*

(1) *(Héritiers Mohammed ben Abdallah c. Ahmed ben Kouider).* — LA COUR, — Attendu qu'aucune restriction n'a été apportée ni directement, ni indirectement, par l'ordonnance du 21 juillet 1846, aux coutumes musulmanes, qui autorisent en toute matière l'admission de la preuve testimoniale ; — Que les indigènes n'ont pu perdre le droit de l'invoquer entre eux, par cela seul que l'acquisition d'un immeuble, au sujet duquel ils sont en contestation, aurait été constatée au profit de l'un d'eux par un acte notarié, alors surtout que, comme dans l'espèce, le fait qu'il s'agit de prouver aurait précédé cet acte ; — Attendu, enfin, que la loi du 26 juillet 1873 ne fait pas obstacle à ce que des conventions relatives à des immeubles, intervenues entre des indigènes musulmans, antérieurement à sa date, soient prouvées par témoins ; — Attendu, en effet, qu'en dehors des deux derniers alinéas de son art. 1er, par lesquels elle abolit les droits réels, servitudes ou causes de résolution fondés sur le droit musulman ou kabyle qui seraient contraires à la loi française, et soumet immédiatement le droit de chefaà aux conditions prescrites par le code civil, la loi du 26 juillet 1873, ainsi que cela ressort nettement des termes de l'art. 2, ne dispose que pour les transactions immobilières à venir ; — Adoptant, au surplus, les motifs des premiers juges, etc.

C. d'Alger (2e Ch.), 11 mars 1882. — MM. PÉRINNE, *prés.*; GARIEL, *av. gén.*; CHÉRONNET, HONEL et LEMAIRE, *av.*

(2) *(Consorts ben Gaïd c. Mohamed ould Abdelkader).* — LA COUR. — Attendu que les appelants demandent subsidiairement à prouver des faits tendant à démontrer que les immeubles objet du procès, après être devenus, par acquisition, postérieurement à l'acte de concession du 1er décembre 1863, la propriété de Kaddour ould Adda, auraient été revendus quelques années plus tard par celui-ci à leur mère, qui aurait ajouté des constructions à celles déjà existantes ; — Attendu que Mohamed ould Abdelkader ben Mouffok n'est pas en possession des dits immeubles ; qu'il n'a qu'un duplicata de l'acte de concession du 1er décembre 1863, lequel lui a été délivré le 24 décembre 1879, au moment où le procès actuel allait s'engager, et qu'il résulte des motifs du jugement attaqué que, en première instance, Kaddour ould Adda avait entre ses mains le titre originaire de concession ; — Attendu que ces circonstances rendent vraisemblables les faits articulés ; que ces faits sont admissibles, qu'ils sont déniés et que c'est le cas d'en autoriser la preuve ; — Attendu que Mohamed ould Abdelkader

transcrit et celui non transcrit ne se référaient pas à un acte antérieur transcrit; enfin, les actes notariés étaient antérieurs à la loi de 1873, et la Cour décide que ces actes ne soumettent l'immeuble à la loi française que depuis la loi de 1873, ce qui est exact.

33. — Dans un arrêt du 14 février 1884 *(Revue algérienne,* 1885, 2, 346) adoptant les motifs d'un jugement de Mostaganem, on rappelle ce principe, dont l'application à l'espèce est contestable, que l'acte administratif, avant la loi de 1873, ne soumettait pas définitivement l'immeuble à la loi française, qu'il pouvait devenir l'objet de transmission musulmane par acte de cadi, que le statut réel français a été imprimé à l'immeuble du jour de la promulgation de la loi de 1873 si l'acte administratif est antérieur, du jour de cet acte s'il est postérieur.

Dans une circulaire du 27 février 1885, publiée par la *Revue algérienne* en note sous l'arrêt précité, M. le préfet d'Alger

---

ould Moufok repousse les prétentions des appelants et conséquemment la preuve offerte, en se fondant sur ce que la propriété est constatée entre ses mains par un titre administratif qui a soumis, dit-il, l'immeuble dont il s'agit aux lois françaises; qu'il soutient, en outre, que son droit de propriété a été vérifié conformément à la loi du 26 juillet 1873; et, enfin, que les tribunaux civils sont incompétents pour modifier et changer le droit que renferme son titre; — Attendu qu'avant la loi précitée les immeubles possédés par des indigènes musulmans n'étaient pas régis par la loi française; que les transmissions entre indigènes pouvaient s'opérer conformément à leurs coutumes, quelle que fût la nature du titre de propriété du vendeur; que la loi de 1873 n'a pas disposé rétroactivement, ainsi que cela résulte des termes clairs et précis de son art. 2; que la preuve par témoins d'une vente d'immeubles, entre indigènes musulmans, antérieure à la promulgation de la dite loi, est donc parfaitement légale; — Que, sans doute, si les droits de propriété de l'intimé sur les immeubles en litige eussent été reconnus conformément à la loi de 1873, et eussent fait l'objet de conclusions favorables du commissaire enquêteur de la circonscription où ils sont situés, l'intimé pourrait invoquer les dispositions de l'art. 18 de la dite loi pour faire écarter la prétention des appelants; mais qu'il n'apporte aucune justification à l'appui de ses allégations sur ce point; — Attendu, enfin, que, fondée sur une vente qu'aurait faite Mohamed ben Mouffok des biens à lui concédés par l'acte administratif du 1er décembre 1863, qui lui confère expressément le droit de les céder à titre onéreux, la revendication des consorts ben Gaïd ne peut avoir pour résultat de modifier le droit du concessionnaire sur lequel au contraire elle s'appuie; — Attendu, en conséquence, que rien ne s'oppose à ce que la preuve offerte soit autorisée, etc.

C. d'Alger (2e Ch.), 19 mai 1882. — MM. Périnne, *prés.;* Gariel, *av. gén.;* Chéronnet et Robe, *av.*

rappelle la jurisprudence de la Cour, et, l'acceptant, décide qu'un titre nouveau ne sera pas délivré toutes les fois que l'immeuble aura été l'objet d'un acte administratif ou notarié, ou bien d'une décision judiciaire, ces actes rendant applicable le statut réel français du jour de la promulgation de la loi de 1873 s'ils étaient antérieurs, de leur date s'ils étaient postérieurs.

34. — En 1856, l'État, par acte administratif, concède une terre à un indigène, qui la vend, en 1867, à un autre indigène par acte notarié transcrit. Une partie du prix est déléguée à un Européen, qui prend inscription. En 1870, par acte de cadi, enregistré, l'acquéreur déclare avoir acheté pour ses frères et pour lui; ses frères ne comparaissent pas à l'acte. En 1879, il se reconnaît débiteur de Carre et lui donne hypothèque sur ce même immeuble. Carre prend inscription. En 1880 seulement, les frères du dernier acquéreur font transcrire l'acte de 1870. En 1883, Carre fait saisir l'immeuble; les frères de son débiteur demandent la distraction de leurs parts. La Cour, par arrêt du 14 décembre 1885 (*Revue algérienne*, 1886, 2, 79), rejette la demande en distraction. Aucun doute ne peut exister sur l'exactitude de cette décision : le procès avait lieu contre un Européen ayant une inscription hypothécaire sur un immeuble vendu à son auteur par acte transcrit. L'acte musulman, enregistré, de 1870, eût-il été valable, ne pouvait être opposé à un Européen. La décision de la Cour est conforme à celles des 4 avril 1868, 18 janvier 1880, 9 avril 1881 ci-dessus, dans des espèces analogues.

La Cour est allée plus loin : elle a, dans ses motifs, décidé que, sous l'empire de la loi de 1851, malgré les termes si absolus de l'art. 16, l'immeuble, objet d'un acte français, était pour toujours régi par la loi française, même entre Musulmans. Nous n'avons pu, bien à regret, adopter cette opinion. Cela est vrai depuis la loi de 1873, et l'interprétation de cette loi a rejailli sur celle de 1851. Jamais, avant 1873, on ne lit dans aucune loi que l'acte administratif ou notarié soumet l'immeuble à la loi française, et même c'est la jurisprudence qui a déduit ce principe de l'interprétation des art. 3 et 17; les motifs de l'arrêt reportent cette interprétation, de la loi de 1873 à celle de 1851.

35. — Dans la *Revue algérienne* (1886, 2, 76), on a rapproché à tort de cet arrêt celui du 7 décembre 1885, rendu par la même Chambre. Un indigène s'était rendu seul adjudicataire d'un immeuble vendu par l'État; l'acte était transcrit. Ses

frères, prétendant lui avoir donné mandat d'acheter pour toute la famille avec des deniers communs, revendiquaient leur part ; ils offraient de prouver par témoins le mandat entre Musulmans, et leur possession depuis l'adjudication. Alors même que le mandat eût existé, s'il n'avait pas été exécuté, les frères ne pouvaient être déclarés copropriétaires ; quant à leur possession, si elle avait été prouvée, elle n'aurait pas eu une assez longue durée pour leur faire acquérir la propriété ; par ces motifs, la Cour a eu raison de repousser la demande. telle qu'elle était formulée. Mais, si les frères avaient demandé des dommages-intérêts pour inexécution du mandat, la preuve orale entre Musulmans eût été admissible ; ils demandaient, non à prouver contre un acte auquel ils auraient été parties, mais à prouver un contrat étranger, antérieur à cet acte, le mandat ; et, à titre de dommages-intérêts, une part dans l'immeuble adjugé à leur mandataire infidèle aurait pu leur être attribuée. A ce simple énoncé, on doit voir que la question de statut réel français ou musulman ne se posait pas, et les motifs qui s'appuient sur la loi de 1851, sur la transcription de l'acte français d'adjudication, nous paraissent inapplicables à la cause.

36. — A cette jurisprudence constante on ne peut opposer sérieusement que deux arrêts :

Le 22 août 1869, un Musulman vend à sa femme la moitié d'une terre ; l'acte, enregistré le 30 août 1878, n'est pas transcrit. Le 30 août 1878, le même indigène vend le même immeuble à un Européen par acte transcrit. La Cour, 31 décembre 1884 (*Revue algérienne*, 1886, 2, 73), par adoption des motifs d'un jugement, donne la préférence à la première vente, quoique enregistrée après la seconde et non transcrite, sur cette dernière, quoique passée au profit d'un Européen, régie par la loi française et transcrite. Le pourvoi contre cet arrêt a été admis par la Cour de cassation.

Le 4 février 1862, par acte de cadi enregistré, non transcrit, un indigène vend au mari d'Aïcha un immeuble provenant d'une concession de l'État par acte administratif ; le 7 janvier 1863, il vend le même immeuble à Mikaël Zenati par acte notarié et transcrit ; en 1878, un jugement de cadi déclare qu'Aïcha est propriétaire de la moitié de l'immeuble acheté par son mari. Aïcha demandait, par application de la loi musulmane, et de l'art. 16 de la loi de 1851 régissant l'acte du 4 février 1862, qu'elle fût déclarée seule propriétaire. L'acte,

antérieur à la loi de 1873, était certainement régi par l'art. 16
de la loi de 1851 ; c'était un acte de Musulman à Musulman ;
la loi musulmane applicable entre les parties, pouvait-elle être
opposée à un acte *entre toutes autres personnes?*

Mikaël Zenati faisait une première objection : depuis l'acte
administratif de concession, la loi française, disait-il, régissait
définitivement l'immeuble concédé. L'arrêt du 2 février 1886
(*Revue algérienne,* 1886, 2, 86) répond « que cette objection
n'est fondée sur aucune disposition de loi, qu'aucun texte de
législation algérienne ne la justifie, qu'aucune restriction n'a jamais été apportée aux droits des Musulmans de traiter entre
eux de la transmission de leurs immeubles suivant la loi musulmane, quelle que fût l'origine de la propriété. » La même
Chambre, en décembre 1885, composée en majorité d'autres
magistrats, venait de juger précisément le contraire ; les deux
arrêts sont relatifs à des actes passés sous la loi de 1851 ;
nous pensons, comme l'arrêt du 2 février 1886, qu'avant la loi
de 1873, une concession par acte administratif ne soumettait
pas pour toujours l'immeuble à la loi française ; mais l'art. 3
et l'art. 17 de cette loi consacrent pour l'avenir le principe
contraire, ainsi que l'a décidé la Cour de cassation, rejetant
le pourvoi dans l'affaire Daho et adoptant la jurisprudence
formelle de la Cour d'Alger. (V. ci-dessus, nᵒ 31). L'arrêt
accepte, croyons-nous, cette doctrine dans le motif suivant,
où il est dit que la loi de 1873 « soumet à la loi française,
seulement depuis sa promulgation, les immeubles dont la
propriété repose sur des titres administratifs français. »

La seconde objection était plus grave : l'art. 26 de la loi de
1851 veut que la transmission immobilière *entre toutes autres
personnes que de Musulman à Musulman* soit régie par la
loi française. L'acte transcrit de Mikaël Zenati n'était pas un
acte de Musulman à Musulman. Si l'acte du mari d'Aïcha
avait droit à la loi musulmane de par l'art. 16, de par ce même article l'acte Mikaël Zenati avait droit à la loi française.
Entre ces deux lois, est-ce la loi musulmane, loi d'exception,
ou la loi française, loi de droit commun, qui devait l'emporter ? On connaît notre réponse. Entre le vendeur musulman
et le mari d'Aïcha, transmission et loi musulmanes ; entre le
même vendeur et Mikaël Zenati, transmission et loi françaises ; entre les deux acquéreurs, l'un Musulman, l'autre non,
loi française. L'arrêt du 2 février 1886 a donné la préférence à
la loi musulmane, malgré la jurisprudence antérieure de la
Cour et l'admission (non encore connue) du pourvoi contre
l'arrêt du 31 décembre 1884.

Deux motifs sont invoqués. L'un d'eux consiste en ce que l'art. 2 de la loi de 1873 *ne soumet aux lois françaises et à la loi sur la transcription qu'à partir de sa promulgation les transmissions d'immeubles entre individus régis par des statuts différents.* L'acte Mikaël Zenati du 7 janvier 1863, antérieur à la loi de 1873, n'aurait donc pu invoquer la loi sur la transcription. Nous avons répondu à cet argument en commentant l'art. 2 (nº 16) ; pour nous, il est évident que la loi de 1855, promulguée spécialement en Algérie, régissait les actes entre toutes autres personnes que de Musulman à Musulman ; une controverse n'est possible que pour les actes entre Musulmans.

L'autre motif s'appuie sur le titre III : *en édictant une forme spéciale de purge, la loi a reconnu encore que la seule transcription d'une vente consentie par un indigène à un Européen ne suffisait pas pour mettre l'acquéreur à l'abri des revendications fondées sur un titre en la forme musulmane.* Cet argument conduirait peut-être trop loin, car il justifierait la prétention des Musulmans même pour les actes entre Musulmans sous la loi de 1873, et qui le soutiendrait ? Aujourd'hui encore, il suffirait d'un acte musulman prouvé par témoins (juridiquement il faudrait aller jusque-là), pour détruire un acte européen transcrit. En outre, la purge spéciale a un tout autre objet, nous l'avons démontré (nº 23) ; la transcription ordinaire purge contre les ayants-droit du vendeur, la purge spéciale protège l'acquéreur contre tous, même contre ceux qui ne sont pas les ayants droit du vendeur et ont un titre en dehors, au delà du sien.

Il est bien évident que l'équité, à laquelle le juge est toujours accessible, l'a emporté sur le droit. L'acte invoqué par Aïcha était enregistré, il était antérieur à celui de Mikaël Zenati, cet enregistrement ne déguisait pas une fraude. Cela est vrai : mais, si au lieu d'un indigène la Cour avait jugé un Européen, elle l'aurait condamné. L'équité de la cause eût été la même. Si l'indigène, n'ayant pas un acte enregistré avait voulu prouver l'antériorité de son acte par témoins, la Cour eût refusé ; le droit musulman, que la Cour a appliqué, aurait pourtant exigé une décision contraire. Nous sommes donc en plein arbitraire, nous refaisons la loi ; en matière hypothécaire, en matière de transcription, la loi n'obéit pas aux inspirations de l'équité privée, mais aux principes de l'économie politique, de l'intérêt général, aux nécessités du crédit foncier.

37. — Résumons les principes de cette jurisprudence :

1º Entre Européens et indigènes, c'est la loi française qui

doit être appliquée : arrêt du 30 juillet 1851 (n° 4). — Les autres arrêts ne posent pas la question, mais tous appliquent la loi française, sauf trois (n°⁵ 4 et 36).

2° Entre Musulmans la loi française est applicable, depuis la loi de 1873, s'il y a titre français, même avant cette loi, si le litige porte sur un titre entre Français, ou entre Français et indigènes : arrêts des 4 janvier et 20 mars 1878 (n° 26).

Dans les cas contraires, le juge musulman est compétent : arrêts des 11 mars et 19 mai 1882 (n° 32).

3° Avant la loi du 26 juillet 1873, l'immeuble qui avait été l'objet d'un titre français pouvait être régi, entre Musulmans, par la loi musulmane : arrêts d'Alger, 5 février 1876 ; de Cassation, 14 juin 1877 (n° 25) ; d'Alger, 14 février 1884 (n° 33) et 2 février 1886 (n° 36). — En sens contraire : Alger, 14 décembre 1885 (n° 34).

4° Depuis la loi du 26 juillet 1873, l'immeuble qui a été l'objet d'un titre français, administratif, judiciaire ou notarié, est régi par la loi française, est soumis à la juridiction française, même entre Musulmans. — Tous les arrêts sans exception admettent ce principe.

5° Les formalités du titre II, l'enquête administrative, la délivrance d'un nouveau titre ne sont pas applicables à l'immeuble dont la propriété repose sur un titre français : cela résulte implicitement des mêmes arrêts, et plus explicitement des arrêts cités n°ˢ 24, 27, 31, 34.

Si le titre n'est pas produit à l'enquête, peut-il y avoir déchéance ? Non, d'après les principes de la précédente jurisprudence. Oui, d'après trois arrêts, dont l'un a été l'objet d'un pourvoi admis par la Chambre des requêtes (n° 21).

6° Le créancier d'un Musulman qui a un titre français transcrit peut saisir l'immeuble objet de ce titre, malgré une vente musulmane antérieure non transcrite (n°ˢ 27, 28 et 34).

Cette revue de la jurisprudence prouve que les principes déduits par nous du texte de la loi et des travaux préparatoires sont ceux que la jurisprudence de la Cour d'Alger, confirmée plusieurs fois par la Cour suprême, a elle-même consacrés.

Depuis la loi de 1873, le titre français investit la terre algérienne, pour toujours, de toutes les prérogatives de la terre française.

La loi musulmane ne peut être invoquée qu'entre Musulmans, qu'entre conventions musulmanes, et relativement à une terre sans titre français.

Sur ces deux questions, et sur toutes celles concernant le statut réel, la tendance très accusée de la jurisprudence, sauf quelques accidents inévitables dans une Cour dont le personnel est si mobile, est de faire prévaloir la loi française sur la loi musulmane. La même tendance se révèle dans la législation ; le législateur de 1873 exprime même très nettement sa ferme volonté d'atteindre ce but. La jurisprudence a suivi l'impulsion, mais elle l'a suivie volontiers, et, animée du même esprit, elle a développé la pensée de la loi en l'appliquant aux faits. A son tour elle donnera l'impulsion, et le législateur s'empressera de la suivre et de progresser dans la même voie. C'est ce que nous allons voir dans le chapitre suivant, en parlant du décret du 10 septembre 1886 et de la loi du 28 avril 1887, votée par la Chambre des députés le 24 mars(1). Aussi ne serions-nous pas étonné que les velléités musulmanes, qui se sont manifestées à de rares intervalles dans la jurisprudence, disparussent bientôt complètement.

---

(1) Les chapitres précédents étaient imprimés avant le vote de la loi par la Chambre des députés, nous en donnerons le commentaire dans les chapitres suivants.

CHAPITRE IV

Décret du 10 septembre 1886 et loi du 28 avril 1887
Principes généraux

SOMMAIRE

38. — Décret du 10 septembre 1886 sur la justice musulmane : terre de statut français définitif, compétence des tribunaux français, loi française.

39. — Terre de statut transitoire mixte : compétence des juges de paix entre Musulmans, loi musulmane.

40. — Les décisions du juge de paix en matière musulmane forment titre français.

41. — Acte notarié, juridiction française ordinaire en matière immobilière, et compétence des juges de paix en matière mobilière entre Musulmans.

42. — Loi du 28 avril 1887 : principes généraux respectés, dispositions modifiées, interprétées, complétées ; exposé des motifs, rapports.

43. — Résumé des dispositions de la loi ; ordre dans lequel nous les étudierons.

38. — Le décret du 10 septembre 1886 sur la justice musulmane a fait une nouvelle marche en avant, en traduisant en décret les arrêts de la Cour, et en déduisant les conséquences des principes admis. La terre algérienne n'est pas encore terre française, elle tend à le devenir.

Les Musulmans (art. 1er) continuent à être régis par leurs coutumes en ce qui concerne ceux de leurs immeubles dont la propriété n'est pas établie conformément à la loi du 26 juillet 1873, ou par un titre français, administratif, notarié ou judiciaire. Cet article est aussi formel que possible. Il consacre la jurisprudence qui déclare française pour toujours la terre qui a été l'objet d'un titre français. La transcription n'est pas exigée ; est-ce un oubli ? L'acte sous seing privé transcrit est exclu par prétérition. Nous le regrettons, notre droit est timide, il n'ose s'imposer ; s'il cédait au moins à un droit supérieur, mais hélas !...

En matière réelle, entre Arabes, Kabyles ou Musulmans étrangers, la loi ou coutume applicable est celle de la situation des biens (art. 5).

La loi de la situation des biens ! voilà bien le statut réel, l'art. 3 du Code civil ; nous le reconnaissons entre Arabes et Kabyles, et nous n'avons pas encore su dire : la terre d'Algérie est une terre de France, soumise à la loi de la France.

Dans tous les cas où la loi française est applicable, les Musulmans sont justiciables de la juridiction française (art. 6). Donc, entre Musulmans comme entre Européens, les tribunaux français sont seuls compétents pour juger les contestations relatives aux immeubles qui, ayant été l'objet d'un titre français, sont régis par la loi française.

39. — Si la terre n'est pas française, si elle n'a pas un titre français, si elle est soumise au statut transitoire mixte, la juridiction ordinaire ne sera plus compétente entre Musulmans, mais ce sera encore un juge français qui connaîtra de l'action.

L'art. 26, en effet, soumet au juge de paix la connaissance de tous les procès sur la propriété entre Musulmans quand la terre n'est pas encore française.

Ainsi les actions réelles seront jugées par des juges français même entre Musulmans régis par leur droit. C'est là un véritable progrès.

Quand la terre est *francisée*, la juridiction est entre Musulmans la même qu'entre Européens ; entre Européens et Musulmans, c'est la juridiction ordinaire qui est compétente ; entre Musulmans, si la terre n'est pas francisée, c'est le juge de paix qui statue.

40. — Le juge de paix n'en est pas moins, dans ce dernier cas, un juge français ; sa décision, une décision judiciaire française ; et, selon nous, le jugement qu'il rend est un titre français, donnant à l'immeuble qui est l'objet de sa décision le caractère d'immeuble français. La Cour, jugeant en matière musulmane, ne rend-elle pas une décision judiciaire française ? Ainsi vient de le décider un arrêt du 6 février 1887. *(Revue algérienne,* 1887, 2, 163). N'oublions pas que la loi française est le droit commun, que le législateur y déroge, mais qu'il tend à y rentrer, qu'il le dit, que l'interprète doit seconder ses vues, se conformer à sa pensée. Notre étude prouve que la Cour d'Alger a toujours marché dans cette voie ; elle y persévérera.

41. — « Dans la matière énoncée à l'art. 1er, les Musulmans peuvent renoncer par une déclaration expresse à l'application de leurs droit et coutumes, pour se soumettre à la législation française. Cette déclaration sera insérée soit dans la convention originaire, soit dans une convention spéciale ; la renonciation résulte, en outre, à moins de déclaration contraire, de

la réception de la convention originaire par un officier public français. » (Art. 3).

Ainsi est résolue la question que nous avons posée. En matière immobilière, il suffira, même dans un acte sous seing privé, que les parties aient déclaré se soumettre à la législation française, pour que, entre Musulmans, la preuve écrite, la date certaine, la transcription, produisent pour l'acte les effets de la loi française contre un autre acte musulman, étant ou se disant antérieur. Nous sommes bien près de la doctrine qui n'applique la loi musulmane qu'entre ceux qui ont été parties à la convention de Musulman à Musulman.

L'acte notarié rendra la loi française applicable aux Musulmans en matière mobilière, comme en matière immobilière; ce principe était admis par la jurisprudence depuis la loi de 1873 pour les actes de vente d'immeubles postérieurs à cette loi. Aux termes de l'ordonnance de 1842, des décrets de 1859 et de 1866, les Musulmans pouvaient sans doute déclarer qu'ils contractaient sous l'empire de la loi française, mais leur intention ne résultait pas du fait seul d'avoir contracté par acte notarié, les notaires pouvant, aux termes du décret de 1859, recevoir les actes entre Musulmans comme les cadis.

Désormais, le recours au notaire français prouvera l'intention d'accepter la loi française pour loi de la convention.

En matière immobilière, l'immeuble sera rendu français, et les tribunaux ordinaires seront seuls compétents pour connaître des actions relatives à ces immeubles, même entre Musulmans.

En matière mobilière, c'est le juge de paix qui sera compétent entre Musulmans.

Le décret contient diverses dispositions relatives aux partages; nous en parlerons au chapitre suivant.

42. — La loi votée par le Sénat le 24 décembre 1885, par la Chambre des députés le 24 mars 1887, promulguée le 28 avril suivant, ne modifie que quelques dispositions de la loi du 26 juillet 1873 pour en rendre l'application plus facile, plus prompte, pour résoudre quelques controverses. Elle ne touche pas aux principes généraux, et c'est en vain que dans son texte on chercherait une solution aux questions que nous avons traitées. Il faut bien le dire, le projet s'est attardé dans les bureaux du Parlement, le temps a marché, et M. Bourlier, dans son rapport, fait prévoir et réclame un nouveau projet sur la propriété foncière en Algérie.

Dans les rapports, nous retrouvons quelques mots sur le but de la loi, sur ses vues générales.

D'après l'exposé des motifs, le but à atteindre c'est de mettre la propriété indigène sous le régime de la loi française.

Le rapport de M. Fournier au Sénat dit que l'on ne propose pas et que l'on ne saurait proposer de rien changer aux vues générales de la loi exprimées dans le titre Ier ; il s'agit d'en procurer une application plus prompte et d'en développer les conséquences. Parmi les principes *nettement précisés* dans le titre Ier de la loi de 1873, le rapport indique ceux-ci : « Placer la propriété immobilière en Algérie sous le régime de la loi française, notamment en ce qui concerne la transcription ; » — « Subordonner le maintien de l'indivision aux principes de l'art. 815, de manière à préparer sans violence le passage de la propriété familiale à la propriété individuelle ; » — « Constater, dans les territoires de propriété privée, les droits individuels, et faire en sorte que, désormais, toute transmission de ces droits donne lieu à l'établissement d'un titre conforme aux exigences de la loi française. » Au n° 13 du rapport, nous lisons que l'art. 18 du projet donne l'occasion de constater encore une fois le parti pris d'appliquer en tout la loi française, à moins qu'il n'y soit expressément dérogé.

Les principes de la loi de 1873 sont donc complètement respectés ; mais la commission du Sénat n'a pas voulu aller au delà, et elle a rejeté la proposition de M. Forcioli, consistant à supprimer toute intervention de l'administration dans la reconnaissance des droits de la propriété indigène, et à déférer aux tribunaux seuls la décision de toutes les questions de cette nature relativement aux terres arch comme aux terres melk.

Le rapport de M. Bourlier à la Chambre des députés est empreint des mêmes idées, mais il veut que les opérations du sénatus-consulte prescrites par la nouvelle loi s'étendent au Sahara au lieu d'être limitées au Tell, et il exprime le vœu que le gouvernement dépose dans le plus bref délai un projet de loi sur le régime de la propriété foncière en Algérie. La loi de 1873 est donc insuffisante, il faut, en étendant la purge spéciale, en appliquant les principes de l'*Act Torrens*, imprimer plus rapidement aux immeubles algériens le caractère d'immeubles français.

Comment, après tant de manifestations de la volonté du législateur, admettre, en cas de doute, une solution favorable à la loi musulmane plutôt qu'à la loi française ?

43. — Résumons les dispositions de la loi promulguée le 28 avril 1887, sauf à les étudier plus tard successivement avec les articles de la loi de 1873 qu'ils modifient, interprètent ou complètent.

L'art. 2 ordonne la délimitation des tribus entre elles et la répartition des territoires ou douars prescrites par le sénatus-consulte, partout où elles n'ont pas eu lieu.

L'art. 3 ordonne le partage des terres indivises entre plusieurs familles.

Ces deux dispositions se réfèrent à l'art. 3, mais surtout au titre II, de la loi de 1873; c'est là que nous nous en occuperons.

L'art. 4 supprime la juridiction des cadis en matière de partage et de licitation, toutes les fois que la terre a un titre français. L'interprétation plus ou moins exacte donnée à l'art. 7, dit M. Fournier, (par quelques arrêts, aurait-il pu ajouter) devra disparaître, et faire place à une seule doctrine, celle admise par la jurisprudence la plus générale de la cour d'Alger. Nous examinerons cette question au chapitre suivant.

L'art. 5 modifie l'art. 19, en accordant un délai complémentaire de 45 jours aux créanciers et aux propriétaires de droits réels pour inscrire ou transcrire leurs droits après la transcription du titre délivré par l'administration.

L'art. 19 appartient au titre II.

C'est aussi à ce titre que se réfèrent les art. 11 à 21, qui simplifient les formes du partage ou de la licitation ayant lieu pour la première fois après les opérations du titre II.

C'est donc là que nous devrons les étudier.

Les art. 6 à 11 sont relatifs au titre III.

L'art. 6 modifie les formalités de purge spéciale pour les immeubles de propriété privée vendus par des indigènes à des Européens. La purge spéciale ne peut donc être encore employée entre Européens.

L'art. 7 permet la vente d'immeubles appartenant aux territoires de propriété collective au profit d'Européens, à la charge de provoquer une enquête et la délivrance d'un titre de propriété par l'administration avant l'exécution des opérations du titre II, chap. 2.

Enfin l'art. 21 règle les moyens de pourvoir aux dépenses des diverses opérations prescrites par la loi.

Telle est l'économie de la loi, qui, ne formant pas un ensemble, se composant de diverses dispositions, doit être étudiée dans l'ordre logique que nous avons adopté :

1° L'art. 4 et le système général des art. 11 à 21, au chapitre de l'établissement de la propriété, des successions et partages ;

2° Les art. 2, 3, 5, 11 à 21, avec le titre II ;

3° Les art. 6 à 11, avec le titre III ;

4° L'art. 21, dans un chapitre spécial.

CHAPITRE V

Établissement de la propriété immobilière
et des droits immobiliers.
Successions et partages

SOMMAIRE

44. — Idées générales qui ont présidé à la marche du droit avant et depuis la loi de 1873.

45. — La loi française s'applique à tout fait comme à tout acte qui constitue ou établit un droit réel, qui le conserve, le démembre ou l'éteint, si l'immeuble a un titre français ; — une seule exception : les règles de succession.

46. — Définition du mot *établissement* de la propriété, emprunté par l'art. 1ᵉʳ de la loi du 1873 au sénatus-consulte du 22 avril 1863 : il s'applique surtout au partage.

47. — Il s'applique aussi à tout fait constitutif de la propriété, à la possession, à l'accession. Si l'immeuble n'a pas de titre français, entre Musulmans les règles de la loi musulmane sur la possession, la vivification et l'accession seront applicables.

48. — Successions et partages : mode d'établissement de la propriété collective et de la propriété individuelle.

49. — Droit international : succession immobilière régie par le statut réel, succession mobilière, par le statut personnel du défunt ; les indigènes de l'Algérie ne peuvent être assimilés à des étrangers.

50. — Droit antérieur à la loi du 26 juillet 1873 : les contestations sur successions et partages entre Musulmans sont régies par la loi musulmane, comme toutes leurs contestations et leurs conventions.

51. — Loi du 26 juillet 1873 : la loi française, seule applicable à l'établissement d'un immeuble qui a un titre français, régit les successions et les partages. — Exception pour les règles de succession *entre Musulmans.*

52. — Les règles des successions musulmanes, n'étant applicables qu'entre Musulmans, ne le sont pas au Musulman naturalisé ; en ce cas, le cadi est incompétent, même si l'immeuble est de statut mixte.

53. — Compétence du juge français pour les partages relatifs à un immeuble ayant un titre français, et entre toutes autres personnes qu'entre Musulmans, si l'immeuble est de statut mixte. — Compétence du cadi entre Musulmans, si l'immeuble n'a pas un titre français, s'il est de statut mixte.

54. — Projet de loi : suppression du titre des partages.

55. — L'art. 7 ne fait d'exception que pour les règles de succession. Le partage est un mode d'établissement de la propriété individuelle, art. 1ᵉʳ.

56. — Le partage et la licitation transmettent quelquefois contractuellement la propriété ; ils sont toujours une convention amiable ou judiciaire entre les copartageants.

57. — Aucune dérogation à l'art. 1ᵉʳ pour les partages relatifs aux immeu-

bles jouissant du statut réel définitif; une autre doctrine serait contraire à la loi, amènerait la ruine de son œuvre.

58. — Jurisprudence : Musulmans naturalisés, arrêt du 21 octobre 1875 ; critique.

59. — Arrêt du 6 janvier 1875.

60. — Jugement du tribunal d'Alger, du 8 avril 1875 : vrai principe proclamé par ce jugement.

61. — Arrêt du 12 janvier 1876, confirmant cette doctrine, adoptée par MM. Robe et Mallarmé.

62. — Discours de M. l'avocat général Cammartin, le 4 octobre 1875.

63. — Arrêt du 5 avril 1876 (Ch. musulm., présidée par M. Bastien : compétence de la juridiction musulmane, même pour une Musulmane devenue catholique et Italienne.

64. — Arrêt du 28 juin 1876 (même Chambre) : immeubles soumis au statut réel français définitif, compétence de la juridiction musulmane entre Musulmans. — Discussion.

65. — Beït-el-Mal : compétence, pour les partages le concernant, de la juridiction française : arrêts des 10 février 1868, 24 avril 1875 ; arrêt de la Cour suprême du 9 juillet 1878 ; deux arrêts cités par Cherbonneau et Sautayra. — Arrêt contraire du 11 novembre 1878 (Ch. musulm., présidée par M. Bastien).

66. — Cette jurisprudence de la Chambre musulmane est abandonnée.

67. — Arrêt du 1er mai 1879 : juridiction française seule compétente s'il y a en cause un Européen, créancier d'un copartageant. — Même jurisprudence dans l'arrêt du 16 juin 1879.

68. — Arrêts des 29 mai 1879, 12 mai 1880, 30 mai 1881, 11 février 1885, 25 avril 1887, et de la Cour de cassation, 25 avril 1883, sur les partages intéressant le Beït-el-mal : juridiction française compétente.

69. — Arrêt du 10 novembre 1884 : Européen administrateur des valeurs mobilières de la succession : juridiction française compétente.

70. — Arrêt du 9 décembre 1885 (1re Chambre) : immeubles de statut réel français, juridiction française compétente. — Arrêt contraire de la Chambre musulmane, du 10 novembre 1885.

71. — Arrêts des 29 décembre 1885 et 16 juin 1886 : revirement de jurisprudence dans la même Chambre.

72. — Arrêts des 15 et 24 novembre 1886 en sens contraire ; revendication d'un immeuble dans un partage.

73. — Décret du 10 septembre 1886 : compétence des cadis, des notaires français, de la juridiction française ordinaire, du juge de paix statuant en matière musulmane.

74. — Qui connaîtra des contestations sur les droits successoraux relatifs à des immeubles soumis définitivement à la loi française ?

75. — Loi du 28 avril 1887 : les partages des immeubles soumis à la loi française sont déférés à la juridiction française, non ceux concernant les immeubles de statut mixte.

76. — Le décret du 10 septembre 1886 est néanmoins applicable. — Questions transitoires.

77. — Autres dispositions de la loi du 28 avril 1887 : partage entre familles par le commissaire enquêteur ; simplification du premier partage après les opérations du titre II.

44. — De 1830 à 1873, il n'y a pas eu de statut réel proprement dit, c'est-à-dire de loi permanente de la terre servant de loi aux conventions, aux transmissions immobilières, à l'établissement, à la conservation, à la transmission des droits réels ; il y a deux lois pour les *conventions,* les *transactions,* les *transmissions immobilières :* loi musulmane entre Musulmans, entre conventions musulmanes, loi française entre toutes autres personnes, entre toutes autres conventions.

Par suite de la conquête, le statut réel français est bien devenu la loi de la terre algérienne, mais il s'efface devant la loi musulmane pour les conventions entre Musulmans, sauf à reparaître, à s'affirmer toutes les fois qu'il y a une personne non musulmane ou une convention non exclusivement musulmane.

Jusqu'en 1873, le statut réel français ne se fixe pas définitivement sur l'immeuble ; la terre, régie par la loi française, concédée par l'État, reconnue par l'administration française dans les opérations de 1846 ou dans celles de cantonnement, dont la propriété repose sur un titre français, peut être régie par la loi musulmane, si elle devient l'objet de conventions entre Musulmans.

La loi de 1873, la première, veut que la terre qui a été l'objet d'un titre français ne puisse plus être l'objet d'un titre musulman ; veut que le statut réel français, une fois imprimé à la terre, reste immuable.

Le territoire se divise, sous cette loi : 1° en immeubles soumis à la loi française par titre français administratif, judiciaire ou notarié, territoire de statut réel français définitif, dont l'étendue s'accroît de jour en jour des immeubles qui deviennent l'objet d'un titre français ; 2° en immeubles tendant à devenir français, à acquérir le statut réel français, auxquels, transitoirement, le droit musulman s'applique entre Musulmans, entre conventions musulmanes, territoire de statut mixte dont l'étendue décroît de jour en jour, non seulement par les transactions privées résultant de titres français, mais encore par les opérations administratives du titre II.

Cette division de territoire en deux classes, l'une de droit français, l'autre de droit mixte, l'une soumise à la juridiction française, à la preuve écrite, à la date certaine, à la loi sur la transcription, dispensée des opérations du titre II, l'autre pouvant être soumise à la juridiction musulmane, aux principes du droit musulman, et à laquelle les opérations du titre II sont imposées, a été dégagée des textes par la jurisprudence, reconnue par l'administration, enfin, consacrée par le décret du 10 septembre 1886, où la première est laissée à la juridiction des tribunaux ordinaires, et la deuxième passe de la juridiction des cadis à celles des juges de paix.

Les terres de la compétence des juges de paix sont les seules soumises aux opérations du titre II : la propriété des autres est sous la sauvegarde exclusive de la justice, de la justice française. Ces idées générales vont nous éclairer dans les détails de la loi que nous abordons.

45. — Le législateur de 1873 a voulu appliquer à l'Algérie l'art. 3 du Code civil ; il l'a dit très expressément par l'organe de son rapporteur et par celui de M. Humbert.

L'art. 1er emploie les termes les plus généraux, en disant que l'établissement de la propriété, la conservation et la transmission contractuelle des immeubles et des droits immobiliers, quels qu'en soient les propriétaires, sont régis par la loi française. Ces mots, *transmission contractuelle*, paraissent exclure les successions, mais celui d'*établissement* n'est pas limité, et pour exclure l'établissement de la propriété par succesion entre indigènes il a fallu l'art. 7.

Sans doute, les termes de l'art. 2, *transactions, conventions*, prouvent que le législateur a eu surtout en vue les actes qui constituent ou transmettent la propriété immobilière, mais sa pensée est générale et comprend les faits, aussi bien que les actes, qui donnent naissance au droit de propriété, et ceux qui démembrent ou éteignent le droit.

Toutefois, ainsi que nous l'avons dit, la loi française n'est imposée aux indigènes entre eux que si l'immeuble a un titre français, s'il est définitivement français, et, même dans ce cas, nous verrons qu'une exception est faite en leur faveur pour les règles de succession.

46. — Occupons-nous, dans ce chapitre, des faits et des actes relatifs à l'*établissement* de la propriété.

Ce terme, *établissement de la propriété,* a été emprunté par l'art. 1er de la loi du 26 juillet 1873 au sénatus-consulte du 22 avril 1863, où nous lisons, art. 2 : « Il sera procédé administrativement et dans le plus bref délai : 1° .....; 3° à l'*établissement de la propriété individuelle* entre les membres des douars... Des décrets fixeront l'ordre et les délais dans lesquels *cette propriété individuelle devra être constituée* dans chaque douar. » L'art. 3 parle aussi des formes et conditions dans lesquelles la *propriété individuelle sera établie.*

Constitution ou *établissement* de la propriété, propriété individuelle *constituée* ou *établie,* sont donc des termes synonymes.

En outre, l'établissement de la propriété individuelle entre les membres d'un douar, c'est le partage de la propriété entre les membres de ce douar ; l'établissement de la propriété individuelle entre plusieurs ayants droit, c'est donc, avant tout, le partage. Ce point est essentiel à retenir : l'art. 1er, en disant que l'établissement de la propriété en Algérie est régi par la loi française, a surtout entendu dire que le partage serait régi par la loi française.

47. — Les mots *établissement de la propriété* ne s'appliquent pas qu'au partage ; ils sont généraux, rien ne les limite, ils s'appliquent à tout fait, à tout acte constitutif de la propriété. Nos lois sur l'occupation, sur la possession, sur la prescription, sur l'accession, sont donc applicables à la terre algérienne, quel que soit le possesseur ou le propriétaire, si l'immeuble a été l'objet d'un titre français, si, par conséquent, il est devenu définitivement français aux termes de la loi de 1873.

Si l'immeuble n'est pas soumis au statut réel français définitif, et qu'il soit possédé par un Français, par un non Musulman, il en sera encore de même.

Mais, s'il est possédé par un Musulman, les règles du droit musulman relatives à l'occupation, à la vivification de la terre, à la prescription, à l'accession, nous paraissent devoir être appliquées *entre Musulmans*, par analogie de la dérogation au statut réel français faite par l'art. 16 de la loi de 1851 et par l'art. 2, § 3 de la loi de 1873 pour les conventions entre Musulmans. L'esprit de cette disposition est que la loi musulmane soit applicable entre Musulmans si l'immeuble n'est pas soumis définitivement à la loi française.

48. — Après l'occupation, la possession, l'accession, qui sont des modes de constitution, d'établissement de la propriété fondés sur le droit naturel, vient le droit de succession, qui tient du droit naturel et du droit civil.

La succession établit la propriété individuelle, s'il n'y a qu'un héritier ; s'il y en a plusieurs, leur droit est collectif, indivis, et c'est le partage qui constitue, qui établit la propriété individuelle, le droit de chacun sur un lot, sur un immeuble ou sur des immeubles déterminés, quand il s'agit de succession immobilière.

Occupons-nous de ces deux modes d'établissement de la propriété, soit collective, soit individuelle, relativement à la terre algérienne, depuis la conquête jusqu'à la loi du 26 juillet 1873, et sous cette loi, qui nous régit encore.

49. — Jusqu'à la loi de 1873, les successions et les partages n'ont pas eu d'autres règles que celles concernant les conventions et les contestations entre Musulmans.

Par le fait de la conquête, le territoire étant français et les indigènes sujets de la France, les successions mobilières et immobilières des indigènes auraient dû être régies par les lois françaises.

Si les indigènes avaient été considérés comme des étrangers, pour les immeubles le droit de succession aurait été celui du territoire, le statut réel français; pour les valeurs mobilières, celui de la nation du défunt, sauf le prélèvement au profit des héritiers français, en vertu de la loi du 19 juillet 1819 (V. Demolombe, t. I, nos 81, 91, 94; Aubry et Rau, t. I, § 31, p. 90 et 91). Mais était-il possible d'assimiler les Musulmans de l'Algérie à des étrangers au milieu d'une nation ? L'étranger qui réside en France a son domicile dans sa patrie, et la loi étrangère de ce domicile peut être la loi de sa succession mobilière, pendant que les immeubles sont régis par la loi de leur situation; mais le Musulman a son domicile et ses meubles, comme ses immeubles, sur une terre française.

Aussi, le droit international ne peut recevoir ici son application, et la loi algérienne n'a fait aucune distinction entre la succession mobilière et la succession immobilière.

50. — L'arrêté du 22 octobre 1830, attribuant au cadi la connaissance de toutes les causes entre Musulmans, celui du 28 mai 1832, relatif aux transactions immobilières, les ordonnances sur la justice musulmane pour les contestations entre Musulmans, la loi de 1851, disposant que la loi musulmane régit les transmissions immobilières de Musulman à Musulman, le décret du 31 décembre 1859, portant que les cadis connaissent de toutes les affaires civiles et commerciales entre Musulmans, ainsi que des questions d'État; celui du 13 décembre 1866, reproduisant cette règle de toutes les ordonnances précédentes, notamment du décret de 1859, que la loi musulmane régit toutes les conventions et toutes les contestations entre Musulmans, ont été appliqués aux successions et aux partages entre Musulmans.

Les contestations sur les successions entre Musulmans sont bien des contestations entre Musulmans. Le partage est une convention, et, entre Musulmans, il a été régi à ce titre par la loi musulmane.

Les lois sur les transmissions d'immeubles, sur les transactions et conventions immobilières sont devenues celles des transmissions d'immeubles par succession, des transactions sur partage, des actes de partage d'immeubles.

Les lois algériennes ne s'occupent des successions et du partage que dans deux dispositions.

L'art. 24 du décret du 13 décembre 1866 porte que, si, dans le cours d'une procédure sur appel, les juges estiment que la décision du procès dépend de la solution d'une question de droit touchant à la loi religieuse ou à l'état civil des Musulmans, ils doivent soumettre la question à un conseil de droit musulman. Parmi les matières religieuses et d'état que l'article énumère, figurent la capacité pour succéder résultant des liens de famille ou d'affinité, et la capacité pour disposer ou recevoir en matière de donations ou de testaments.

L'art. 4 de ce décret, reproduisant presque textuellement le même article du décret de 1859, porte que « les cadis procèdent : 1° à la liquidation et au partage des successions musulmanes, toutes les fois qu'ils en sont requis par les parties intéressées, et dans le cas où la loi musulmane leur en fait un devoir; 2° sous la surveillance de l'administration des domaines, à la liquidation et au partage des successions musulmanes auxquelles sont intéressés le Beït-el-mal et les absents. » — L'art. 41 ajoute : « En cas de contestation il est statué par les cadis et les tribunaux conformément aux règles de compétence et de procédure fixées par le présent décret. La compétence *entre Musulmans* est celle des cadis. »

Aux termes de l'art. 44 du décret du 31 décembre 1859, les actes publics entre Musulmans sont reçus, suivant le choix des parties, par les cadis ou par les notaires. Il faut en conclure que les partages pouvaient être faits par les notaires aussi bien que par les cadis, et que, pour cette convention comme pour toute autre, les Musulmans pouvaient adopter la loi française.

Il est donc certain que le droit de succession entre Musulmans était le droit musulman, soit pour les immeubles, soit pour les meubles, parce que ce droit régissait toutes leurs transactions, toutes leurs contestations mobilières et immobilières.

Avant la loi de 1873, les immeubles qui avaient été l'objet d'un titre français n'étant pas soumis définitivement au statut réel français, il n'y avait aucune exception :

Le cadi était seul compétent entre héritiers musulmans.

Le partage était fait par le cadi, si celui-ci était requis; il pouvait l'être par le notaire français.

51. — La loi du 26 juillet 1873 a, au contraire, distingué les

immeubles soumis définitivement aux lois françaises, de statut réel français, et ceux de statut transitoire mixte.

Elle a rendu pour toujours l'art. 3 du Code civil, spécialement les lois françaises sur *l'établissement* de la propriété, applicables aux immeubles qui ont été l'objet de titres français administratifs, judiciaires ou notariés. — Ces immeubles de statut réel français définitif sont soumis à la juridiction des tribunaux français, seuls compétents pour connaître des actions réelles fondées sur le droit de succession, et de celles en partage ou en licitation. Les règles de succession du droit français, qui appartiennent au statut réel, auraient dû seules être appliquées par les tribunaux français à ces immeubles français, et entre toutes personnes, quels qu'en fussent les propriétaires (art. 1er).

La loi musulmane aurait, au contraire, été appliquée par le juge musulman, entre Musulmans, aux immeubles non soumis au statut réel français, aux immeubles de statut transitoire mixte.

Mais l'art. 7 fait une exception : « Il n'est point dérogé par la présente loi au statut personnel, ni *aux règles de succession* des indigènes *entre eux.* »

Ainsi, les règles de succession des indigènes *entre eux* seront celles du droit musulman, même pour les immeubles de statut réel français définitif. L'exception ne comprend que les règles de succession, non celles du partage, ne concerne que les indigènes entre eux, non leurs autres cohéritiers.

Il n'est rien dit sur la compétence. Qui appliquera ces règles de succession musulmane ? Les tribunaux français, quand il s'agira d'immeubles soumis définitivement à la loi française, et les juges musulmans pour les immeubles de statut mixte ? Ce serait bien dans l'esprit de la loi. La terre française devrait n'avoir, comme la personne française, que des juges français. Dès qu'il y a contestation, il s'agi. d'établir le droit de propriété sur un immeuble français. Les tribunaux français appliquent le droit musulman, comme le droit français, dans bien des circonstances. Voilà ce qu'on peut dire en faveur de cette doctrine.

Mais, avant la loi de 1873, la compétence du juge musulman était certaine, et l'art. 7 dit qu'il n'est pas dérogé aux règles de succession entre Musulmans. Si l'on devait déroger aux anciennes règles de compétence, pourquoi ne pas le dire expressément ?

Ne faut-il pas distinguer si la contestation est relative à la capacité de transmettre ou de disposer, à celle de succéder ou de recevoir, à la quotité générale des droits successoraux sans application spéciale aux immeubles, ou bien si elle concerne la question de savoir quels immeubles sont compris dans la succession ?

La jurisprudence n'a pas eu à résoudre la question en ces termes; nous verrons comment le décret du 10 septembre 1886 l'a résolue.

52. — L'art. 7, muet sur la compétence, est formel sur un autre point : Les règles de succession ne seront appliquées qu'aux indigènes *entre eux*.

Si un Français ou un Musulman naturalisé est appelé à la succession, il pourra invoquer la loi française, qui devra être appliquée par les tribunaux français seuls. Qu'on ne dise pas que deux lois ne peuvent régir la même succession ! En vertu de la loi du 14 juillet 1819, l'héritier français peut obtenir, par voie de prélèvement, l'application de la loi française en sa faveur, si la loi étrangère le repousse.

C'est ce qui a lieu en Algérie pour les successions d'étrangers; pourquoi n'en serait-il pas ainsi, à plus forte raison, pour les successions d'indigènes sujets de la France? L'art. 7 dit *entre eux*, et il dit qu'il n'est pas dérogé aux règles antérieures; or, antérieurement, le droit musulman n'était applicable qu'*entre Musulmans*, même sur les immeubles de statut mixte.

53. — Au principe que la loi française seule est applicable aux immeubles qui, par leur titre français, sont soumis définitivement au statut réel français, l'art. 7 ne déroge que pour *les règles de succession*, pour le fond du droit, qui touche, d'après les Musulmans, à leurs croyances religieuses; il n'y déroge pas pour les formes du partage, pour l'établissement du droit individuel des héritiers sur les immeubles de la succession. Dès lors, il faudra appliquer la règle générale : le juge français connaîtra du partage des immeubles de statut réel français définitif, même entre Musulmans; le juge musulman en connaîtra pour les immeubles de statut mixte.

54. — La compétence du juge français est d'autant plus certaine qu'un titre spécial était consacré aux partages dans le projet de loi. Le gouverneur devait être, dans tous les cas, juge de l'utilité du partage; s'il l'ordonnait, il devait y être procédé par un notaire et non par le cadi. Ce titre a été supprimé parce qu'il était contraire à l'art. 1er, déclarant la loi française, par suite l'art. 815 C. civ., applicable aux immeubles de l'Algérie.

Voici en quels termes s'exprime le rapport : « Une loi dont l'art. 1er dispose que la législation française, en matière de propriété, est désormais appliquée en Algérie, ne peut violer le principe fondamental sur lequel elle repose. »

Si l'on a supprimé ce titre, qui enlevait aux cadis les partages et licitations, ce n'est donc point pour les leur attribuer, c'est uniquement parce que, l'art. 1er soumettant les immeubles algériens à la loi française, il était inutile de formuler, pour le partage, d'autres règles que pour les autres conventions, et de déroger au principe fondamental de l'art. 815.

Il suffirait de cela pour en conclure que la loi française sera suivie pour les partages relatifs aux immeubles soumis définitivement au statut réel français, et la loi musulmane, entre Musulmans, pour ceux concernant les immeubles non encore soumis à ce statut.

55. — L'art. 7 ne fait d'exception que pour les règles de succession. Il ne faut pas confondre la succession et le partage.

La succession confère un droit à une quotité de l'hérédité. Le partage asseoit, *établit* le droit de propriété sur un objet déterminé, sur tel immeuble, sur telle valeur. La succession est la source du droit, le principe du droit collectif, indivis; le partage applique, matérialise le droit, le transforme en propriété privée, individuelle, qu'il confère au copartageant. Le partage est donc un mode d'établissement de la propriété privée, de la propriété individuelle.

L'art. 1er est ainsi conçu : « L'*établissement* de la propriété immobilière en Algérie, la conservation et la transmission contractuelle des immeubles et droits immobiliers, quels que soient les propriétaires, sont régis par la loi française. » Ces termes ne sont-ils pas aussi larges que possible? Ils embrassent les actes qui *établissent,* qui fixent le droit de propriété individuelle sur l'immeuble, ceux qui le conservent, ceux qui le transmettent, hors le testament; ils suivent l'immeuble depuis son entrée dans la propriété de l'individu jusqu'à sa sortie, depuis sa constitution, son établissement jusqu'à sa transmission. Le législateur n'a-t-il pas, à maintes reprises, dit et redit que par l'art. 1er il rendait l'art. 3 du Code civil applicable aux immeubles du Tell algérien ? Il l'a spécialement dit à propos des partages.

Il nous paraît évident que le partage, attribuant la propriété d'un immeuble déterminé au copartageant, établit son droit individuel de propriété sur cet immeuble, droit qu'il n'avait pas auparavant et qui dérive directement du partage.

Le partage ne transmet pas toujours contractuellement la propriété; il est déclaratif du droit, nous le reconnaissons, mais il le déclare, il le fixe, il l'asseoit, il l'établit. Toutes les subtilités de langage ne feront pas que le législateur n'ait employé et voulu employer, comme le sénatus-consulte, ce mot *établissement* surtout en vue du partage. N'est-ce point du partage que la loi s'occupe à l'art. 3 et au chapitre II du titre II, pour changer la propriété collective en propriété individuelle, pour transformer son état économique, pour la rendre propre au commerce, aux transactions ?

56. — Le partage se fait sous toutes les formes, comme le dit Demolombe, par vente, par échange, par cession. Il transmet, dans ce cas, l'immeuble contractuellement. La licitation au profit d'étrangers est une transmission contractuelle. Ce terme de l'art. 1er peut donc s'appliquer au partage.

Les termes de *transactions immobilières,* de *conventions,* employés par l'art. 2, s'appliquent certainement au partage, qu'il ne faut pas confondre avec le droit de succession. Le partage relatif à un immeuble ne serait pas une *transaction immobilière?* Le partage ne serait pas une *convention, in idem placitum consensus?* Le partage n'est-il pas un acte constatant l'accord des copartageants sur la distribution des biens de la succession entre eux, sur l'attribution de la propriété d'un lot à chacun, sur l'établissement du droit de propriété de chacun sur son lot? Si, à défaut d'accord amiable, les copartageants s'adressent à la justice, il y a accord judiciaire ; il y a partage amiable et partage judiciaire, comme vente amiable et vente judiciaire; dans les deux cas, il y a convention.

C'est à titre de convention que les cadis en connaissaient avant la loi de 1873.

57. — Quand il s'agit d'immeubles soumis définitivement au statut réel français, il faudrait une dérogation formelle à l'art. 1er pour attribuer aux magistrats musulmans juridiction sur eux, sur une terre française. Or, nous avons démontré que, si le titre des partages a disparu du projet de loi, c'est parce que l'art. 1er soumettait les partages à la loi française.

Quand on interprète une loi, on recherche la pensée qui l'a dictée ; on ne prête pas au législateur une idée contraire à la sienne, qui détruise son œuvre !

La loi de 1873 a été inspirée par une idée éminemment française ; si le législateur n'a pas osé déclarer que tous les im-

meubles seraient immédiatement soumis au statut réel français, il a organisé un système pour hâter le jour où le sol tout
entier serait français, et il aurait laissé les partages des immeubles devenus français aux mains des cadis musulmans,
pour démolir ce qui avait été laborieusement élevé et souvent
à si grands frais ! On le reconnaît, on proclame la loi absurde,
et l'on ne cherche pas une meilleure interprétation de la pensée évidente du législateur ! On ne vérifie pas avec soin si on
ne commet pas soi-même une erreur en prêtant sa propre idée
au législateur, qui ne l'a jamais eue ni exprimée lui-même!

La jurisprudence la plus générale, la plus constante de
la Cour d'Alger a été favorable à la juridiction française,
qu'elle a reconnue compétente pour les partages d'immeubles
définitivement français, et elle a facilement triomphé du courant contraire qui, pendant une année surtout (1875-76), a
entraîné la Chambre musulmane. Cette page d'histoire de la
jurisprudence de la Cour ne manque ni d'un certain attrait
de curiosité, ni d'un enseignement utile.

58. — Nous avons dit que les règles du droit musulman,
aux termes de l'art. 7, ne sont applicables qu'entre cohéritiers
musulmans ; la loi française sur les successions peut être
invoquée par le cohéritier français ou naturalisé.

La loi musulmane donne la préférence aux frères germains
sur les frères consanguins.

Deux frères consanguins naturalisés réclamaient devant le
tribunal de Bougie les droits que leur donnait la loi française.
Le tribunal, 23 décembre 1874 (1), décida que la loi musul-

---

(1) *(Lamri c. Lamri)*. — Le Tribunal, — Attendu qu'il est incontestable
que l'autonomie des indigènes musulmans en Algérie a toujours été
respectée, et que, depuis la conquête jusqu'à ce jour, ils n'ont cessé d'être
régis par leur loi civile et religieuse ; — Que la capitulation de 1830, l'ordonnance des 26 septembre et 22 décembre 1842, le sénatus-consulte des
14 juillet et 16 août 1865, le décret des 1er et 30 octobre 1854, celui des 13
et 31 décembre 1866, la loi des 27 juillet et 7 août 1873 consacrent et réservent le statut personnel musulman ; — Attendu que l'art. 7 de cette dernière
loi mentionne même expressément, lors de la constitution de la propriété indigène, qu'il n'est dérogé en rien au statut personnel des indigènes, ni aux
règles de leurs successions ; — Attendu que les règles d'hérédité des Musulmans, en cas de décès *ab intestat*, sont donc basées sur leur droit national et
religieux, et dès lors tiennent essentiellement à leur statut personnel ; — Attendu que les héritiers ne tiennent leur vocation à l'hérédité que de la loi
sous l'empire de laquelle s'ouvre la succession et qui seule les appelle à succéder, et n'ont d'autres droits que ceux qu'elle leur confère ; — Attendu
que la naturalisation dont se prévalent les défendeurs ne peut porter
aucune atteinte à ces droits ; — Attendu que la naturalisation est le

mane, loi du défunt, devait être appliquée. La Cour a confirmé
ce jugement par arrêt du 21 octobre 1875 (1).

---

résultat d'un contrat formé entre un individu et la nation qui l'adopte, en
considération de sa personne et de l'accomplissement de certaines conditions auxquelles il s'est personnellement soumis; — Attendu, dès lors,
que cette naturalisation est individuelle et ne produit son effet qu'à l'égard
du naturalisé et de sa famille : qu'elle ne peut donc ni annihiler ou modifier les effets de la loi musulmane, sous l'empire de laquelle s'est ouverte
la succession du *de cujus*, ni porter atteinte aux droits des héritiers restés
Musulmans à l'hérédité; — Qu'autrement il en résulterait pour ces derniers un préjudice grave et une iniquité qui porteraient atteinte à l'intérêt
privé, et qui auraient pour conséquence de jeter le désordre et la pertur-
bation dans la société musulmane tout entière; — Attendu, du reste, que
le statut personnel civil étant intimement lié, chez les Musulmans, au
statut religieux, il faudrait admettre, si le système des défendeurs était
accueilli, que ces derniers ont implicitement renoncé à leur statut religieux
par leur naturalisation, ce qui, évidemment, n'est jamais entré dans leur
intention; — Attendu que l'objection tirée de ce fait que la naturalisation,
dans l'espèce, ne porterait pas atteinte à des droits acquis, puisque les
droits ne sont ouverts qu'à la mort du *de cujus*, est plus spécieuse que
fondée; — Attendu que ce qu'on appelle droit acquis est la conséquence
d'un fait dont le principe et la cause efficiente existaient sous une loi antérieure; — Que le droit à l'hérédité des héritiers musulmans était véritablement acquis en cas de décès *ab intestat* du *de cujus*, et seulement soumis
à une condition suspensive, qui devait, tôt ou tard, se réaliser au décès de
ce dernier; — Attendu qu'autrement il en résulterait une ouverture à la
fraude, et que des indigènes feraient de la naturalisation une spéculation
pour arriver, en invoquant une loi nouvelle, à prendre, au détriment des
héritiers musulmans, une part dans des successions à laquelle ils n'ont
aucun droit, et que la loi musulmane, représentant le *de cujus* mort *intestat*,
ne leur aurait pas attribuée; — Par ces motifs : etc.

Trib. de Bougie, 23 déc. 1874. — MM. ROLLET, *prés.* ; LACROIX, *subst.* ;
LEMAIRE *et* GAILLARD, *déf.*

(1) *LA COUR,* — Attendu que nul ne peut se créer à soi-même des droits
au préjudice d'autrui; que l'indigène musulman qui sollicite et obtient la
naturalisation ne peut puiser dans le décret qui la lui accorde, et qui ne
statue que pour lui, une modification en sa faveur aux droits des indigènes non naturalisés; qu'il résulte bien de ce décret que son état et
sa capacité sont régis à l'avenir par la loi française; mais que le naturalisé
reste néanmoins, au point de vue des successions entre indigènes, dans la
situation où il était avant la naturalisation; qu'il n'a point acquis le droit
d'être traité dans ces successions plus favorablement que s'il n'était pas
devenu Français, et qu'il doit rester régi, comme les autres Musulmans,
par les règles en vigueur lors de l'occupation du pays par les Français, qui,
loin de modifier ces règles, les ont toujours maintenues, notamment par
l'article 7 de la loi du 26 juillet-9 août 1873; etc.

C. d'Alger (2ᵉ Ch.), 21 oct. 1875. — MM. PÉRINNE, *prés.*; FAU, *av. gén.*;
CHÉRONNET et ROBE, *av.*

Nous devons faire remarquer d'abord qu'il ne résulte pas des faits que la succession comprît des immeubles; les scellés avaient été apposés sur des valeurs mobilières. Le jugement dit que la loi de succession est de statut personnel. C'est là une erreur : en droit français, le droit de succession, ayant pour objet les biens, est de statut réel. Si les Musulmans étaient assimilés aux étrangers, c'est la loi du défunt qui servirait de règle à la succession mobilière en France entre étrangers, mais si l'un des héritiers était Français, il pourrait, sur les biens de France, même sur les valeurs mobilières, prélever une part égale à celle qu'il aurait obtenue dans le cas où la loi française aurait été appliquée. Or, les biens de l'indigène défunt étant en France, les frères consanguins naturalisés auraient dû prendre la part que leur donnait la loi française. Il en aurait été ainsi pour la succession d'un Espagnol, d'un Maltais, à bien plus forte raison pour celle d'un indigène sujet de la France.

Le jugement cite les diverses lois que nous avons reproduites; toutes réservent l'application du droit musulman *entre Musulmans,* aucune entre Musulmans et Français ou indigènes naturalisés. L'art. 7 de la loi du 26 juillet 1873 réserve les règles de succession des indigènes *entre eux.* L'indigène naturalisé est Français, il a droit à la loi française.

Le jugement exprime que la naturalisation ne peut changer l'ordre des successions, qu'elle pourrait donner lieu à une fraude.... Il faudrait en dire autant des naturalisations d'étrangers : l'étranger naturalisé est traité comme un Français en tout et pour tout. C'est le gouvernement qui accorde la naturalisation, il en connaît les conséquences, et ce ne sont pas des Français qui peuvent redouter que l'on invoque la loi française.

Il a paru impossible au tribunal d'appliquer deux lois à la même succession. Toute succession d'étranger donne lieu à l'application de deux lois, si la loi du domicile du défunt et celle de la situation de ses biens sont différentes. La succession d'un Français qui a des biens à l'Étranger peut être soumise à deux lois. Dans l'espèce, les deux frères consanguins auraient pris la part que leur conférait notre loi, le frère germain aurait pris le reste; quelle difficulté y avait-il?

L'arrêt, plus bref, ne s'appuie que sur un motif : il affirme (ce qui n'est pas *prouver)* qu'il résulte bien du décret de naturalisation que l'état et la capacité du naturalisé seront régis à l'avenir par la loi française, mais que le naturalisé reste néanmoins, au point de vue des successions entre indigènes, dans la situation où il était avant la naturalisation.... Nous

avouons ne pas comprendre cette seconde proposition à côté
de la première, quand il s'agit d'une naturalisation antérieure
au décès de celui dont la succession est à partager. Si elle
avait été postérieure, elle ne pouvait modifier les droits acquis.

59. — Le 6 janvier 1875 (Robe, 1875, p. 262), la Cour, sous la
présidence de M. Truaut, se déclare incompétente sur l'action
en partage d'une succession mobilière et immobilière entre
Musulmans. De l'exposé des faits, il paraît résulter qu'aucun
immeuble n'était soumis au statut réel français; par conséquent, nous approuvons complètement la décision, mais non
les motifs, qui ne font aucune distinction. Nulle part, on ne
discute la question de savoir si l'immeuble soumis au statut
réel français peut être partagé suivant une autre loi que la
loi française, même entre Musulmans. L'arrêt est fort long;
il n'y a aucun argument auquel nous n'ayons répondu dans
le commentaire de l'art. 1er et de l'art. 7.

60. — La meilleure réponse est dans le jugement si bref,
mais si substantiel, du tribunal d'Alger rendu le 8 avril 1875
sous la présidence de M. Dedreuil-Paulet, aujourd'hui président de Chambre (1). Il pose en principe que les règles relatives

---

(1) *(Mohamed ben Abderrahman c. consorts El-Mekfoudji)*. — LE TRIBUNAL,
— Attendu que, sous la réserve des dispositions contenues en son article 31, la loi du 26 juillet 1873 proclame qu'en Algérie, désormais, l'établissement de la propriété, sa conservation et la transmission contractuelle
des immeubles, quels que soient les propriétaires, sont régis par la loi
française, c'est-à-dire soumis au statut réel; — Attendu qu'à la portée de
cette disposition la loi assigne une limite; — Que, d'après une interprétation commune, les règles qui régissent les successions appartiennent au
statut réel; — Que les conséquences du principe nouveau inscrit dans l'art.
1er de la loi auraient pu faire naître des doutes et jeter le trouble sur le point
de savoir s'il n'était pas porté atteinte aux règles des successions musulmanes; — Que, pour dissiper toute incertitude à cet égard et rassurer les
indigènes, la loi nouvelle, dans son article 7, déclare qu'il n'est pas dérogé,
quant à ce, aux dispositions antérieures ; — Attendu que cette atténuation
des conséquences de sa disposition dominante, l'application des lois française à la propriété immobilière algérienne, ne peut être entendue que dans
un sens restreint; — Qu'avec les défendeurs, il n'en faut pas conclure spécialement que, pour la licitation ou le partage des immeubles provenant ou
dépendant des successions indigènes, la procédure musulmane demeure
réservée; — Qu'une telle interprétation de la loi serait manifestement
contraire à son esprit; — Que l'article 7 ne conserve aux indigènes que le
droit de faire régler encore conformément à leurs lois l'ordre de leurs

aux successions sont de statut réel; que l'art. 1ᵉʳ de la loi du 26 juillet 1873 est général, et que l'exception faite par l'article 7 est limitée aux règles de succession et ne s'étend pas aux partages. Nous ignorons si, dans l'espèce, les immeubles à partager étaient soumis à la loi française; cela est probable, vu leur situation.

61. — C'est la doctrine de ce jugement que la 1ʳᵉ Chambre de la Cour, sous la présidence de M. de Ménerville, adopte le 12 janvier 1876 (1), sur une demande en partage d'immeubles ruraux, situés près de Constantine, que la Cour a déclaré soumis au statut réel français.

C'est la même doctrine que MM. Robe et Mallarmé ont soutenue dans leurs recueils, celle qui nous a paru seule conforme à l'esprit et au texte de la loi.

62. — Cependant, une doctrine contraire s'était produite solennellement à l'audience de rentrée du 4 octobre 1875, avec la haute autorité qui s'attachait à la parole de l'éloquent avocat général qui allait, pendant le cours de l'année, siéger à la Chambre des appels musulmans à côté de M. le président Bastien; nous voulons parler de M. l'avocat général Cammartin, aujourd'hui premier président.

M. l'avocat général s'exprime ainsi, p. 30 : « Le rapport de la commission s'en référait aux dispositions de l'art. 3 du Code

---

successions; — Que cet article ne vise point la transmission des immeubles ; — Qu'il ne contient aucune dérogation expresse au principe fondamental posé en l'art. 1ᵉʳ; — Qu'en présence de ces deux derniers articles, il faut donc reconnaître et dire, dans l'espèce, que, si, d'après l'article 7, l'attribution aux parties du prix à provenir des immeubles indivis dont la licitation est demandée doit leur être faite conformément aux droits successoraux qu'elles tiennent de la loi musulmane, d'après l'article 1ᵉʳ de la loi, c'est suivant les formes de la loi française, c'est-à-dire le mode tracé par le Code de procédure civile, que doivent être poursuivis la licitation de ces immeubles et, en conséquence, la liquidation de leur prix et l'établissement des comptes de fruits; — Attendu que de ce qui précède il résulte que c'est à bon droit que Mohammed ben Abderrahman a saisi le tribunal de sa demande en licitation et en reddition de compte; — Par ces motifs : — Déclare inadmissible l'exception d'incompétence proposée par les parties de Mᵉ Baudrand; — Se déclare compétent; etc.

Trib. d'Alger (1ʳᵉ Ch.), 8 avril 1875. — MM. DEDREUIL-PAULET, *prés.;* N..., *subst.;* BLASSELLE, DAZINIÈRE et JOBERT, *av.*

(1) Nous avons rapporté cet arrêt, chap. 3, nᵒ 20.

civil et soumettait ainsi, sans restriction, à notre droit la propriété immobilière. Le texte de la loi de 1873 est cependant moins absolu, et ses termes formels me paraissent donner la solution d'une question délicate que le rapport a provoquée (1) : Faut-il appliquer nos lois de procédure aux partages et aux licitations des immeubles compris dans les successions musulmanes ?

« L'art. 7 de la nouvelle loi, en déclarant qu' « il n'est pas dérogé au statut personnel et aux règles des successions des indigènes entre eux, » *ne suffirait pas à écarter toute difficulté,* car il serait possible de le restreindre à l'attribution des droits héréditaires. »

Ainsi (cela est précieux), M. l'avocat général reconnaît que l'art. 7 ne contient pas pour les partages d'exception au droit commun, au droit français, qui régit seul les immeubles soumis au statut réel français.

Il poursuit : « Mais les art. 1er et 2, plus formels, me paraissent dissiper les doutes qui se sont élevés. Il y est dit expressément que les transmissions *contractuelles* sont régies par la loi française ; que cette loi est applicable aux *transactions* immobilières à partir de dates diverses déterminées par les *conventions...* C'est donc aux transmissions *contractuelles,* aux *conventions* dont les immeubles sont l'objet que doit s'appliquer notre loi. Peut-on comprendre dans ces expressions restrictives, qu'on ne saurait attribuer à une inadvertance, les partages et les licitations ? J'hésite à le croire ; on ne trouve, il est vrai, dans le rapport aucune trace de la volonté qui a dicté cette rédaction, mais elle semble peu douteuse. »

La volonté contraire à la pensée prêtée au texte de la loi est formellement exprimée dans les procès-verbaux de la commission, dans le rapport, dans le discours de M. Humbert. M. l'avocat général néglige le mot *établissement* de la propriété, de l'art. 1er. Le partage est un mode d'établissement de la propriété individuelle sur un immeuble déterminé, entre les ayants droit à la propriété collective d'une succession ; quand il prend la forme de la vente, de l'échange, il est un mode de transmission contractuelle de la propriété ; il est toujours une transaction, une convention immobilière, quand il concerne des immeubles.

M. l'avocat général ajoute : « Soumettre les successions im-

---

(1) Le rapport est très explicite, et l'art. 3 du Code civil est appliqué sous la seule restriction des règles de succession et du testament *entre Musulmans.*

mobilières des Musulmans aux formalités de notre procédure eût été leur imposer des charges dont le poids, en certains cas, nous paraît exagéré, que l'éloignement et le nombre des héritiers aurait encore accrues, et qui, le plus souvent, auraient dépassé la valeur des successions. »

Cest là une considération législative de la plus grande vérité, et elle motive avec juste raison la réforme qui a été apportée à la loi de 1873 ; en écartant le titre des partages du projet du gouvernement, en s'en référant aux règles du droit français rendu applicable aux immeubles algériens par l'art. 1er, cette loi aurait dû apporter des tempéraments déjà réclamés en France pour la procédure des partages.

M. l'avocat général termine ainsi : « Mais, il ne faut pas se le dissimuler, en laissant à la procédure musulmane le monopole des partages et licitations, on ne peut plus espérer le bénéfice de la loi nouvelle. Son but essentiel est la délivrance de titres français, qui seuls peuvent donner à la propriété et à sa transmission une sécurité indispensable. Or, si les partages et les licitations des cadis sont appelés à se substituer aux titres français, il arrivera nécessairement, dans un temps prochain, que la propriété immobilière des indigènes se trouvera de nouveau établie sur des actes dont l'insuffisance n'est plus à constater. Les titres français ne seront plus dès lors que des documents historiques rappelant les efforts et les sacrifices qu'aura coûtés leur délivrance, et qu'on pourra, sans inconvénient, renfermer dans la tombe de ceux qui les auront obtenus. »

Est-il possible de faire une critique plus énergique, plus éloquente de la loi, interprétée dans ce sens que les partages des immeubles, soumis par tant d'efforts, par tant de sacrifices à la loi française, seraient confiés aux cadis !.... Et cette intention est prêtée à un législateur qui a voulu atteindre un seul but, la délivrance de titres français, à un législateur qui n'a cessé de répéter qu'il entendait soumettre la terre algérienne au statut réel français, qui s'est indigné à la pensée que l'art. 3 ne fût pas encore applicable à une terre française !

Que veulent dire ces mots : *terre soumise à la loi française*, sinon que les lois françaises, toutes sans exception, la régiront seules, quels qu'en soient les propriétaires? Eh bien ! voilà des immeubles soumis aux lois françaises, et on les partagera selon le *droit musulman !*... Qui l'autorise? Où est le texte qui déroge au droit français? L'art. 7 ? M. l'avocat général reconnaît qu'il ne s'applique pas au partage. En est-il un autre ? Non; donc l'immeuble français doit être partagé selon le droit français, et non selon le droit musulman.

Cela suffit même à ceux qui croient que le partage des immeubles d'une succession n'est pas une convention, une transaction immobilière, un mode d'établissement de la propriété individuelle.

N'oublions pas une observation capitale : M. l'avocat général ne distingue pas entre les immeubles soumis à la loi française et ceux qui n'y sont pas soumis. Pour ceux-ci, les plus nombreux en 1873, il a absolument raison ; pour les immeubles soumis à la loi française, c'est la loi française qui seule peut les régir. Il ne faut jamais oublier cette distinction des immeubles algériens en statut français, et statut mixte transitoire.

63. — Cette doctrine a eu le plus grand retentissement dans la Chambre des appels musulmans de l'année judiciaire 1875-76, où se sont accusées des tendances musulmanes très marquées.

Aïchouna, après avoir été baptisée, avait épousé un Italien, avant la mort de sa mère. Elle demandait le partage de la succession de celle-ci ; ses cohéritiers soutenaient que, n'étant plus Musulmane, elle ne pouvait hériter. Le cadi se déclara incompétent par jugement du 1er mars 1866, l'une des parties n'étant pas Musulmane ; la Cour, Chambre musulmane, par arrêt du 5 avril 1876 (1), décida que la juridiction musulmane

---

(1) *(Aïchouna, femme Perini, c. ses frères et sœurs).* — La Cour, — Considérant que par son mariage l'appelante a perdu sa nationalité d'indigène musulmane algérienne pour acquérir la nationalité italienne, qu'elle a conservée jusqu'à ce jour ; — Considérant que, selon les articles 33 de l'ordonnance du 26 septembre 1842 et 1er du décret du 31 décembre 1866, les tribunaux musulmans ne doivent pas connaître des litiges dans lesquels un Européen est intéressé ; — Mais que cette règle générale trouve une exception dans l'article 40 du décret du 31 décembre 1866, qui attribue compétence aux cadis pour la liquidation et le partage des successions musulmanes ; — Considérant que la loi a désigné ainsi la succession d'un Musulman ; que le caractère d'une succession se détermine d'après le statut personnel du défunt ; que là seulement se trouve l'unité de statut nécessaire aux opérations, quand les héritiers ont des statuts personnels différents ; — Considérant que la succession, tant qu'elle n'est pas partagée, conserve le domicile civil du défunt et dépend de la juridiction à laquelle il était lui-même soumis ; que, par conséquent, elle doit se régler d'après la législation qui régissait la personne du *de cujus* ; — Que ces principes, incontestables dans leur généralité, ont toujours été appliqués dans la législation algérienne ; que l'article 47 du décret du 30 octobre 1854, aujourd'hui abrogé, avait été jusqu'à subordonner la liquidation des successions musulmanes au rite auquel appartenait le défunt ; — Considérant que le changement de nationalité restreint ses effets à la personne qui en est l'objet,

était compétente ; elle évoqua le fond, et n'en fit pas moins gagner son procès à Aïchouna, en appliquant, sinon le droit musulman, ni le droit français, du moins le droit naturel, identique au droit français.

---

laquelle ne peut l'opposer aux tiers ; — Que l'appelante n'aurait pu s'en prévaloir contre les intimés pour dessaisir les tribunaux musulmans, juges naturels de ceux-ci ; — Qu'il en doit d'autant plus être ainsi qu'un changement de juridiction entraînerait un changement de législation et modifierait ainsi les parts héréditaires ; — Qu'en effet, il résulte de l'article 37 de l'ordonnance du 26 septembre 1842 que les tribunaux français ne peuvent appliquer la législation musulmane entre Européens et indigènes qu'en matière de contrat, selon les agissements et l'intention présumée des parties ; — Que ces éléments de décision font absolument défaut en matière de succession, ce qui a rendu nécessaire une compétence spéciale établie d'une manière fixe, en dehors du statut personnel des héritiers ; — Considérant que, si l'appelante ne pouvait se prévaloir de son changement de nationalité pour enlever la liquidation de la succession de sa mère aux tribunaux musulmans, il en résulte que ceux-ci sont compétents d'une manière absolue dans la cause, la compétence pour les opérations de la succession existant par elle-même, et ne pouvant varier selon que l'action en partage est intentée par l'un ou par l'autre des héritiers ; — Considérant que la compétence des cadis en matière de succession musulmane n'est pas restreinte par l'article 41, non abrogé, du décret du 31 décembre 1859 au cas où tous les héritiers sont musulmans ; — Que cet article décide seulement que les contestations incidentes aux liquidations de succession seront jugées d'après les formes ordinaires ; — Que le mot *tribunaux* qui se trouve dans cet article n'implique pas une idée de dessaisissement des cadis, dans le cas particulier, et non prévu par le texte, de la présence d'héritiers européens à une succession musulmane ; — Que, même quand tous les héritiers sont musulmans, les magistrats français deviennent compétents, soit en appel, soit quand toutes les parties les ont saisis par une déclaration d'attribution de compétence ; — Que c'est seulement à cette compétence ordinaire des tribunaux français en matière musulmane que se réfère l'article 41, en ce qui concerne les successions ; — Considérant que l'article 40 du décret du 31 décembre 1866 attribue compétence aux cadis, non seulement pour la liquidation, mais aussi pour le partage des successions musulmanes ; — Que le texte n'a pas distingué entre les partages amiables et les partages judiciaires ; — Que les cadis sont dès lors compétents pour trancher eux-mêmes les difficultés qui surgissent au cours des opérations, et qui retardent le partage définitif ; leurs décision n'étant, dans ce cas, qu'une des opérations de liquidation et partage qui leur sont confiées ; — Que, dans la cause, on ne saurait exiger que le cadi, chargé par la loi de la liquidation d'une succession musulmane, fût, à raison de la qualité d'un des héritiers, obligé de surseoir et de renvoyer devant les tribunaux civils de 1re instance, dont il ne relève lui-même en aucune façon, l'examen des incidents de la succession ; — Considérant que le règlement des successions des indigènes tient de près à leur statut personnel et à leur nationalité ; — Qu'en cette matière, le législateur français a eu à cœur de

La succession s'était ouverte avant la loi de 1873 ; mais, avant comme après cette loi, le cadi n'était compétent qu'*entre Musulmans*. Les termes de toutes les ordonnances, de tous les décrets sont aussi formels que possible.

Pour éviter ces textes, la Cour pose en principe que la succession se règle non d'après la loi des héritiers, mais d'après la loi du défunt. De grands jurisconsultes allemands ont soutenu cette théorie. M. Laurent la trouve juste en principe, mais il reconnaît qu'elle n'a pas été adoptée par les lois positives, notamment par la loi française, pour les immeubles ; elle est adoptée pour la succession mobilière d'un étranger, si les héritiers sont étrangers.

L'arrêt reproduit cet argument d'un précédent arrêt, que la naturalisation ne peut modifier le droit de succession. Elle le peut pour l'avenir.

---

maintenir intacte la compétence des cadis ; — Qu'ainsi, dans la loi du 26 juillet 1873, destinée cependant à soumettre successivement aux lois françaises les immeubles des indigènes, l'article 7 consacre la compétence des cadis en matière de succession ; — Qu'ainsi c'est à tort que le cadi d'Alger s'est déclaré incompétent ; — Au fond : — Considérant que la cause est en état, sinon pour la liquidation des droits des parties, du moins pour la reconnaissance de ces droits ; — Qu'on ne saurait opposer à l'appelante sa nationalité italienne, qui ne la rend pas inhabile à succéder en France ; — Qu'on ne saurait davantage lui objecter la profession qu'elle a faite de la foi catholique ; — Considérant que, si certains docteurs ont enseigné que l'abandon de la religion mahométane devait exclure des successions musulmanes, cette doctrine n'a pu être acceptée qu'à des époques et dans des contrées où tous les citoyens professaient la même religion, et quand il n'existait pas de droit public en dehors de cette religion même ; — Qu'actuellement, les habitants de l'Algérie se répartissent entre diverses religions ; — Que le droit constitutionnel français est établi sur des bases purement civiles et qu'il garantit à chacun la liberté de conscience et l'égalité légale des cultes ; que toute infraction à ces principes doit être prévenue comme contraire à l'ordre public ; et que la perte des droits héréditaires serait une entreprise contre la liberté des croyances ; — Qu'aucune déchéance, aucune incapacité, ne peut donc plus résulter aujourd'hui de l'abandon, ni de la profession d'un culte ; — Que, si l'appelante n'a plus ni la nationalité, ni la religion qu'avait sa mère, elle n'en est pas moins rattachée à la succession musulmane de celle-ci par une vocation personnelle et par un lien de droit naturel ; — Qu'en droit musulman comme en droit français, la vocation héréditaire procède des liens du sang, et qu'ainsi, l'appelante doit prendre dans la succession de sa mère la part que lui attribue sa naissance ; — Par ces motifs : — Infirme ; — Émendant, dit qu'en l'état la juridiction musulmane est compétente : — Évoquant, dit que l'appelante a conservé dans la succession de sa mère les droits qu'elle tient de sa naissance, etc.

C. d'Alger (Ch. musulm.), 5 avril 1876. — MM. BASTIEN, *prés.;* CAMMARTIN, *av. gén.;* N..., *av.*

Il s'appuie enfin sur l'art. 40 du décret du 31 décembre 1859 et du décret du 13 décembre 1866. Il est certain que les cadis peuvent procéder aux partages *entre Musulmans*, mais non entre Musulmans et non Musulmans.

Il cherche enfin à répondre à l'objection qui résulte nécessairement de l'art. 41. Ses efforts paraissent stériles à M. Robe, qui critique cette décision (1876, p. 66).

La longue dissertation de l'arrêt nous parait un peu oiseuse, car il n'y a qu'une question : le cadi ne peut juger qu'*entre Musulmans*; une Musulmane qui a abjuré, qui est devenue Italienne, est-elle Musulmane ? Le cadi a dit non; la Chambre des appels musulmans a dit : elle doit être traitée comme Musulmane. Quant à nous, nous répéterons : la juridiction française est seule compétente, quand la loi française n'a pas déféré positivement la cause à la juridiction musulmane; celle-ci est surtout incompétente pour juger une ancienne Musulmane, qui non seulement a abjuré, mais est devenue Italienne.

64. — La même Chambre a jugé dans le sens musulman notre seconde question, et décidé que le partage entre Musulmans portant sur des immeubles soumis au statut réel français doit avoir lieu devant la juridiction musulmane. L'arrêt est à la date du 28 juin 1876 (1).

(1) (*Ali c. Mimi et autres*). — La Cour, — Sur la compétence : — Considérant que l'article 40 du décret du 31 décembre 1866 attribue compétence aux cadis pour la liquidation et le partage des successions musulmanes ; — Qu'il ne distingue pas entre les partages amiables et les partages judiciaires ; — Que, d'après ce texte, le juge musulman se voit attribuer non seulement le partage lui-même, mais aussi les opérations destinées à le préparer ; — Que dans ce nombre se place naturellement la licitation ; — Qu'il faut donc rechercher si le texte formel spécial du décret de 1866 a été abrogé par quelque disposition postérieure ; — Qu'on reconnaît qu'il n'y a pas eu d'abrogation expresse ; — Qu'il reste à examiner si une abrogation implicite peut résulter de la loi du 26 juillet 1873; — Considérant que, d'après son art. 1er, cette loi régit l'établissement, la conservation et la transmission contractuelle des immeubles en Algérie ; — Que le mot *établissement* ne vise que la constitution première de la propriété, sa création, les modes primitifs d'acquisition, tels que l'accession en droit français, la vivification ou mise en valeur d'une terre inculte en droit musulman ; — Que les successions ne sont pas un établissement de la propriété, mais la transmission d'une propriété précédemment constituée sur la tête du *de cujus ;* — Que l'art. 1er de la loi du 26 juillet, loin de viser les successions, les exclut en ne retenant que les transmissions contractuelles ; — Que la pensée du législateur s'affirme de nouveau dans l'art. 2, qui parle de transactions, c'est-à-dire de conventions immobilières ; —Considérant que, la loi du 26 juillet ne s'appliquant pas aux successions en général, il faut cependant se demander si, dans une succes-

Il s'appuie d'abord sur l'article 40 du décret du 13 décembre 1866, qui ne résout nullement la question. Les cadis peuvent procéder à la liquidation des successions et au partage, même depuis la loi de 1873, si les immeubles ne sont pas soumis au statut réel français.

sion, la licitation serait un acte d'une nature particulière qui pût être considéré comme une transmission contractuelle régie par la loi nouvelle ; — Considérant que, si la licitation réunit les formes extérieures d'un contrat, et si elle peut produire les effets d'une vente, elle doit être envisagée dans son but et dans son essence ; — Que, née d'une succession, et, dans cette succession, des difficultés du partage en nature, elle n'a d'autre but que d'aplanir ces difficultés et de réaliser le partage, dont elle n'est qu'un mode particulier. « Elle ne fait, dit Lebrun, avec le partage qu'une même affaire » et qu'un même contrat, et les cohéritiers, en licitant, n'ont l'intention » que de partager. » — Que l'art. 822 du Code civil place sur la même ligne les licitations et les partages, les attribuant sans distinction au tribunal du lieu de l'ouverture de la succession comme les deux faces d'une même opération ; — Qu'il en est ainsi, à plus forte raison, en droit musulman, où la licitation n'a pas même obtenu de nom particulier et ne se distingue pas du partage ordinaire : « On vend, dit Sidi-Khalil (p. 467, t. 4), » les objets qui ne sont pas susceptibles de se partager en lots. » — Considérant que la licitation ne peut produire les effets d'une vente que par l'événement de l'adjudication, quand celle-ci est réalisée au profit d'un étranger à la succession ; — Qu'une situation tout opposée se produit quand c'est l'un des cohéritiers qui devient adjudicataire ; — Qu'en droit musulman et en droit français, l'acquisition par un cohéritier est déclarative, non attributive de propriété (C. civ., art. 883 ; loi de 1855 sur la transcription, art. 1er, § 4) ; — Qu'on ne peut régler la compétence, qui doit s'affirmer au début de l'action, par l'événement incertain de l'adjudication qui doit la clore ; — Que le caractère de partage de la licitation est certain et permanent, tandis que les effets de vente qu'elle peut produire ne sont qu'accidentels : qu'ils ne peuvent même apparaître qu'après coup, quand la licitation terminée n'existe plus comme procédure ; — Qu'alors, la succession liquidée et n'ayant plus d'existence propre, l'adjudicataire étranger pourra, aux termes de la loi du 26 juillet 1873, invoquer devant le tribunal civil français les effets contractuels que doit produire pour lui son acquisition et y porter, s'il y a lieu, sa demande en garantie ; — Mais que cette compétence nouvelle ne saurait être admise avant l'adjudication, quand chacun ignore encore quel sera l'adjudicataire, et, par suite, s'il y aura vente ou non ; — Qu'il ne faut donc pas voir dans la licitation une transmission contractuelle, mais seulement une opération de succession, susceptible, une fois terminée, de produire des effets contractuels ; — Qu'elle est, par conséquent, régie par la loi générale des successions ; — Considérant qu'on objecte en vain que l'adjudication par saisie immobilière aura toujours lieu devant le tribunal civil, et que, par analogie, il en doit être de même de l'adjudication sur licitation ; — Que les distinctions profondes à faire entre les deux cas justifient, au contraire, la différence de compétence ; — Que, née d'un contrat dont elle a pour but d'assurer l'exécution, l'adjudication sur saisie a toujours le caractère d'une vente, d'une transmission

Le mot *établissement*, de l'art. 1er de la loi de 1873, ne vise que l'accession, la vivification d'une terre inculte, affirme l'arrêt. Où trouve-t-on cette définition restrictive? Dans le rapport de M. Warnier, dans le discours de M. Humbert? Ils disent, au contraire, que l'art. 3 du Code civil régira les immeubles du Tell algérien de la manière la plus absolue. Le sénatus-consulte applique au partage ce mot d'*établissement*.

contractuelle, ce qui la différencie complètement de l'adjudication sur licitation ; — Qu'en outre, l'adjudication sur saisie a seule l'effet de purger les hypothèques inscrites (art. 717 C. de proc. civ.), et qu'ainsi elle ne pouvait être portée que devant le tribunal où l'art. 692 du Code de procédure civile a organisé les mesures nécessaires pour sauvegarder les droits des créanciers ; — Considérant que, loin de changer la compétence en matière de successions musulmanes, la loi de 1873 a expressément maintenu dans son art. 7 toutes les règles relatives aux successions ; — Que le texte emploie une expression générale, loin de se restreindre aux seules règles de dévolution ; — Qu'en effet, le mode de partage touche d'aussi près que le partage lui-même aux mœurs, aux habitudes des indigènes ; — Que l'art. 7 nous révèle la pensée du législateur en rapprochant les règles des successions de celles du statut personnel ; — Que tout, dans les successions, se rattache à la famille, au statut personnel, et comporte, par conséquent, des ménagements particuliers ; — Qu'en organisant la propriété en Algérie, la loi a partagé la compétence immobilière en deux branches : d'une part, les contrats, actes toujours volontaires, attribués aux tribunaux français ; de l'autre, les successions, événements nécessaires et intimes de la famille indigène, réservées aux juges musulmans ; — Considérant qu'il en devrait être ainsi en ce qui concerne plus spécialement la liquidation des successions, puisqu'en droit musulman comme en droit français, la succession continue, par une fiction légale, la personne civile du défunt, et doit, par conséquent, rester soumise au droit naturel de celui-ci ; que dans l'*aceb* arabe, on reconnaît facilement l'agnat du droit romain ; — Que la personne du défunt était régie par une législation unique, la loi musulmane; que la succession qui représente le *de cujus* ne peut être scindée pour voir appliquer une législation aux meubles et une autre aux immeubles ; — Que l'indivisibilité des successions est nécessaire surtout pour assurer entre les héritiers une exacte répartition ; — Que la législation française n'admet pas d'exception à ce principe, notamment en matière de licitation ; — Que les art. 954 et 970 du Code de procédure ne permettent de liciter devant le tribunal de la situation de l'immeuble que par commission rogatoire du tribunal de l'ouverture de la succession ; — Que cette commission rogatoire maintient l'unité des opérations successorales et de leur procédure ; — Considérant qu'on ne saurait accepter une commission rogatoire donnée par un tribunal musulman à un tribunal français pour procéder à une licitation ; — Qu'une commission rogatoire ne peut relier que deux tribunaux de la même famille, régis par la même législation et pouvant se rencontrer au sommet de la hiérarchie judiciaire, devant la Cour suprême ; — Qu'on n'admettrait pas que des commissions rogatoires pussent être échangées entre des tribunaux civils et des tribunaux criminels ; — Qu'une ju-

Confondant la succession avec le partage, l'arrêt dit que les mots *transmission contractuelle, transactions, conventions* ne s'appliquent pas aux successions, ce qui est exact; mais les derniers conviennent aux partages, et le premier à certains partages, sous forme de cession, de vente, d'échange, et à la licitation tranchée au profit d'étrangers ; le partage et la licitation au profit des copartageants sont sûrement un mode d'établissement de la propriété sur un immeuble déterminé. L'article 1er comprendrait même les successions, s'il n'y avait une exception dans l'article 7.

---

ridiction n'en peut déléguer une autre que dans le cercle de sa propre compétence ; — Que, si un tribunal musulman était incompétent pour procéder à une licitation, il le serait par là même pour déléguer le tribunal civil ; — Qu'ainsi on arrive à dire, dans le système ici combattu, que le tribunal musulman *(tribunal d'Alger)*, saisi de la liquidation d'une succession, devra, en face d'une licitation, se borner à surseoir et renvoyer les parties à se pourvoir, pour revenir terminer le partage devant lui, après la licitation opérée; — Qu'au lieu de respecter l'indivisibilité de la succession, on la fractionne donc, d'abord, en succession mobilière, laissée entièrement au cadi, et en succession immobilière ; — Que cette dernière se subdiviserait elle-même en immeubles immédiatement partageables devant le cadi, et en immeubles impartageables qui rendraient nécessaire une instance devant le tribunal civil ; — Considérant que la loi du 26 juillet 1873 a si peu voulu toucher aux successions et aux licitations, que son article 2 ne parle que de conventions et fixe le point de départ de l'application de la loi pour chaque nature de conventions; que le même article aurait également fixé une date d'application pour les autres actes d'une nature différente, si la loi avait dû s'y appliquer; — Considérant que les licitations ne rentrent évidemment pas dans la catégorie établie par le paragraphe 3 de l'article 2 ; — Qu'ainsi, la loi, si elle leur était applicable, le serait à partir du jour de sa promulgation, faute d'un autre point de départ ; — Qu'on arriverait ainsi à cette contradiction choquante de voir dès à présent les licitations des successions musulmanes confiées dans toute l'Algérie aux tribunaux civils français, tandis que les conventions n'entraîneront la même compétence que lentement et successivement, à mesure que le gouverneur général l'aura jugé nécessaire, selon l'état de chaque région, et conformément à l'article 8 de la loi de 1873 ; — Considérant qu'on objecte que cette loi a pour but, et doit avoir pour effet, d'établir la certitude de la propriété en Algérie, notamment par la transcription ; — Qu'en admettant cette proposition incontestable, il suffit de remarquer que les adjudications sur licitation faites devant le cadi à d'autres qu'à des cohéritiers devront être transcrites, tout comme celles qui s'opèrent à la barre des tribunaux civils ; — Que si les actes des adjudications devant les cadis peuvent être rédigés, ainsi qu'on l'a remarqué, avec moins de clarté qu'un cahier des charges devant le tribunal civil, le législateur de 1873 ne s'est pas arrêté, pour ordonner la transcription, à des inégalités de rédaction des actes à transcrire ; — Que l'article 2 de la loi de 1873 renvoie à la loi du 23 mars 1855, qui impose la transcription à tous actes sous seing privé

L'article 7 emploierait, selon l'arrêt, une expression générale qui pourrait s'étendre aux partages ; il semble impossible de séparer les règles du partage de celles des successions. Cela est si peu impossible que la loi a paru défectueuse à ceux qui l'ont ainsi interprétée, et que le décret du 10 septembre 1886 et la nouvelle loi du 15 avril 1887 enlèvent au cadi la compétence que lui laissait la loi de 1873 quand l'immeuble n'était pas soumis au statut réel français.

---

translatifs de propriété ; — Qu'il ne faudra donc pas s'étonner de voir transcrire des actes publics et authentiques de cadi, quand on voit la transcription s'appliquer aux actes sous seing privé arabes les plus informes ; — Considérant que l'application de la procédure française de licitation aux immeubles arabes entraînerait à bref délai la ruine des familles indigènes ; — Que la propriété arabe, d'une valeur infiniment moindre que les immeubles des Européens en Algérie, ne peut supporter les mêmes frais sans en être écrasée ; — Qu'il est même inexact de dire que les frais seraient égaux entre les uns et les autres ; — Que, chez les Européens, le nombre des copropriétaires est toujours très restreint ; — Que les indigènes, avec leurs habitudes séculaires d'indivision de la propriété, laissent passer plusieurs générations sans liquider les successions ouvertes ; — Que tel immeuble à liciter, d'origine patrimoniale, appartient souvent à une multitude de copropriétaires ; — Que l'obligation de les appeler tous en cause élèverait les frais dans une proportion absorbante ; — Qu'en présence d'un tel résultat, aussi opposé à une bonne politique qu'à l'équité, on comprend mieux encore que le législateur de 1873 ait dû s'abstenir de toucher aux successions musulmanes ; — Considérant que, si la liquidation de ces successions demeure au magistrat musulman, la succession reste soumise à sa compétence dans son ensemble et avec tous ses éléments ; — Qu'il n'y a pas lieu de rechercher l'origine des immeubles qui la composent ; — Que les immeubles des Musulmans soumis à la loi de 1873 ressortiront aux tribunaux français quand il s'agira de conventions, et aux tribunaux musulmans quand il s'agira d'une succession musulmane ; — Qu'ainsi, dans la cause, la maison située impasse de la Lyre et provenant d'un acquêt indivis fait, suivant acte notarié, par le *de cujus*, est soumise à une double indivision ; — Qu'on y rencontre d'abord l'indivision de communistes entre les copropriétaires acquéreurs, qui ne peut cesser que par une licitation devant le tribunal civil, laquelle mettrait fin à toute indivision quelconque ; — Qu'on distingue ensuite l'indivision entre les héritiers de Mahmoud, laquelle ne comprend que la part qu'avait Mahmoud dans cet immeuble ; — Que la licitation qui n'a pour but que de faire cesser cette seconde indivision, partielle et restreinte, n'est qu'une opération de succession, de la compétence des tribunaux musulmans ; — Que c'est cette sorte de licitation qui a été poursuivie devant le cadi ; — Que la maison dont il s'agit peut donc être l'objet de deux licitations ayant un but différent, l'une devant le cadi, et l'autre devant le tribunal ; — Qu'entre ces deux actions, également recevables, la priorité appartient à celle qui a été intentée la première ; — Qu'il résulte des conclusions prises devant le cadi qu'au moment de sa comparution, Ali n'avait pas encore intenté son action devant le

La loi de 1873, d'après l'arrêt, aurait déféré les contrats aux tribunaux français, les successions aux juges musulmans. La loi a laissé au juge musulman les conventions, aussi bien que les successions entre Musulmans, quand elles ont pour objet un immeuble non soumis au statut réel français ; et elle lui a laissé les successions, même quand elles ont pour objet l'immeuble français, mais non les conventions (et le partage

---

tribunal civil, laquelle a été formalisée le même jour, mais après le jugement du cadi et pour lui faire échec ; — Considérant qu'il reste à examiner si les principes de la compétence qui viennent d'être affirmés doivent fléchir à raison des droits de Giraud, créancier d'Ali, qui s'est pourvu, autant qu'il était en lui, dans l'état de la législation algérienne, quand il a saisi le tribunal civil, incidemment à l'appel soumis à la Cour ; — Qu'au surplus Ali, partie en cause, invoque les droits de Giraud ; — Considérant que le créancier d'un héritier musulman ne peut ni intervenir dans la succession, ni provoquer la licitation des immeubles qui en dépendent ; — Que les articles 882, 1166 et 2205 du Code civil ne trouvent pas leur similaire en droit musulman (Sautayra, t. II, p. 204), qui repousse toute ingérence d'un étranger dans la famille indigène ; — Que la fiction légale par laquelle les articles 1166 et 2205 substituent le créancier à son débiteur ne peut se suppléer ; — Qu'elle est repoussée par le caractère exclusif et jaloux de la législation islamique, qui permet, même au parent éloigné d'un vendeur, d'évincer par le remboursement de la chefâa l'acquéreur d'un immeuble qui a payé son prix ; — Considérant que le créancier n'est que l'ayant cause de son débiteur ; — Qu'un héritier ne peut priver ses cohéritiers de la compétence musulmane ; — Qu'il ne peut le faire non plus indirectement en contractant des dettes et en faisant agir son créancier ; — Que Giraud ne peut se soustraire à cette situation en invoquant un droit hypothécaire ; — Qu'il n'a pas d'hypothèque sur les biens de la succession, mais seulement l'éventualité d'une hypothèque sur les immeubles qui seront, par un partage ultérieur, attribués à son débiteur, en nature ou en prix (Demolombe, successions, t. 5, p. 327 et autorités citées) ; — Que, du reste, le créancier hypothécaire n'est lui-même que l'ayant cause du débiteur, chaque fois qu'il n'a aucun intérêt distinct de celui de ce dernier, comme lorsqu'il s'agit d'une nullité d'hypothèque ou de priorité de rang (Voir notamment Cass., Sirey, 69, 1456) ; — Considérant que, si Giraud avait même le droit personnel qu'il prétend sans le posséder, il ne pourrait en faire éprouver les conséquences qu'à son débiteur lui-même, et non aux cohéritiers de celui-ci, avec lesquels il n'a point contracté ; — Que la situation de ces derniers serait cependant affectée, si l'intervention de Giraud, à eux étranger, pouvait exercer la moindre influence sur le mode de règlement de la succession à laquelle ils sont appelés ; — Considérant, du reste, que la licitation devant le cadi laisse subsister les droits du créancier ; — Qu'il pourra les exercer sur la part du prix que la licitation attribuera à son débiteur ; — Que, si l'immeuble dont le prix servira à faire la part d'Ali est adjugé à un étranger à la succession, Giraud pourra même en vertu de son hypothèque, alors certaine et fixée, soit exercer un droit de priorité sur le prix de l'immeuble attribué à son débiteur, soit, s'il juge ce

est une convention), mais non l'établissement du droit de propriété sur cet immeuble par le partage, en vertu du droit de succession, que ce partage résulte d'un accord amiable ou

---

prix insuffisant, faire mettre cet immeuble aux enchères devant le tribunal civil, comme il l'aurait pu faire après une vente ordinaire (art. 2185 C. c.) (Demolombe, successions, t. 5, p. 327, et arrêts cités); — Mais qu'il ne pourra agir que sur l'immeuble attribué spécialement à son débiteur, et quand la succession musulmane sera liquidée et terminée, au lieu d'agir sur l'ensemble des immeubles de cette succession, appartenant encore à la masse des héritiers; — Qu'en outre, en exerçant le droit de mise aux enchères de l'art. 2185, le créancier garantit à tous les intéressés le 1/10e en sus du prix et les charges, tandis qu'en faisant liciter devant le tribunal civil les immeubles de la succession, il ferait, sans aucun risque personnel, supporter les frais de la procédure à la succession, par conséquent à tous les héritiers qui ne sont pas débiteurs ; — Au fond : — Considérant que le jugement dont est appel n'ordonne pas la mise en vente de la part indivise d'un cohéritier, mais la licitation de la totalité des parts d'immeubles appartenant au défunt et constituant par conséquent son patrimoine immobilier; — Qu'il ne s'agit, dans l'espèce, que de liquider la succession de Mahmoud; — Que, s'il était possible de liquider préalablement la part du *de cujus* dans des successions antérieures elles-mêmes non liquidées et dans une communauté, cette opération préliminaire n'était pas obligatoire;— Qu'on peut aussi, comme l'a fait le cadi, arriver à la liquidation de la succession de Mahmoud en licitant sa part dans les immeubles indivis ; — Que l'adjudicataire de la part immobilière de Mahmoud aura pris la place du *de cujus*; — Que la licitation opérée aura, tout en laissant subsister l'indivision antérieure au décès de Mahmoud, fait disparaître la seconde indivision dérivant de ce décès et existant entre les héritiers de Mahmoud ; — Que les choses seront ainsi remises au même état que du vivant de Mahmoud; — Qu'en droit musulman, comme en droit français (art. 888 du C. civ.), tout acte qui fait cesser l'indivision entre cohéritiers est un mode de partage ; — Considérant que le partage et l'attribution de parts d'immeubles sont admis et même prescrits par la jurisprudence musulmane;— Que Sidi Khalil s'exprime ainsi (T. 4, p. 481) : « Une maison appartient à » deux copropriétaires : l'un d'eux meurt et laisse des héritiers. Toujours » alors, *et même contre le gré des héritiers*, la moitié de la maison est don- » née en partage au copropriétaire survivant, et l'autre moitié aux héri- » tiers qui, ensuite se la partagent s'ils le veulent. » — Qu'ainsi on admet une opération de partage qui ne détruise pas toute indivision ; — Considérant que les parts d'immeubles peuvent être vendues avantageusement; — Que les Musulmans, accoutumés à l'indivision, ne sont pas écartés par elle ; — Que, disposant de capitaux restreints, ils préfèrent souvent des parts d'immeubles à des immeubles entiers; — Par ces motifs : — Sur la compétence et sur le fond : — Confirme le jugement, charge le cadi maléki d'Alger de son exécution; — Condamne Ali à payer à ses cohéritiers le coût de la grosse du présent arrêt, qui sera prélevé sur sa part héréditaire, etc.

C. d'Alger (Ch. musulm.), 28 juin 1876. — MM. Bastien, *prés. rap.*, Cammartin, *av. gén.* (concl. conf.), Chéronnet et Mallarmé, *av.*

d'une décision judiciaire, d'une convention entre parties ou d'une convention par jugement.

Devons-nous encore suivre l'argumentation si touffue de l'arrêt ?

Le rédacteur ne peut comprendre que les règles de la succession soient soumises à un juge, celles du partage à un autre. La réforme proposée alors, réalisée aujourd'hui, fait précisément cette division des attributions.

Une commission rogatoire ne peut être adressée du tribunal français au tribunal musulman... Mais les tribunaux étrangers s'adressent des commissions rogatoires.

L'argument si subtil fondé sur le point de départ de l'application de la loi française aux conventions et aux licitations qui ne seraient pas des conventions pèche par sa base : le partage en nature ou par licitation est une convention. Ensuite, il s'agit uniquement de partage pour les biens déjà soumis à la loi française ; il n'y a plus à fixer le point de départ du statut réel français.

Répondant à une objection, l'arrêt dit que l'acte devant cadi devra être transcrit, s'il porte sur un immeuble soumis à la loi française. Un acte de vente devant cadi pourrait être aussi transcrit, cependant la loi l'interdit, comme elle interdit le partage, quand il s'agit d'immeubles français; elle se défie, non sans raison, de leur rédaction, comme l'a dit M. l'avocat général dans son discours de rentrée.

Le dernier motif, et le seul exact à nos yeux, mais à un point de vue législatif, s'appuie sur les frais du partage entre des cohéritiers si nombreux. Aussi la réforme sur ce point vient d'être accomplie.

A la fin de l'arrêt, une autre question est examinée : au procès se trouvait un Français, créancier hypothécaire d'un cohéritier. La Chambre musulmane se déclare compétente à son égard, parce que tout créancier n'est que l'ayant-cause de son débiteur. Cela n'est pas exact pour le créancier hypothécaire. Mais la question est de savoir si un cadi, juge entre Musulmans, peut juger un Français. Toutes les lois algériennes sont si absolues à cet égard qu'aucune exception ne nous paraît possible, sauf le cas de fraude. La juridiction française applique le droit musulman entre Musulmans et Européens, même entre Musulmans. Pourquoi abandonnerait-on à un cadi la cause d'un Européen ? Le procès sera-t-il moins bien jugé par nos tribunaux que par un cadi !....

65. — Du temps des Turcs, le *Beit-el-Mal* administrait les biens et les revenus de la communauté musulmane (Beit-el-

Mal-el-Musuline, Chambre des biens des Musulmans). Cette administration se composait de quatre divisions, dont l'une s'occupait des biens sans maître connu, des successions vacantes, des biens des absents.

Le Beit-el-Mal était représenté par un oukil, appelé Beit-el-Maldji, qui avait le quatrième rang parmi les hauts fonctionnaires. Après la conquête, cette administration spéciale avait été conservée.

La loi du 16 juin 1851, art. 4, porte : « Le domaine de l'État se compose : 1° des biens qui, en France, sont dévolus à l'État, soit par les art. 33, 359, 541, 742, 743 du Code civil, et par la législation sur les épaves, soit par suite de déshérence, en vertu de l'art. 768 du Code civil en ce qui concerne les Français et les étrangers, et en vertu du droit musulman en ce qui concerne les indigènes. »

On a soutenu que cet article ne conférait au Domaine que les successions en déshérence, et non les successions vacantes, pour lesquelles le Beit-el-Mal était conservé. On en concluait que, l'oukil du Beit-el-Mal étant un indigène, le cadi était compétent pour connaître du partage des successions où il était partie, tandis que, dans le sens contraire, on soutenait que le Beit-el-Mal était représenté par le Domaine, par l'État français, et que le cadi, ne pouvant juger qu'entre Musulmans, était incompétent toutes les fois que le Beit-el-Mal était dans l'instance.

De part et d'autre on invoquait l'art. 40, § 2 et l'art. 41 des décrets du 31 décembre 1859 et du 13 décembre 1866 : — art. 40, portant que les cadis procèdent, « 2° sous la surveillance de l'administration des domaines, à la liquidation et au partage des successions musulmanes auxquelles sont intéressés le Beit-el-Mal et les absents ; » — art. 41 : « En cas de contestation, il est statué par les cadis et les tribunaux conformément aux règles de compétence et de procédure fixées par le présent décret. »

Fallait-il en conclure que le Beit-el-Mal avait survécu à la loi de 1851, comme administration musulmane, que les cadis avaient reçu une compétence spéciale ? Ou que le cadi procédait à la liquidation des droits selon les règles de la succession musulmane, et que les contestations étaient portées, suivant les divers cas, devant le cadi ou devant les tribunaux français ?

MM. Cherbonneau et Sautayra rapportent que, si l'administration des domaines consentait à la liquidation et au partage par le cadi, on respectait la procédure. C'est dans ce sens qu'à été rendu un arrêt du 30 avril 1878 (Ch. musulm.), sous la présidence de M. Carrère (1). Mais, si elle était contestée par le Domaine, la Cour déclarait le cadi incompétent, parce qu'il n'a de juridiction qu'entre Musulmans. C'est ce qu'ont décidé, notamment, l'arrèt du 10 février 1868 *(Ahmed ben Essid c. Ben Ahmoud)* (2), deux arrêts cités par Cherbonneau et Sautayra, *Successions,* t. II, n° 683 et suiv., un arrêt du 24 novembre 1875, sous la présidence de M. de Ménerville *(préfet de Constantine c. Ben Zekri)* (3). Le pourvoi

---

(1) *(Khelil ben Turki c. Beit-el-Mal).* — La Cour, — Attendu qu'il y a lieu pour la Cour d'examiner sa propre compétence ; — Attendu, à cet égard, que, se basant sur ce que les instances qui le concernent sont toutes des questions de succession, le Beit-el-Mal a toujours adopté la juridiction musulmane pour le jugement de ses affaires ; — Que ses agents sont eux-mêmes des Musulmans, incapables de plaider devant une juridiction à procédure moins primitive ; — Que la jurisprudence constante de la Cour a toujours admis cette compétence, bien que le Beit-el-Mal soit aujourd'hui devenu une administration française ; — Qu'il y a donc lieu, dans ces circonstances, pour la Cour, de se conformer à des traditions auxquelles il n'a jamais été dérogé jusqu'à ce jour, et auxquelles a si amplement participé le Beit-el-Mal lui-même ; — Que la Cour doit donc maintenir sa compétence et celle des juridictions musulmanes du premier degré, etc.

C. d'Alger (Ch. musulm.), 30 avril 1878. — M. Carrère, *prés.*

(2) *Journ.* de Robe, 1869, p. 40.

(3) *(Préfet de Constantine c. Ben Zekri).* — La Cour : Attendu que le préfet de Constantine a revendiqué au nom de l'État, à l'encontre des consorts Ben Zekri, six immeubles situés dans la ville ou dans la banlieue de Constantine ; — Qu'il a fondé son action en revendication sur ce que ces immeubles ont été constituées habbous au profit, en dernier lieu, de la Mecque et Médine ; que tous les dévolutaires sont décédés et, par suite, que le domaine de l'État, substitué depuis 1830 aux deux villes saintes, en était devenu le propriétaire ; — Attendu que le Tribunal de Constantine, saisi de la contestation, a, par jugement du 13 octobre 1873, repoussé la demande du préfet par deux moyens tirés : le premier, de ce que cette demande avait été déjà portée devant le cadi de Constantine, que ce magistrat l'avait déclarée mal fondée par jugement du 1er août 1869, et que ce jugement avait acquis l'autorité de la chose jugée ; le second, de ce que la législation algérienne avait annulé les constitutions de habbous, que l'État avait renoncé aux droits qu'il pouvait tenir de la loi musulmane ; — Attendu que le préfet de Constantine a interjeté appel de ce jugement ; que par ses conclusions principales et additionnelles il a demandé à la Cour d'infirmer la décision des premiers juges et de déclarer l'État propriétaire des immeubles en litige ; — Sur l'exception de chose jugée : — Attendu qu'aux termes des décrets du 31 décembre 1859 et 23 décembre 1866 sur la justice musulmane, les cadis ne peuvent connaître que des contestations entre Musulmans ; — Que le domaine de l'État est soumis à la juridiction française ; — Que, dès lors, le cadi de Constantine

contre cet arrêt a été rejeté par la Cour de cassation, le 9 juillet 1878 (1).

était sans qualité pour statuer sur une demande le concernant, et par suite que le jugement du 1er août 1869 ne peut pas être opposé à l'État et n'a pas acquis contre lui l'autorité de la chose jugée ; — Sur l'exception tirée des dispositions de la loi algérienne : — Attendu que l'ordonnance du 1er octobre 1844, la loi du 16 juin 1851 et le décret du 31 octobre 1858 se sont bornés à accorder aux dévolutaires des biens habbous la faculté de les aliéner ; — Que ces actes législatifs ont donc maintenu en principe les constitutions de habbous et conservé aux biens grevés leur caractère propre et la dévolution spéciale imposée par le constituant ; — Attendu que, dans l'espèce, il n'est pas établi, ni même allégué que les biens dont s'agit aient été aliénés par un des dévolutaires qui se sont succédés et qu'ils aient perdu, à une époque quelconque, leur caractère habbous ; — Qu'il suit de là que l'exception relevée par le tribunal de Constantine ne saurait être admise ; — Au fond : — Attendu que le Sid Abdallah ben Zekri a constitué habbous les biens en litige, en 1876, en faveur d'abord de ses sept enfants, puis des enfants de sa descendance mâle, en troisième lieu des enfants de ses filles mariées à un de ses parents paternels, et, à défaut d'ayant droit, au profit de la Mecque et Médine ; — Attendu que les enfants du constituant sont décédés ; que la femme Fathoum, fille d'un fils devenu dévolutaire du habbous, est également décédée ; — Que le préfet de Constantine a alors demandé l'attribution à l'État des biens dont s'agit, mais qu'il est constaté par le jugement du cadi du 1er août 1869 qu'il existe un autre dévolutaire ; qu'il résulte en fait des déclarations reçues par ce magistrat et consignées dans son jugement qu'une des filles du constituant, nommée Fatma, a été mariée à Si Saad, son cousin parternel, et que de ce mariage est issue la femme Khedjidja, aujourd'hui vivante ; que Khedjidja remplit ainsi les conditions déterminées par l'acte constitutif, et qu'à défaut d'enfants, et d'enfants de la descendance mâle, elle a seule qualité pour être mise en possession du habbous ; — Par ces motifs : — Sans s'arrêter aux exceptions admises par le jugement dont est appel, — Confirme ledit jugement dans sont dispositif ; — Déclare le préfet de Constantine mal fondé dans sa demande, l'en déboute, etc.

C. d'Alger (1re Ch.), 24 nov. 1875. — MM. de Ménerville, *prem. prés.*; Valette, *av. gén.*; Genella et Chabert-Moreau, *av.*

(1) La Cour, — Sur le moyen pris de la violation des art. 1350 et 1351 du Code civil : — Attendu que, sur l'action intentée par Si Hamana devant le cadi de Constantine et tendant à la revendication du habous constitué, en 1875, par Abdallah ben Zekri, l'oukil Beit-el-Mal, étant intervenu, a réclamé les biens litigieux pour les villes de la Mecque et Médine, aujourd'hui représentées par l'État, et que le cadi, statuant sur cette intervention par jugement du 1er mars 1869, a décidé que le habous, objet de la contestation, ne pourra être dévolu aux villes saintes qu'autant qu'il n'existera plus d'enfants de la parenté masculine du fondateur ; — Attendu qu'en Algérie comme en France, il n'appartient qu'au préfet, dans chaque département, d'intenter et de soutenir, au nom de l'État, les actions domaniales ; que l'oukil Beit-

Sous la présidence de M. Bastien, par arrêt de la Chambre musulmane du 11 novembre 1878 (1), cette jurisprudence de la Cour d'Alger et de la Cour suprème a été, elle aussi, modifiée dans le sens musulman. La doctrine, représentée par MM. Sautayra, Robe, Mallarmé, a combattu cet arrèt.

---

el-Mal n'a nulle qualité ni pour les exercer, ni pour y défendre, et que le cadi, qui n'a mission d'administrer la justice qu'entre Musulmans, est sans pouvoir pour connaitre des contestations qui intéressent le Domaine ; — D'où il suit que l'État n'a pas été légalement représenté dans la demande formée par l'oukil Beit-el-Mal devant le cadi, et que, dès lors, en déniant à la sentence du 1er mars 1869, sur ce point, l'autorité de la chose jugée, l'arrêt attaqué, loin de violer les art. 1350 et 1351 du Code civil, n'a fait à la cause qu'une juste application des principes de la matière; etc.

C. de cass. (Ch. req.), 9 juillet 1878. — MM. BÉDARRIDES, *prés.;* ROBINET DE CLÉRY, *av. gén.*

(1) (*Préfet d'Alger c. Mimi bent Ali)* — LA COUR, — Attendu que, pour décliner la compétence de la chambre musulmane, M. le préfet s'appuie, premièrement : sur trois arrêts de la Cour, en date des 10 février 1868, 25 mai 1873 et 7 octobre 1873 ; deuxièmement, sur l'art. 4 du 16 juin 1851 ; — Attendu que de la loi des trois arrêts produits et même du procès actuel, il résulte que le service du Beit-el-Mal saisit constamment les cadis de ses procès comme seuls juges compétents et décline constamment la compétence de la juridiction supérieure chargée d'infirmer ou de confirmer les jugements des cadis ; — Attendu qu'un semblable système est absolument inadmissible ; que précisément à raison de ce système, inauguré par le service du Beit-el-Mal, la Cour est revenue à la jurisprudence qu'elle avait toujours suivie jusqu'à l'arrêt du 10 février 1868 ; que par arrêt du 30 avril 1878 elle a de nouveau affirmé sa compétence et que cette dernière jurisprudence doit seule être suivie ; — Attendu, en effet, qu'il ne s'agit point ici de la loi de 1851 et de la compétence générale des tribunaux de droit commun pour les procès du domaine de l'État, mais qu'il s'agit exclusivement du décret du 31 décembre 1859 et de la compétence spéciale attribuée par ce décret aux cadis et aux Chambres musulmanes des tribunaux et de la Cour dans les procès particuliers au Beit-el-Mal ; — Attendu que ce décret du 13 décembre 1866 est le décret même qui a organisé la justice musulmane en Algérie ; que sa légalité n'a jamais été contestée par personne et que M. le préfet ne la conteste pas ; — Attendu que ce décret dispose aux termes formels de l'art. 40 : « Les cadis procèdent : deuxièmement, sous la surveillance de l'administration des Domaines, à la liquidation et au partage des successions musulmanes, auxquelles sont intéressés le Beit-el-Mal et les absents ; » — Art. 41 : « En cas de contestation, il est statué par les cadis et les tribunaux, conformément aux règles de compétence et de procédure fixées par le présent décret; » — Attendu que l'art. 40 § 2 a été textuellement reproduit par le décret du 13 décembre 1866, et que la question se réduit à savoir si l'art. 41 a été abrogé par ledit décret ; — Attendu que le rapport annexé au décret de 1866 explique comment ce décret laisse subsister, dans la plupart de ses dispositions, le décret du

66. — Ces divers arrêts de la Chambre musulmane, présidée par M. Bastien, n'ont pas été suivis, et nous entrons dans une nouvelle période, pendant laquelle la Cour a maintenu sa première jurisprudence inaugurée sous M. de Ménerville, et déclaré la juridiction musulmane incompétente : 1° toutes les fois qu'il y avait un Musulman dans l'instance en partage ; 2° quand le Domaine, représentant le Beit-el-Mal, était dans l'instance ; 3° quand le partage comprenait des immeubles soumis au statut réel français.

67. — Le premier arrêt que nous trouvons dans les recueils a été rendu par la 2e Chambre le 1er mai 1879 (1).

---

31 décembre 1859 et se borne à modifier un certain nombre d'articles ; — Attendu que spécialement l'art. 1er de ce décret est ainsi conçu : — « Les art. 1, 2, 4, 7, 8, 9, 10, 11, 12, 15, 16, 19, 22, 23, 24, 25, 28, 29, 30, 31, 32, 33, 34, 35, 37, 38, 39, 40 du décret de 1859 sont abrogés et remplacés par les dispositions suivantes : » — Attendu, dès lors, que le décret de 1866, en abrogeant les articles ci-dessus énumérés, a maintenu au contraire les art. 3, 6, 13, 14, 17, 20, 21, 26, 27, 36 et toute la série du numéro 41 au numéro 61 ; — Attendu que la traduction arabe du décret ne laisse aucun doute à cet égard et que les magistrats indigènes ne s'y sont jamais trompés ; — Attendu qu'il n'est d'ailleurs ni justifié, ni même allégué que lesdits art. 40 et 41 des décrets de 1859 et 1866 aient jamais été abrogés par aucune loi postérieure ; — Attendu dès lors que la Chambre musulmane s'est, à bon droit, déclarée compétente par son arrêt du 30 avril 1878 et que M. le préfet demande en vain à la Cour de revenir sur cette jurisprudence ; etc.

C. d'Alger (Ch. musulm.), 11 nov. 1878. — MM. BASTIEN, *prés. ;* CUNIAC, *subst. du proc. gén. ;* BALLESTEROS, GABAU et JOUYNE, *av.*

(1) *(Aribaud c. héritiers Mohamed ben Yacoub).* — LA COUR, — Attendu, en ce qui touche l'exception d'incompétence soulevée d'office par le ministère public, que les dispositions législatives qui réservent aux juridictions musulmanes la connaissance des contestations entre Musulmans ou exigent que ces contestations soient portées devant des juridictions organisées d'une manière spéciale lorsque les parties veulent les soumettre à la justice française, ne pouvaient et ne peuvent mettre obstacle à la recevabilité des conclusions prises par Aribaud et toutes les autres parties en cause, relativement au partage de la succession immobilière de Mohamed ben Yacoub ; — Qu'ayant en vue les litiges qui s'élèvent entre Musulmans et ne se référant en rien à ceux dans lesquels sont intéressés des Musulmans et des Français ou des résidents européens, elles sont sans application dans la cause ; — Attendu qu'aux tribunaux français seuls il appartient de connaître des contestations entre Musulmans et Français ou résidents européens ; — Que la compétence des tribunaux français à cet égard a été formellement proclamée par l'ordonnance du 26 septembre 1842, qui déclare, dans son art. 33, que les tribunaux français connaissent entre toutes per-

Il décide, malgré la chose une première fois jugée, malgré les conclusions de M. l'avocat général Cammartin demandant à la Cour de se déclarer d'office incompétente, malgré un arrêt

---

sonnes de toutes les affaires civiles à *l'exception de celles dans lesquelles des Musulmans sont seuls parties*, et ajoute, dans son art. 43, que les cadis *connaissent des contestations entre Musulmans seulement;* — Que ce principe, qui s'imposait au législateur sous peine de déserter la défense des intérêts qu'il avait mission de protéger, n'a subi aucune atteinte des décrets des 31 décembre 1859, 13 décembre 1866, 8 janvier 1870, 29 août et 10 octobre 1874, qui ont successivement réglementé l'organisation, les attributions des juridictions musulmanes et les appels de leurs sentences ; — Que, s'inspirant de la pensée que, s'il était possible de laisser aux Musulmans leurs usages et leurs juges, il serait téméraire, à la suite de la conquête, au milieu des passions qu'elle a suscitées, d'abandonner aux juridictions musulmanes l'examen et la décision des questions litigieuses dans lesquelles se trouve engagé l'intérêt d'un Français ou d'un résident européen, chacun de ces décrets a maintenu leur compétence dans les limites restreintes que lui avait assignées l'ordonnance du 26 septembre 1842 ; — Que le décret du 13 décembre 1866 et ceux des 29 août et 10 octobre 1874, s'occupant spécialement des actions en partage et liquidation concernant les successions des Musulmans, en ont, à la vérité, attribué la connaissance aux cadis ; — Mais que ces décrets supposent uniquement le cas où les demandeurs et les défendeurs sont musulmans et laissent entièrement en dehors de leurs dispositions l'hypothèse où le demandeur ou l'un des demandeurs est français ou résidant européen ; — Qu'il est donc constant que les juridictions musulmanes ne peuvent jamais, à quelque titre que ce soit, être appelées à statuer sur une affaire dans laquelle un Français ou un résident européen joue le rôle de partie, cette affaire eût-elle pour objet le partage d'une succession musulmane ; — Attendu que les art. 1166 et 2205 du Code civil confèrent à tout créancier le droit de provoquer le partage des biens indivis entre son débiteur et d'autres ; — Que la législation algérienne n'apporte aucune modification à l'exercice de ce droit pour le cas où le créancier est français ou européen et où, le débiteur étant musulman, les biens indivis entre d'autres Musulmans et lui proviennent de la succession d'un Musulman ; — Que, dans ce cas, les juridictions musulmanes ne pouvant connaître de l'affaire puisqu'un Français ou un Européen y figure comme partie, la demande en partage doit nécessairement être portée devant les tribunaux français, auxquels l'art. 33 de l'ordonnance du 26 septembre 1842 attribue compétence pour tous les litiges entre Français ou Européens d'une part et Musulmans d'autre part ; — Que l'on objecterait vainement que le créancier, exerçant alors les droits de son débiteur, n'est pas partie dans l'instance, que le débat reste engagé entre le débiteur et les cohéritiers de celui-ci, et que dès lors il est de la compétence exclusive des juridictions musulmanes ; — Que la personnalité du créancier qui exerce les droits de son débiteur ne s'absorbe pas dans celle du débiteur, comme la personnalité du mandataire s'absorbe et disparaît dans celle du mandant ; — Qu'à la différence du mandataire, c'est en réalité lui qui agit, son droit étant limité par celui de son débiteur ; — Que cela est tellement

contraire rendu sous la présidence de M. Truaut (1), que le juge musulman est absolument incompétent si dans l'instance en partage se trouve un Européen, créancier de l'un des copartageants. La réfutation des arrêts Bastien est aussi complète que possible et faite dans le meilleur langage juridique ; nous n'avons qu'à y renvoyer le lecteur. On y rappelle l'ordonnance du 26 septembre 1842, qui déclare que les tribunaux français connaissent entre toutes personnes de toutes les affaires civiles *à l'exception de celles dans lesquelles des Musulmans sont seuls parties,* et que les cadis connaissent *des contestations entre Musulmans seulement.* Ce principe était imposé au législateur sous peine de déserter la défense des intérêts qu'il avait mission de protéger... Il eût été téméraire, à la suite de la conquête, au milieu des passions qu'elle avait susci-

---

vrai que, s'il frappe de saisie-arrêt entre les mains du débiteur de son débiteur les sommes dues à celui-ci, c'est en son nom qu'il obtient condamnation, c'est à lui que le saisi doit payer ; que, s'il produit dans un ordre ou une contribution au nom de son débiteur, il se fait attribuer personnellement, par voie de sous-ordre ou de sous-collocation jusqu'à concurrence de sa créance, la collocation faite au profit de celui dont il a fait valoir les droits ; — Que cela est tellement vrai encore que, s'il relève appel d'un jugement rendu contre son débiteur, il peut faire réformer ce jugement, qui conservera cependant l'autorité de la chose jugée à l'égard du débiteur qui n'en aura pas interjeté appel ; que, s'il se pourvoit en cassation contre une décision judiciaire défavorable à son débiteur, il peut faire anéantir cette décision, faire prononcer par la juridiction de renvoi une décision contraire, celle qu'il aura fait mettre à néant conservant l'autorité de la chose jugée à l'égard de son débiteur qui ne se sera pas pourvu ; — Qu'il faut donc reconnaître que le créancier qui agit dans les termes de l'art. 1166 du Code civil est véritablement partie en cause, que le débat s'élève non-seulement avec son débiteur mais encore avec lui-même ; — Attendu qu'il ressort des considérations qui précèdent qu'Aribaud étant de nationalité française, les tribunaux français sont seuls compétents pour connaître de la demande qu'il a intentée comme exerçant les droits de Mazouz ben Mohamed ben Yacoub et de Brahim ben Moktar, ses débiteurs, tous deux Musulmans, contre les cohéritiers de ceux-ci, également Musulmans, pour obtenir le partage et la liquidation de la succession immobilière de Mohamed ben Yacoub, Musulman lui-même ; — Qu'il n'y a donc pas lieu d'infirmer le jugement dont est appel comme ayant été rendu contrairement aux règles de la compétence et de dire que la connaissance de l'affaire appartenait à la juridiction musulmane ; etc.

C. d'Alger (2e ch.), *1er mai 1879.* — MM. Truaut, *prés. ;* Cammartin, *av. gén. ;* Huré, Chéronnet et Dazinière, *av.*

(1) Arrêt du 6 janvier 1875 indiqué ci-dessus, n° 59. Il est impossible de ne pas remarquer la différence de rédaction entre les deux arrêts.

tées, d'abandonner aux juridictions musulmanes l'examen et la décision des questions litigieuses dans lesquelles se trouve engagé l'intérêt d'un Français ou d'un résident européen...

Sous la présidence de M. Bazot, la 1re Chambre a jugé dans le même sens, par arrêt du 16 juin 1879 (1), en faveur d'un Européen cessionnaire de droits successoraux.

68. — Le 29 décembre 1879, la Chambre musulmane a suivi la jurisprudence de l'arrêt Bastien relative au Beit-el-Mal (2).

Mais la 1re Chambre, sous la présidence de M. Périnne, par arrêt du 12 mai 1880 (3), a détruit cette jurisprudence et décidé

---

(1) (*Consorts Ben Ahmed et Cadi c. Greck et autres*). — La Cour, — Attendu qu'il importe de remarquer que le sieur Charles Greck agit dans l'instance, non seulement comme mandataire, mais encore en son nom personnel et en se qualifiant de cessionnaire; — Qu'il a ainsi introduit dans un litige qui, à l'origine, ne s'élevait qu'entre indigènes, un élément nouveau et une personnalité que sa qualité d'Européen fait nécessairement échapper à la juridiction musulmane; — Que, soit qu'on considère comme les premiers juges que Greck est cessionnaire de droits successoraux, soit même qu'il faille ne lui reconnaître qu'une créance ayant pour objet le quart de la succession, il n'en résulte pas moins que le sieur Greck poursuit en son nom personnel l'exercice d'un droit sur lequel ne peuvent statuer compétemment que les tribunaux français; — Que, pour la solution de la question de compétence, il suffit, sans autrement préciser, de constater au procès la présence d'un Européen agissant pour la consécration d'un droit qui lui est propre; — Par ces motifs et ceux des premiers juges, qui sont adoptés en tout ce qu'ils n'ont pas de contraire au présent : — Rejette l'appel, confirme le jugement déféré, lequel sera exécuté dans sa forme et teneur; etc.

C. d'Alger (1re Ch.), 16 juin 1879. — MM. Bazot, *prem. prés.;* de Vaulx, *subst. du proc. gén.;* Dazinière et Chéronnet, *av.*

(2) *Bull. jud.*, 1880, p. 382 (MM. Truaut, *prés.;* Cammartin, *av. gén.*).

(3) (*Consorts ben Saad c. préfet de Constantine*). — La Cour, — Attendu que, la loi de 1851 parlant de *déshérence en vertu du droit musulman*, les dispositions du droit français sont sans application dans la cause, et qu'il n'est pas établi que, dans la loi musulmane, il y eût, avant 1830, des successions vacantes et des successions en déshérence; — Qu'au contraire le droit de l'État sur les biens restés sans maître connu à la mort du propriétaire s'appliquait sans qu'on fît une distinction de cette nature; qu'on lit en effet dans une note attachée à la traduction de Sidi Khalil, vol. V, p. 557 : — « La 4e chambre est celle où sont en dépôt les objets trouvés, les *biens restés sans maître connu à la mort du propriétaire*, ou à sa disparition, ou par toute autre circonstance, etc. Ce sont les biens analogues

que la juridiction française est seule compétente pour connaître des partages auxquels le Domaine, représentant le Beit-el-Mal, est partie.

Le pourvoi contre cet arrêt a été rejeté le 26 avril 1883 (*Revue algérienne*, 1885, 2, 373).

---

acquis par l'État, en Europe, par droit de *déshérence*, d'aubaine, d'épave, etc. » ; — Attendu que la législation spéciale à l'Algérie n'a ni modifié ni pu modifier cet état de choses ; qu'elle aurait bien pu créer un droit nouveau, mais que ce n'eût pas été le droit musulman, auquel renvoie l'article 4 de la loi du 16 juin 1851 ; qu'on pourrait donc se dispenser d'examiner cette législation, mais qu'il est utile cependant de le faire pour constater quelles étaient, en 1851, les attributions du Beit-el-Mal, quant aux successions, afin de faciliter l'interprétation des dispositions des décrets de 1854, 1859 et 1866, qui sont invoquées par le jugement attaqué ; — Attendu que l'ordonnance du 26 décembre 1842 avait, par son article 47, maintenu les règles particulières d'après lesquelles étaient gérées les successions musulmanes, lorsque, le 21 octobre 1849, le gouvernement général de l'Algérie, tentant de faire cesser les graves abus qui s'étaient glissés dans l'administration du Beit-el-Mal, publia, sous forme d'instruction, les règles qui déterminaient les obligations et les attributions de cette administration ; — Attendu que les trois premiers paragraphes de l'article 1er de cette instruction, qui sont relatifs aux successions, imposent au Beit-el-Mal l'obligation : « § 1er, de recueillir et liquider les successions en déshérence et les successions vacantes ; — § 2e, de prendre possession provisoire de toute succession pour laquelle il ne se présente pas d'héritiers universels (aceb), mais seulement des héritiers à portion légale qui n'en absorbent point la totalité, de la liquider et de *recueillir les parts non dévolues à ces héritiers ;* — § 3e, de recueillir et administrer les successions dans l'intérêt des tiers indigènes qui sont absents, lorsqu'ils n'ont pas laissé dans le pays de représentants chargés de leur procuration » ; — Attendu que ces trois paragraphes sont complétés par les dispositions suivantes de l'art. 4 : « Aussitôt après l'ouverture d'une succession sur laquelle l'*État*, le Beit-el-Mal ou un absent a des droits, l'oukil Beit-el-Mal en prend possession à titre provisoire » ; — Attendu qu'il est facile de voir, à la simple lecture de ces textes, que les trois premiers paragraphes de l'article 1er sont corrélatifs aux trois expressions distinctes qu'emploie l'article 4, en parlant des trois sortes de personnes qui peuvent avoir des droits sur trois ordres de successions, personnes qui sont l'*État*, le *Beit-el-Mal, un absent ;* — Que, de même que le troisième paragraphe se rapporte aux droits de l'absent, et le 2e, au droit que peut avoir le Beit-el-Mal, en tant qu'administration indigène, de prendre une part dans certaines successions, de même aussi, le premier est évidemment relatif aux droits de l'État sur les biens restés sans maître connu à la mort du propriétaire ; — Que cela ne peut être douteux en présence de ces expressions de l'art. 4 : « Aussitôt après l'ouverture d'une succession sur laquelle l'État a des droits », lesquels démontrent que le droit de l'État s'exerce dès l'ouverture de la succession, sans qu'il y ait une période de vacance et nécessité d'envoi ultérieur en possession ; — Attendu que si l'oukil Beit-el-Mal ne prend, dans tous les cas, possession

Même décision de la Chambre musulmane, le 30 mai 1881 *(Ali ben Erraïs c. Beit-el-Mal),* sur une demande d'envoi en possession contre l'agent du Beit-el-Mal : « Attendu que cet agent n'a pu être appelé que comme agent de l'administration

---

qu'à titre provisoire, c'est que, même lorsqu'il agit, dans le cas du paragraphe premier, pour le compte de l'État, des héritiers peuvent survenir et réclamer la totalité ou une partie de la succession ; — Attendu que, du moment que les Musulmans ne distinguaient pas, dans la succession d'une personne dont les biens restent sans maître connu à sa mort, une période de vacance et une période de déshérence, le rédacteur de l'instruction du 21 octobre 1849 ne pouvait rendre clairement sa pensée qu'en employant, comme il l'a fait, dans le § 1er de l'article 1er, la double expression de successions vacantes et successions en déshérence ; qu'il ne faudrait pas tirer des termes de ce paragraphe la conséquence qu'il a voulu innover ; que cela serait contraire à l'intention manifestée dans le préambule de l'instruction, où il est dit *qu'il s'agit de rappeler aux anciens usages, parce que, dans la pratique, on s'en est fréquemment écarté ;* — Attendu qu'il suit de là qu'avant la loi de 1851 le Beit-el-Mal était chargé, quant aux successions, de veiller aux intérêts : 1º de l'État ; 2º du Beit-el-Mal lui-même, en tant qu'administration indigène ; 3º des absents ; que c'était dans l'intérêt de l'État qu'il prenait possession des biens restés sans maître connu à la mort du propriétaire ; — Attendu que, si, dans les décrets postérieurs à la loi de 1851, il n'est plus fait mention des successions sur lesquelles l'État a des droits, mais seulement de celles auxquelles sont intéressés le Beit-el-Mal ou des absents, c'est donc que la loi de 1851 a réduit les attributions du Beit-el-Mal, quant aux successions, en lui enle-vant l'administration de celles des indigènes qui sont décédés sans laisser à leurs biens de maître connu, successions qu'elle comprend toutes sous le nom de succession en déshérence ; — Que, si le Beit-el-Mal administre encore aujourd'hui des successions de cette nature, ce ne peut être que comme agent de l'administration des domaines de l'État, sous la surveillance de laquelle il n'a cessé d'être placé ; — Et qu'on ne peut tirer argument en sens contraire de ce que les décrets de 1854, 1859 et 1866 parlent du Beit-el-Mal et lui donnent même le titre d'administration ; que cela n'a en effet rien que de très normal, si l'on ne perd pas de vue que le Beit-el-Mal n'a plus que des pouvoirs restreints avec lesquels se concilient parfaitement les énonciations de ces décrets ; — Attendu qu'on objecte en vain qu'avec le système des appelants, on arriverait fatalement à décider que l'État est justiciable des cadis ; — Qu'alors même qu'on voudrait maintenir à l'expression Beit-el-Mal le sens étendu qu'elle n'a plus, il n'en pourrait être ainsi, puisque, dans le cas où, devant le cadi chargé de la liquidation comme notaire, un litige se produit et appelle une solution judiciaire, l'art. 41 du décret du 31 décembre 1859, qui règle ce cas, prescrit aux cadis et aux tribunaux de statuer conformément aux règles de compétence établies par ledit décret et qu'au nombre de ces règles figure celle qui n'attribue compétence aux cadis *qu'entre indigènes musulmans ;* — Attendu qu'il n'est pas plus exact de prétendre qu'en ne distinguant pas entre les successions en déshérence et les successions vacantes,

des domaines de l'État; et que le cadi, n'ayant compétence qu'entre indigènes musulmans et ne pouvant statuer sur une contestation intéressant l'État, aurait dû se déclarer incompétent. » L'arrêt annule la décision du cadi.

Ces principes ont été encore consacrés par les arrêts du 11 février 1885 et 25 avril 1887 (*Revue algérienne*, 1885, 2, 112; 1887, 2, 313). Dans une note à remplir sous le premier arrêt, M. Cuniac appuie cette jurisprudence.

69. — Par arrêt du 10 novembre 1884 (*Revue algérienne*, 1885, 2, 73), la Cour s'est déclarée incompétente pour le partage d'une succession musulmane dans laquelle un Européen avait été nommé administrateur des valeurs immobilières, à la requête d'un créancier européen.

70. — Par arrêt du 7 décembre 1885 (*Revue algérienne*, 1886, 2, 69), sous la présidence de M. Puech, la 1re Chambre a déclaré la juridiction française compétente sur la demande en partage entre Musulmans de deux maisons situées à Cherchell, et qui étaient soumises au statut réel français, quoique la succession mobilière eût été partagée devant la juridiction musulmane.

Le contraire venait d'être jugé, le 10 novembre précédent, par la Chambre musulmane (1).

---

on fait l'État héritier malgré lui, en violation de l'art. 753 du Code civil, portant que nul n'est tenu d'accepter une succession qui lui est échue; qu'en effet, d'une part, les dispositions du Code civil, — il faut le répéter, — ne sont pas applicables en cette matière spéciale; que, d'un autre côté, les appelants ne s'adressent à l'État que parce qu'ils soutiennent qu'il est en possession d'une succession qui leur est dévolue; — Attendu que le Beit-el-Mal, en tant qu'administration indigène, n'avait donc aucune qualité pour recueillir et administrer la succession de la dame Hadja Aïcha bent Guerbaz; que, s'il l'a fait — ce qui n'est pas méconnu, — il ne l'a fait et n'a pu le faire que comme agent de l'administration des Domaines; que, dès lors, l'action des consorts ben Saad a été légalement introduite contre M. le préfet du département de Constantine, et que c'est à tort que les premiers juges ont déclaré leur demande non recevable, et les en a déboutés; — Attendu que la solution donnée à cette première question nécessite l'examen des autres exceptions soulevées par l'intimé; etc.

C. d'Alger (1re ch.) 12 mai 1880. — MM. Périnne, *ff. prés.*; Cuniac, *subst. du proc. gén.*; Robe et Garau, *av.*

(1) *(Lekal ben Medjdoub c. Zora bent Medjdoub).* — La Cour, — Sur la compétence; — Attendu que, si, aux termes de l'article 2 de la loi du 26 juillet 1873, et conformément d'ailleurs à une jurisprudence constante sur la matière, les litiges relatifs à la propriété indigène établie par titres administratifs ou notariés doivent être soumis à la juridiction française, l'article 7 de la même loi a expressément maintenu aux Musul-

71. — Un jugement du tribunal de Bougie, du 23 octobre 1884, avait, suivant la nouvelle jurisprudence de la Cour, reconnu la compétence de la juridiction française sur une demande en partage d'immeubles qui avaient été l'objet d'un acte administratif; la 1re Chambre, sous la présidence de M. Cammartin, a, le 29 décembre 1885 *(Revue algérienne,* 1886, 2, 71), quelques jours après son arrêt du 7 décembre, infirmé ce jugement par ce motif que l'art. 7 est absolu, qu'il ne réserve en aucun cas la compétence des tribunaux français en matière de succession musulmane.

Après dix ans, la lutte s'engage de nouveau au sein de la Cour, dans la même Chambre, et au moment où le Parlement va voter un projet qui reconnaît la juridiction des tribunaux français en matière de partage.

Un arrêt du 16 juin 1886 *(Revue algérienne,* 1886, 2, 376), rendu par les mêmes magistrats, déclare d'office les tribunaux français incompétents.

Une question aussi importante aurait dû être discutée en plaidoirie, et elle ne l'a pas été.

72. — Mais la Chambre musulmane elle-même a résisté à cette jurisprudence, ressuscitée sous l'influence qui avait prévalu dans la Chambre musulmane de 1875-76, et elle a, par arrêt du 15 novembre 1886 *(Revue algérienne,* 1887, 2, 38), sous la présidence de M. Blankaërt, déclaré la juridiction française compétente sur un incident à partage, dans lequel un copartageant revendiquait un immeuble comme lui ayant été attribué personnellement par l'État dans un acte administratif français. Le 24 novembre 1886 *(Revue algérienne,* 1887, 2, 37), la 1re Chambre, sous la présidence de M. Sauzède, a décidé le contraire.

---

mans leur statut personnel ainsi que les règles de succession entre eux ; — Attendu que le partage n'est qu'une conséquence, une application des ces règles ; que, quelle que soit la nature du titre constitutif de propriété indigène, la demande en partage de cette propriété doit donc être portée devant le magistrat chargé de procéder soit à la liquidation des droits successoraux des Musulmans, soit au jugement des difficultés auxquelles peut donner lieu cette liquidation, c'est-à-dire, aux termes des dispositions de l'article 40 du décret du 13 décembre 1866, devant le cadi ; — Attendu, en l'espèce, qu'il s'agit d'une demande en partage entre Musulmans ; — Qu'en admettant même que le certificat ci-dessus visé puisse être considéré. comme constituant un titre administratif, le cadi n'en était pas moins compétent pour statuer sur la demande qui lui était soumise ; — Qu'il échet en conséquence de repousser le déclinatoire proposé ; etc.

C. d'Alger (Ch. musulm.), 30 nov. 1885. — MM. Zeys, *prés.*; Marsan, *subst. du proc. gén. ;* Robe et Chambon, *av.*

73. — Le dernier mot a été dit par la loi sur cette controverse, reprise au moment où elle allait être coupée dans sa racine.

Le décret du 10 septembre 1886, art. 1er, dispose que les Musulmans continuent à être régis par leurs droit et coutumes en ce qui concerne leur statut personnel, *leurs successions,* ceux de leurs immeubles dont la propriété n'est pas établie conformément à la loi du 26 juillet 1873, ou par un titre français, administratif, notarié ou judiciaire.

Pour les immeubles, le décret maintient expressément la distinction, faite par la jurisprudence, entre ceux de statut réel français définitif, et ceux de statut transitoire mixte; les premiers ayant un titre français, soumis à la loi française, même entre Musulmans ; les autres soumis à la loi musulmane entre Musulmans.

Mais, pour les successions, le décret ne distingue pas.

L'art. 7 est ainsi conçu : « Les contestations relatives au statut personnel et *aux successions* seront portées devant le cadi. — Toutefois, les parties peuvent, d'un commun accord, saisir le juge de paix... »

L'art. 19 règle la compétence des cadis en premier et en dernier ressort. Ils jugent en dernier ressort si la valeur de la succession est inférieure à 500 fr., en premier ressort si elle est supérieure.

L'art. 52 porte : « Les cadis procèdent aux opérations de compte, liquidation et partage des successions musulmanes purement mobilières. Si les successions comprennent des immeubles, il est procédé aux opérations de compte, liquidation et partage par les soins des notaires français, qui devront se conformer pour leurs opérations aux prescriptions du droit musulman. »

L'art. 53 prescrit au notaire d'établir sa minute sur un registre spécial, de la communiquer au procureur de la République, qui peut déléguer un juge de paix, d'informer l'administration des domaines quand elle peut être intéressée dans la liquidation.

L'art. 54 n'accorde aux notaires que les droits attribués aujourd'hui aux cadis.

D'après ces dispositions, le cadi, compétent pour juger les questions de succession entre Musulmans, ne peut procéder à la liquidation et au partage que des valeurs mobilières. C'est le notaire français qui seul a le droit de liquider et de partager les successions immobilières, entre Musulmans, même pour les immeubles non encore soumis à la loi française !

Le rapport s'exprime ainsi : « Toute succession comprenant des immeubles ne pourra être liquidée que par un notaire français. Les droits successoraux seront, en cas de contestation, fixés par le cadi, mais l'attribution des parts sera faite par le notaire. »

74. — De ces textes naît la question de savoir si les cadis peuvent juger les contestations de droits successoraux relatives à des immeubles soumis définitivement à la loi française, dont la propriété dérive de titres français.

L'art. 1er ne réserve pas les coutumes musulmanes pour les contestations concernant les immeubles qui ont un titre français ; les cadis ne peuvent en connaître ; mais il réserve les coutumes sur les successions, sans rien spécifier pour les immeubles composant ces successions. D'un autre côté, le notaire français doit liquider seul les successions immobilières.

Le décret aurait pu être plus clair ; le rapport est plus explicite, et nous croyons que le législateur a adopté un système mixte. Les règles de succession des indigènes entre eux seront expliquées, décidées par les cadis, en ce qui concerne la capacité de tester, de recevoir par succession ou par testament, en ce qui concerne également la quotité des parts héréditaires, des droits successoraux en général ; le notaire ou le juge français appliquera la décision musulmane aux immeubles. Si la contestation portait sur les biens qui doivent être partagés, la question, intéressant directement l'immeuble français, serait soumise aux tribunaux français. En d'autres termes, les questions réservées au cadi seraient celles que la Cour doit soumettre à un conseil musulman aux termes de l'art. 24 du décret du 13 décembre 1866.

Nous adoptons, par conséquent, l'opinion de M. Leclerc (*Revue algérienne*, 1886, 1, 204).

Nous aurions préféré une solution plus conforme aux principes généraux consacrés par la jurisprudence ; les règles du droit musulman auraient pu être appliquées par les juges français aux immeubles définitivement français et par le cadi aux immeubles de statut mixte. L'auteur du décret a voulu, en faisant une concession à la juridiction profondément ébranlée et sans doute éphémère des cadis, enlever complètement le partage de tous les immeubles aux cadis, afin qu'à chaque partage le notaire français établît le droit de propriété conformément à la loi française, et que, par cela même, il soumît pour toujours à la loi française l'immeuble ainsi devenu l'objet d'un titre français.

Mais il faut bien reconnaître qu'il y a peu d'harmonie entre ces dispositions, dont l'une donne juridiction au cadi sur une terre absolument française, et dont l'autre confie à un notaire français le partage d'un immeuble de statut mixte, même entre Musulmans.

Toutefois, si le cadi est compétent pour appliquer les règles du droit musulman aux successions musulmanes, c'est le juge français qui seul connaît du partage : les tribunaux ordinaires, s'il s'agit d'immeubles ayant un titre français, le juge de paix, s'il s'agit d'une succession comprenant des immeubles de statut transitoire mixte. L'art. 7 du décret ne réserve aux cadis que les contestations sur le statut personnel et sur les successions, non celles en toute autre matière, non celles par conséquent sur les partages, sur leur forme; le législateur ne pouvait mettre sous la dépendance des cadis les notaires, auxquels il confiait la liquidation des partages comprenant des immeubles; le cadi sera juge du fond, déterminera les droits successoraux; le juge de paix sera juge de la forme, dirigera la procédure de partage.

75. — Plus logique est la loi du 28 avril 1887 :

Son art. 4 est ainsi conçu : « Il ne pourra être procédé que dans les formes de la loi française aux cessions, licitations et partages de droits successifs portant sur des immeubles *soumis à la loi du 26 juillet 1873.* »

Ces derniers termes sont équivoques; on pourrait comprendre qu'il s'agit des immeubles du Tell algérien, qui, aux termes de l'art. 31, sont tous soumis à l'application de la loi de 1873; mais le législateur a voulu parler des immeubles soumis à la loi française par l'application de la loi de 1873, par la délivrance du titre français en vertu de la loi, ou dont la propriété repose sur un titre équivalent, administratif, judiciaire ou notarié. L'exposé des motifs et les deux rapports au Sénat et à la Chambre des députés sont explicites sur ce point:

« Toutes les opinions, dit l'exposé des motifs, — qui suppose par cela même qu'il y en avait plusieurs, — s'accordaient à reconnaître la nécessité de retirer à la magistrature indigène, pour les immeubles *soumis à la loi française* en vertu de la loi de 1873, la connaissance des licitations et partages, laquelle, d'après la jurisprudence (de quelques arrêts, aurait-il pu ajouter) leur a été laissée par les dispositions combinées de l'art. 1er.... et de l'art. 7. »

M. Fournier, dans son rapport au Sénat, signale les effets désastreux de cette doctrine, qui attribue aux magistrats musulmans le partage des immeubles devenus français, et il ajoute : « Or, c'est ce que l'art. 7 de la loi du 26 juillet 1873, *plus ou moins exactement interprété,* autorise ou tolère, en maintenant les règles de succession des indigènes entre eux. Grâce à la procédure musulmane, on ne peut manquer de retomber, à bref délai, dans la confusion dont on a eu tant de peine à sortir.

« Pour éviter qu'il en soit ainsi, *lorsque désormais un titre aura été délivré* en vertu de la loi de 1873 ou de la présente loi, il ne pourra, au cas de licitation ou de partage, être remplacé que par un autre établi dans les formes et les conditions de la loi française. Ainsi la législation sur la transmission de la propriété sera uniforme : quelle que soit la cause de la transmission, vente, donation, succession, la forme des actes sera celle que prescrivent le Code civil et le Code de procédure. *Quant au fond*, la présente loi, non plus que celle de 1873, ne touche aux règles du droit musulman sur les successions. » Retenons ces derniers mots.

M. Bourlier, dans son rapport à la Chambre des députés, dit à son tour : « Les dispositions de l'art. 4 ont pour but, ainsi que cela a été clairement démontré dans l'exposé des motifs et dans le rapport au Sénat, de soumettre aux conditions et aux formes de la loi française les cessions, les licitations et les partages de droits successifs, portant sur des immeubles *pour lesquels des titres définitifs* ont été délivrés en exécution de la loi du 26 juillet 1873, *à l'exception de ceux auxquels cette loi n'a pas été encore appliquée.* »

Ces termes ne peuvent laisser subsister aucun doute. L'art. 3 de la loi de 1873 et l'art. 1er du décret du 10 septembre 1886 assimilent les titres administratifs, judiciaires et notariés à ceux délivrés en vertu du titre II de la loi.

L'art. 4 a donc adopté la doctrine consacrée par la jurisprudence la plus générale, et que nous avons soutenue, celle qui attribue au juge et aux notaires français les partages des immeubles définitivement soumis à la loi française, et aux magistrats musulmans les partages des immeubles de statut mixte.

76. — Mais le décret du 10 septembre 1886, qui pose les règles de compétence de la justice musulmane, a pu retirer aux cadis et confier aux juges de paix et aux notaires les partages des immeubles, même dans ce dernier cas ; il devra être exécuté.

De même, en l'absence de toute disposition précise de la loi du 26 juillet 1873, il a pu attribuer aux cadis la connaissance, *entre Musulmans*, des contestations sur *les règles de succession* du droit musulman, même quand des immeubles définitivement français seraient compris dans la succession,

si les cadis ne statuent que sur la capacité générale de disposer et de recevoir, sur la quotité des droits successoraux, et
non sur le partage des immeubles, ni sur les diverses questions relatives à ce partage.

Ce dualisme de juridictions ne nous paraît pas heureux ;
mais espérons qu'à la première étape vers le progrès, que
nous souhaitons prochaine et définitive, il disparaîtra, et que
la loi attribuera à la terre française, comme à la personne
française, des juges exclusivement français.

Les règles sur la compétence et sur la procédure doivent
être appliquées à tous les procès intentés, à toutes les procédures ouvertes depuis la loi. C'est le principe posé par
l'art. 1041 du Code de procédure. Les procédures ouvertes
avant la loi suivront leur cours (1).

______

(1) Conf. circulaire du parquet général du 4 octobre 1886, ainsi conçue :
« J'ai pensé, d'accord avec M. le premier président, que la juridiction
saisie sur appel devait retenir l'affaire chaque fois que l'affaire était en état,
c'est-à-dire, pour approprier nos règles de procédure à la législation musulmane, dans tous les différends dans lesquels les parties avaient comparu
devant le juge et présenté leur défense. Je me conformerai ainsi à la
règle invariablement tracée par le législateur. Citons par exemple : 1° la
loi de 1838, sur le taux du dernier ressort, qui décide que les instances en-
gagées avant la promulgation de la loi seraient réglées par la loi ancienne ;
2° la loi de 1858 sur l'expropriation forcée : même disposition ; 3° la loi
de 1856, qui, en supprimant l'arbitrage forcé en matière commerciale, maintient temporairement la juridiction supprimée pour l'expédition des affaires
commencées. Ces diverses lois ne posent pas un principe d'exception, mais
appliquent le principe posé dans l'art. 2 du Code civil touchant la rétroac-
tivité. La jurisprudence s'est prononcée dans ce sens: Grenoble, 29 avril 1815,
et Pau, 14 juin 1831 (Dalloz, *Rép.*, v° *Compétence*, n° 37 ; Aubry et Rau,
t. 1, p. 63 ; Rousseau, *Dict. de proc. civ.*, v° *Compétence*, n° 170 ; Merlin,
v° *Compétence*, p. 287 ; — *Contrà* : Cass., Ch. crim., 6 octobre 1837 ; Ch. civ.,
23 mars 1868, D. P. 68, 1, 254). Ces deux arrêts, invoqués dans l'opinion
contraire sont discutables ; le premier, après avoir posé les principes généraux, tranche une question de droit criminel ; le second laisse intacte la
question de savoir si la juridiction compétente au moment de l'ouverture
de l'instance restera compétente jusqu'à la fin du procès malgré la survenance d'une loi de compétence nouvelle. A côté de ces considérations de
droit, je dois prendre en considération les inconvénients graves qu'entraînerait la remise immédiate par les cadis dans les mains des juges de paix
des pièces relatives aux différends engagés devant eux. A défaut de dossiers,
quelques pièces arabes non traduites, des extraits incomplets des registres
tenus dans les mahakmas ne permettraient pas aux juges de paix de se
mettre au courant des incidents d'une procédure commencée, d'apprécier
les premières déclarations des parties, de juger, en un mot, d'après tous
les éléments d'appréciation que puise le juge dans les pièces produites au
début du procès et dans les moyens de défense des plaideurs. Il est plus

Si un jugement ou un arrêt d'incompétence, antérieur à la loi, a annulé toute la procédure, la loi nouvelle devra être suivie pour la procédure qui sera recommencée depuis sa promulgation, quelle qu'ait été la décision; l'autorité de la chose jugée n'est relative qu'aux actes de procédure antérieurs.

77. — Puisque nous nous occupons des partages, nous devons résumer quelques autres dispositions de la loi du 28 avril 1887 relatives aux partages, quoique se référant à une autre matière, à une autre partie de la loi.

C'est d'abord l'art. 3.

Si, pendant qu'on procède à la reconnaissance de la propriété privée, aux opérations du titre II, chap. 1er, le commissaire enquêteur s'aperçoit que des propriétés sont indivises entre plusieurs familles, il procédera lui-même au partage suivant les formes prescrites par la loi.

Après les opérations du titre II, si les propriétaires reconnus veulent partager ou liciter, ils pourront y procéder dans une forme plus simple et moins coûteuse. Les parties pourront se rendre devant un notaire ou un greffier notaire, qui dressera acte de leurs accords, ou un procès-verbal de leurs difficultés qu'il déposera au greffe de la justice de paix. Le juge de paix statuera sur les difficultés.

Si le partage est poursuivi judiciairement, tous les demandeurs ne seront représentés que par un défenseur ou avoué ; il en sera de même des défendeurs, à moins d'intérêts opposés.

Les actes des notaires seront taxés d'après un tarif réduit, et, pendant cinq ans depuis la transcription du titre définitif, tous les actes et jugements seront exempts des droits de timbre et d'enregistrement.

Tel est le résumé des art. 11 à 21, que nous étudierons d'une manière plus complète au titre II.

---

sage d'exécuter le décret au fur et à mesure que les procès viendront à naître, et de laisser aux juges déjà saisis le soin d'expédier les affaires dont ils ont connu, en ordonnant une mesure préparatoire ou toute autre. Telle est la solution que je m'efforcerai de faire prévaloir dans mes conclusions, si la question de compétence est soulevée devant la Cour. »

Cette circulaire a été généralement appliquée.

Telle est l'opinion de M. Yvernès, *De l'appel et des voies de recours en matière musulmane*, p. 2 ; — *Contrà* : Leclerc, *Revue algérienne*, 1886, 1, 208.

CHAPITRE VI

Transmission et conservation de la propriété immobilière et des droits immobiliers

---

SOMMAIRE

78. — La transmission de la propriété est un mode d'acquisition ; la transmission des immeubles français par testament, seule, n'est pas régie, entre indigènes, par la loi française.

79. — La forme du testament entre Musulmans peut être musulmane ; le testament peut être prouvé par témoins ; le cadi est compétent entre Musulmans pour statuer sur la validité du testament. Il en est autrement du partage.

80. — La transmission par testament, entre individus de statuts différents, est régie par la loi française ; le testament d'un Musulman en faveur d'un Européen peut être fait en la forme musulmane.

81. — La loi musulmane régit le testament notarié d'un Musulman en faveur d'un Musulman.

82. — Tous les contrats entre Musulmans, relatifs à des immeubles ayant un titre français, sont régis par la loi française ; — Transmission : preuve à l'égard des tiers ; art. 1341 : preuve littérale, actes notariés, actes sous seing privé.

83. — Actes qui déclarent ou transmettent le droit, qui prouvent le droit et rendent l'immeuble français : jugements, actes administratifs, ordonnance de 1846, sénatus-consulte, cantonnement, concessions, titres délivrés en vertu de la loi de 1873, actes notariés ; actes de la commission des transactions et partages.

84. — Actes sous seing privé : signature, sans elle pas d'acte : arrêts des 28 juin 1880, 17 mars 1882, 14 mars 1882, 19 mars 1877, 14 février 1884, relatifs à un acte de cadi ; du 15 juillet 1881, relatif à un acte d'iman ; des 31 janvier et 5 décembre 1881, du 10 novembre 1885, relatifs à un écrit signé par un taleb. Doctrine et jurisprudence.

85. — Acte notarié, à Tunis, non signé par un Européen ; arrêt du 22 janvier 1887.

86. — Mandataire, gérant d'affaires, chef de famille, communiste, quotepart, signature apposée par un tiers pour une partie avec son autorisation ; arrêts.

87. — Double original, mention du double, bon pour... ou *approuvé*.

88. — Écriture en langue étrangère, arrêté du 9 juin 1831, traduction en regard ; arrêts des 20 décembre 1878, 2 février 1880.

89. — Effets de l'acte sous seing privé : il ne rend pas l'immeuble français, il peut être transcrit ; conflit entre la transcription de cet acte et celle du titre délivré en vertu de la loi de 1873 ; renvoi.

90. — Conventions et actes non opposables aux *tiers* ayant un droit propre antérieur ; date certaine pour établir l'antériorité.

91. — La fraude fait exception.

92. — Priorité de l'acte ayant date certaine, priorité de la transcription entre actes du même auteur ; actes du vendeur non opposables par un acquéreur à l'autre, s'ils n'ont pas date certaine antérieure au titre de celui auquel on l'oppose.

93. — Confirmation : *convention nulle*, la confirmation en est impossible, dans tous les cas elle n'est pas opposable aux tiers.

94. — *Acte nul :* la confirmation en est impossible, l'acte confirmatif peut être une preuve, suppléant à une preuve qui fait défaut ; preuve ou confirmation, il est non opposable au tiers ayant un titre antérieur.

95. — *Convention annulable* : l'acte confirmatif n'est pas opposable à l'acquéreur antérieur à la confirmation, par l'acquéreur dont l'acte a été confirmé ; ni au créancier hypothécaire inscrit avant la confirmation, par celui dont l'hypothèque est confirmée, malgré son premier rang d'inscription.

96. — *Acte annulable* : la confirmation est-elle possible ? Confirmation ou preuve nouvelle, l'acte dit confirmatif doit avoir date certaine antérieure pour être opposable aux tiers ; acte sans double original, ou sans mention du double, commencement de preuve par écrit.

97. — Exécution volontaire.

98. — Ratification : gestion d'affaires, mandat.

99. — Jugement, serment, aveu opposables aux tiers, s'ils sont antérieurs à leur titre, non s'ils sont postérieurs ; date certaine nécessaire.

100. — Résumé : priorité de date certaine, priorité de transcription ; les actes du vendeur n'ayant pas date *certaine* antérieure, ne sont pas opposables à l'acquéreur.

101. — Loi du 22 mars 1855 sur la transcription : art. 1, 2, 3 ; pour transcrire, il faut *un acte* ou un *jugement* ; la convention verbale *non actée* peut-elle être transcrite ?

102. — M. Pont demandait que l'acte public seul pût être transcrit ; débats parlementaires ; l'acte sous seing privé est admis à la transcription ; la convention verbale n'est transcrite qu'avec le jugement qui la constate.

103. — Pour transcrire, trois conditions : 1° convention transférant le droit ; 2° preuve littérale, *acte;* 3° copie de cet acte sur un registre.

104. — Analogie de la transcription avec l'inscription ; différences ; acte public, bordereau.

105. — Système belge ; système allemand ; système algérien.

106. — Doctrine et jurisprudence.

107. — Arrêts : d'Alger, du 10 novembre 1885 ; de la Cour de cassation, 11 janvier 1870, 18 juillet 1882 ; de Paris, 6 mars 1865. — La convention verbale, l'écrit non signé du vendeur ne peuvent être utilement transcrits ; il faut *un acte.*

108. — Deux conditions vitales pour la transcription : 1º convention ; 2º acte ; elle ne supplée ni à l'une ni à l'autre.

109. — *Convention radicalement nulle :* sa transcription reste sans effet, même après un acte prétendu confirmatif.

110. — *Convention annulable :* confirmation antérieure, confirmation postérieure à la transcription d'une seconde vente ; l'acte confirmatif n'a pas besoin d'être transcrit, mais il doit avoir date certaine antérieure à la transcription de la seconde vente, à l'inscription d'une seconde hypothèque.

111. — Ratification : l'acte doit en être transcrit.

112. — Aveu : convention nulle, convention annulable.

113. — *Acte nul :* son inexistence, sa transcription est sans effet ; acte de vente non signé du vendeur.

114. — La confirmation de l'acte nul, même transcrit, est impossible ; si elle est possible, elle ne peut être opposée aux tiers.

115. — Aveu, serment : ils ne peuvent être opposés au tiers que s'ils ont une date certaine antérieure à la transcription de son titre, et même s'ils ont été transcrits, quand ils sont relatifs à un acte radicalement nul, quoique transcrit ; arrêt du 10 novembre 1885. Réfutation par Mourlon, Laurent et Bonnier.

116. — *Acte annulable :* absence de double écrit, défaut de mention du double écrit ; transcription valable ; acte confirmatif, acte d'aveu, serment, non soumis à la transcription, non opposables au tiers s'ils n'ont pas date certaine antérieure à son titre, mais preuve testimoniale et présomptions admises contre lui.

117. — Quatre conditions essentielles pour que l'acte soit valablement transcrit.

118. — Immeuble affecté du droit.

119. — Nature du droit transféré.

120. — Signature : elle prouve le consentement, elle est l'acte du consentement ; signature du vendeur : plusieurs vendeurs, mandataire.

121. — Signature de l'acquéreur : promesse de vente bilatérale, promesse de vente unilatérale ; vente par correspondance ; signature de l'acquéreur indispensable ; plusieurs acquéreurs.

122. — Acte faux.

123. — Jurisprudence : arrêt du 12 décembre 1881 ; jugement postérieur à la vente, signature apposée devant la partie par un tiers avec son autorisation.

124. — Arrêt du 16 mai 1881 : l'acte de ratification d'une vente par un gérant d'affaires doit être transcrit, la transcription antérieure est sans effet.

125. — Arrêt du 9 avril 1884 : mandat par télégramme, vente transcrite valablement, commencement de preuve par écrit.

126. — Application des principes de la preuve, de la date certaine, de la transcription, pour l'avenir, aux immeubles rendus français par un titre français (administratif, judiciaire, notarié).

127. — Application de ces principes au passé, aux conventions antérieu-

res au titre français. — Diverses hypothèses : vente entre Musulmans en conflit avec une vente par titre français, — à un Européen, — à un Musulman ; — sous-acquéreurs remontant à un auteur commun, ou à deux auteurs sans origine commune.

128. — Prescription.

129. — Incertitude de la propriété indigène ; purge spéciale accordée aux acquéreurs de propriété indigène par acte notarié.

130. — Ventes par actes sous seing privé : droit mixte transitoire, application de la loi musulmane entre conventions musulmanes, de la loi française si l'une des conventions n'est pas entre Musulmans ; règle pour le passé, règle pour l'avenir, sous-acquéreurs.

131. — Privilège du vendeur : droit musulman, droit français.

132. — Hypothèque : droit du créancier hypothécaire relativement à la transcription ; Musulmans ; le cadi ne peut recevoir un acte de constitution d'hypothèque ; conflit entre inscription et transcription, entre inscription et actes musulmans.

133. — Créanciers saisissants : droit d'opposer la transcription du chef de leur débiteur ; — saisie, sa transcription, effets à l'égard des tiers.

134. — Conseil pour rendre une vente musulmane opposable à tous ; fraudes indigènes et européennes ; les règles sur la preuve, sur la date certaine, sur la transcription fléchissent devant la fraude.

78. — La propriété acquise par l'un des moyens énumérés au chapitre précédent peut être transmise par la volonté du propriétaire, manifestée dans un contrat, soit à titre gratuit, soit à titre onéreux, ou dans un acte de dernière volonté ; le droit éteint en lui est *acquis* à un autre, qui à son tour peut le transmettre. Cette transmission du droit est donc, au regard du nouveau propriétaire, un mode d'acquisition, de constitution, d'établissement de la propriété, et les premiers termes de la loi : « l'établissement de la propriété en Algérie est régi par la loi française, » auraient pu suffire, pour comprendre ce moyen d'acquérir la propriété, comme tous les autres. Mais la loi a voulu exclure de ses prescriptions la transmission *non contractuelle*, la transmission par testament. C'est pour ce motif que l'art. 1er est ainsi conçu : « L'établissement de la propriété immobilière en Algérie, la conservation et la transmission *contractuelle* des immeubles et droits immobiliers, quels qu'en soient les propriétaires, sont régis par la loi française. »

Le style pourrait en être plus juridique, plus correct, la pensée est claire. La généralité des premiers termes est restreinte par l'expression de transmission *contractuelle*, qui exclut toute *transmission* ne dérivant pas d'un contrat, celle dérivant d'un testament, sans exclure les modes d'établissement de la propriété, qui ne constituent pas des transmissions, et qui dérivent ou non d'un contrat, tels que le partage, la possession.

La transmission contractuelle de la propriété immobilière, et des droits qui peuvent en être détachés, ou plutôt la conservation, à l'égard des tiers, des droits ainsi transmis, est soumise par la loi française à des formalités de transcription ou d'inscription complètement étrangères au droit musulman. C'est pour cela que nous consacrons un chapitre spécial à ce mode d'acquisition de la propriété.

79. — En principe, la forme du testament est réglée par la loi du lieu où il a été fait : *locus regit actum*. L'Algérie étant française, le testament des Musulmans devrait être régi par notre loi ; c'est par dérogation que le législateur a autorisé l'application de la loi musulmane aux successions testamentaires comme aux successions légitimes. Le testament des Musulmans pourra donc être verbal, même par signes, et la preuve en sera faite par témoins.

Ce point ne saurait être douteux. Mais quel sera le juge compétent pour appliquer la loi musulmane, pour statuer sur la validité du testament, sur la capacité du testateur, sur celle du légataire, sur la quotité disponible qui est toujours du tiers en droit musulman? Ces questions, la dernière surtout, intéressent le statut réel. Le cadi, évidemment seul compétent entre Musulmans, s'il s'agit d'immeubles de statut mixte, le sera-t-il, si les immeubles objet du testament sont soumis définitivement à la loi française?

Il est bien certain que si un Européen était intéressé dans le litige, le juge français serait compétent ; les décrets sur l'organisation de la justice en Algérie ne laissent aucun doute. Mais si les parties sont toutes musulmanes, nous pensons que le procès devrait être déféré au cadi. En effet, l'art. 1er n'exclut de cette compétence que la transmission contractuelle, en la soumettant à la loi française entre Musulmans ; elle laisse donc subsister, pour les transmissions non contractuelles, les dispositions des décrets déférant aux cadis les contestations entre Musulmans.

Le décret du 10 septembre 1886 réserve la compétence des cadis pour les successions entre Musulmans. Ce terme de *successions* est consacré par notre code aux successions légitimes ; mais tout litige entre un légataire et un héritier sur la validité du testament, sur la quotité disponible, intéresse directement la succession dont les forces seront élevées ou réduites suivant le sort du testament ; la succession légitime est donc discutée, à ce titre le cadi est compétent.

Il ne sera pas compétent pour faire le partage et il faut appliquer ici le décret du 10 septembre 1886, et l'art. 4 de la loi du 28 avril 1887. (Voir ce que nous avons dit n°ˢ 73 et suiv.).

80. — L'art. 1ᵉʳ de la loi du 26 juillet 1873 disposant que la transmission contractuelle est régie, en Algérie, par la loi française, et l'art. 2 n'appliquant les lois françaises qu'aux transactions, qu'aux conventions entre individus régis par des statuts différents, il ne faudrait pas en conclure *à contrario*, que la transmission non contractuelle, que la transmission par testament n'est pas régie par la loi française entre Européens, entre Européens et Musulmans, entre individus de statuts différents.

Il aurait sans doute été préférable que la loi posât le principe général soumettant la terre algérienne au statut français, et qu'elle énumérât ensuite les dérogations, en précisant leur étendue. Le législateur aurait pu s'exprimer ainsi :

« L'établissement de la propriété immobilière en Algérie est régie par la loi française, quels qu'en soient les propriétaires.

» Toutefois la loi musulmane sera appliquée entre Musulmans, aux successions et aux testaments, quels que soient les immeubles qui en seront l'objet.

» La loi musulmane sera également appliquée aux conventions entre Musulmans relatives à des immeubles n'ayant pas encore un titre français, jusqu'à la délivrance du titre. »

La loi aurait dû aussi régler la compétence.

En termes plus longs la loi n'a pas dit autre chose dans les art. 1, 2, 7.

La loi française régissait seule, déjà, les Européens ; à leur égard, aucune dérogation n'avait été faite au statut réel français imprimé au sol par la conquête; la loi de 1851 avait déclaré les transmissions, entre toutes autres personnes que les Mulsulmans, régies par le code civil ; l'objet unique de la loi de 1873 était d'appliquer aux Musulmans le statut réel français, c'est par rapport à eux que l'art. 1ᵉʳ dispose que la transmission contractuelle est régie par la loi française et se tait sur la transmission par testament; c'est par redondance, inutilement, que l'art. 2 parle des conventions entre individus de statuts différents, qui seront régies par la loi française depuis la promulgation de la loi (elles l'étaient déjà), pour leur opposer les conventions musulmanes qui ne seront, au contraire, régies par la loi française, qu'après la délivrance d'un titre français à l'immeuble qui n'en a pas encore.

Cette rédaction ne change rien au fond des choses; avant la loi de 1873, la loi française régissait les testaments des Européens, et la loi musulmane ceux des Musulmans.

Le silence de la loi sur ce point a laissé subsister la loi de 1851, pour les uns et pour les autres; l'art. 22 n'abroge que les dispositions contraires à la loi, et la disposition de l'art. 16 de la loi de 1851, se référant aux testaments, à la transmission *non contractuelle*, ne peut être contraire à celle de l'art. 1er de la loi de 1873, qui ne concerne que la transmission *contractuelle*. Il est donc certain, et cela n'a jamais été contesté, que les testaments des Européens sont régis par la loi française pour leur forme, pour la capacité du testateur et pour celle des légataires, pour la quotité disponible.

Que décider pour les testaments des Musulmans, en faveur des Européens ?

Le testament fait en forme musulmane sera parfaitement valable; c'est le statut personnel du testateur, c'est la loi spéciale pour les Musulmans algériens. Mais la capacité du légataire et la quotité disponible devront être réglées, relativement aux immeubles que le legs peut affecter, d'après la loi française; une exception n'a été faite par les lois algériennes, qu'entre Musulmans. Ici encore, le droit commun reprend son empire, et tout ce que nous avons dit sur les successions et partages s'applique à notre question.

81. — Le Musulman peut tester en la forme française; s'il teste par acte notarié, la loi française sera-t-elle applicable? Le cadi ne sera-t-il plus compétent entre Musulmans ?

Le droit musulman devra être appliqué, et le cadi sera compétent, si le testament ne concerne que des valeurs mobilières. C'est ce que la Cour d'Alger a décidé par arrêt du 23 mars 1878 (ch. musulmane) (1).

Il en sera de même si le legs porte sur des immeubles de statut mixte et par les mêmes motifs. Le juge musulman peut appliquer un acte notarié, comme le juge français un acte de cadi.

Dira-t-on que l'acte notarié rend l'immeuble français ? Nous pensons que si l'immeuble était soumis à la loi française, avant le testament, la solution ne serait pas différente; car,

---

(1) Attendu, porte l'arrêt, que dans l'état de la législation algérienne, les cadis connaissaient de toutes les actions personnelles et mobilières; que la production d'un titre français n'a jamais été considérée par le législateur comme une circonstance propre à déplacer la compétence, dès qu'il ne s'agit pas d'une action immobilière. *(Bulletin judiciaire,* 1881, p. 239.)

ainsi que nous venons de l'établir, la loi de 1873 ne s'applique, en aucun cas, aux successions et aux testaments entre Musulmans.

L'exception de la loi n'est pas sans doute justifiée aux yeux de tous, mais elle existe, et la loi doit être exécutée tant qu'elle n'est pas réformée.

82. — En dehors de cette exception, tous les contrats même entre Musulmans, qui transmettent la propriété, ou un droit détaché de la propriété, sur les immeubles qui sont soumis au statut français définitif, sont régis par nos lois sur la preuve, sur la transcription, sur les inscriptions des privilèges et hypothèques, sur la compétence. Au contraire, les conventions musulmanes sont régies par le droit musulman, sont de la compétence des cadis, aujourd'hui des juges de paix, quand elles concernent des immeubles de statut mixte. Nous avons établi ce principe général au n° 18, et nous avons prouvé que les immeubles qui ont été l'objet d'un titre français, administratif, judiciaire ou notarié, sont français du jour de la loi, si l'acte est antérieur, du jour de l'acte s'il est postérieur.

Nous n'aurons à nous occuper maintenant d'une manière spéciale que de la preuve, à l'égard des tiers, et de l'application de la loi sur la transcription.

Le principe de la preuve littérale des obligations est posé en ces termes par l'art. 1341 : « Il doit être passé *acte* devant notaires ou sous signature privée, de toutes choses excédant la somme ou valeur de 150 fr. » Ainsi : acte notarié, acte sous seing privé, tels sont les deux modes de preuve par écrit autorisés par la loi.

Des actes notariés il faut rapprocher les actes judiciaires et les actes administratifs.

83. — Nous avons déjà dit que le partage déclare le droit entre communistes, qu'il le transmet de communiste à non-communiste ; un jugement peut reconnaître le droit ou le transmettre ; il est des actes administratifs qui constatent le droit, et le proclament, comme ceux relatifs aux opérations de l'ordonnance de 1846, du sénatus-consulte, comme les actes de cantonnement, comme ceux délivrés en vertu du titre II ou du titre III de la loi de 1873 ; d'autres qui transmettent le droit, comme les décrets de concession ; l'acte notarié peut aussi servir à constater l'existence d'un droit ou prouver sa transmission. Les opérations de la commission des transactions et partages ont donné lieu à des actes déclarant ou trans-

mettant le droit ; les actes de cantonnement transfèrent une partie du droit en transformant un droit de servitude ou de jouissance en un droit de propriété sur une partie de l'immeuble. Les actes du sénatus-consulte, ceux de la loi de 1873, ne sont pas toujours purs de transmission de droit réels.

Il n'y a aucune distinction à faire entre ces divers actes ; ils produisent deux effets : 1° Ils rendent l'immeuble français, s'il ne l'est pas, ou ils l'ont rendu français du jour de la loi, s'ils sont antérieurs ; — 2° Ils font preuve de l'existence du droit ou de sa transmission, de la manière la plus absolue, la plus authentique. Aussi la loi réserve-t-elle toute sa prédilection à cette forme des actes de transmission, actes judiciaires, administratifs ou notariés, et se montre-t-elle avare de faveurs pour les actes sous seing privé.

84. — Quand il s'agit d'immeubles de statut français définitif, les actes sous seing privé, même entre Musulmans, doivent revêtir les formes de l'acte sous seing privé entre Français.

Ils doivent être signés de toutes les parties.

« La signature des parties forme une condition essentielle de l'existence de tout acte sous seing privé, disent Aubry et Rau, t. 6, p. 376, § 756. Elle ne peut être remplacée ni par une simple croix, ni par d'autres marques. Un acte simplement sous-marqué par l'une des parties doit, en ce qui la concerne, être considéré comme non avenu, et ne forme même pas contre elle un commencement de preuve par écrit. » Bonnier (*Preuves*, t. 2, n° 670) dit aussi que la signature ne peut pas être remplacée par une croix ; il en a été ainsi depuis la promulgation de l'Ord. de 1667, même dans les pays où l'usage local consacrait cette pratique (*Rejet*, 10 therm. au XII). Les marques ou croix ne constituant point une écriture susceptible d'être reconnue, ne peuvent servir de commencement de preuve par écrit (Bruxelles, 27 janvier 1807) ; l'écrit non signé ne peut même être confirmé.

Ce principe ne souffre pas même l'ombre d'un doute : voir Demolombe, *des contrats*, t. 29, n° 355 ; Laurent, t. 19, n°s 196 et 496 ; t. 18, n° 579.

Il est important de rappeler ce principe en Algérie où des écrits de cette nature peuvent être produits, et servir souvent d'instruments à la fraude. De tels écrits ne sont pas des actes, ils ne prouvent rien.

L'acte écrit par un taleb, signé par lui, avec ou sans croix ou autres marques ; celui reçu par un iman, même par un cadi, sont également nuls, s'il ne sont pas signés par les parties, seraient-ils signés par des complaisants payés ou non, très faciles à trouver en Algérie pour faire et défaire les actes.

Un arrêt du 28 juin (non janvier) 1880 l'a ainsi décidé pour un acte de cadi entre Musulmans et Européens. Voir cet arrêt ci-dessus, n° 28. — Dans l'espèce il s'agissait d'immeuble ayant été l'objet de titres administratifs et notariés, qui, suivant l'arrêt, le dispensaient du titre nouveau de la loi de 1873 ; la Cour décide également que l'acte du cadi et sa date antérieure à la loi de 1873 ne pouvaient être opposés à un Européen.

Ainsi le décide un arrêt du 17 mars 1882 (1) pour un acte de cadi entre Musulmans, postérieur à la loi de 1873, et relatif à des immeubles devenus définitivement français.

Mais les actes de cadi antérieurs à la loi de 1873 sont valables entre Musulmans ; l'ordonnance de 1846 n'exigeait pas un acte notarié : arrêt du 11 mars 1882 cité au n° 32 ci-dessus.

Même avant la loi de 1873, l'acte reçu par un cadi était nul entre Européen et Musulman, mais la Cour, par arrêt du 19 mars 1877 (2) a déclaré valable, au profit d'un Européen, une

------

(1) (*Tahar c. Brahim*). — Attendu que la loi du 26 juillet 1873, en décidant que la transmission contractuelle des immeubles et droits immobiliers, quels que fussent les propriétaires, était régie par la loi française, a voulu faire disparaître toute confusion et incertitude dans l'assiette de la propriété immobilière ; — Qu'une des conséquences les plus immédiates de cette disposition est la substitution des titres français aux actes des cadis, lesquels, par leur imperfection, maintiendraient cette confusion, cette incertitude qui, paralysant le mouvement des transactions, s'opposent aux progrès de la colonisation ; — Que la preuve d'une vente postérieure à cette loi ne peut donc plus, dans les territoires déterminés au § 2 de son art. 2, être administrée que conformément au droit commun français ; — Que, par conséquent, les actes invoqués dans la cause, lesquels ne portent pas la signature des parties auxquelles on les oppose, sont, à l'exception de celui du 23 décembre 1871, sans valeur et sans force probante, puisqu'ils sont postérieurs au 16 septembre 1873, date de la promulgation de la loi précitée ; — Qu'ils ne peuvent servir de commencement de preuve par écrit contre les intimés et que c'est avec raison que les premiers juges n'en ont tenu aucun compte ; — Attendu que, par ces motifs et par ceux du jugement dont est appel, que la Cour adopte, il convient de confirmer le dit jugement.

2ᵉ Ch., MM. Périnne, *prés.* ; Gariel, *av. gén.* ; Lemaire, A. Huré, *déf.*

(2) (*État c. veuve Boudinet*). — Attendu que les intimés ne comparaissant pas, bien que régulièrement assignés, il y a lieu de donner défaut contre eux ; — Au fond : Attendu que l'État oppose, à l'acte de vente invoqué par ses adversaires, que, reçu par un cadi, alors qu'il s'agissait d'une convention intervenant entre indigènes et Européens, il est frappé d'une nullité radicale ; que n'étant pas revêtu de la signature des parties et n'ayant pas été fait en double, il ne saurait valoir comme acte sous seing privé ; qu'enfin il ne peut même servir de commencement de preuve par écrit, parce qu'il

vente à lui passée devant cadi par un indigène, par application de l'ordonnance du 26 septembre 1842, tout en proclamant la nullité de l'acte. La vente était de 1870, postérieure à la loi de 1851, qui avait abrogé les lois antérieures sur la propriété, et par conséquent l'ordonnance de 1842 en ce qui pouvait concerner les ventes d'immeubles (ci-dessus n° 8); l'arrêt aurait donc fait à tort l'application de cette ordonnance. Enfin si l'État perd son procès sur la preuve, il le gagne au fond. L'arrêt est rendu par défaut.

C'est ce qu'a décidé un arrêt du 2 février 1880 que nous allons citer au n° suivant.

L'arrêt du 14 février 1884 (*Revue algérienne*, 1885, 2, 346), applique les mêmes principes; s'il valide l'acte du cadi, c'est parce que l'immeuble n'était pas encore devenu français (ci-dessus n° 33).

---

ne présente pas les caractères indiqués par l'art. 1347 du Code civil; que, dans l'espèce, s'agissant d'un objet dont la valeur dépasse 150 fr. la preuve testimoniale n'est pas admissible; — Mais attendu que si ces objections sont décisives dans la législation de droit commun, elles cessent d'avoir la même portée au point de vue de la législation spéciale qui régit l'Algérie; — Attendu qu'aux termes de l'art. 37 de l'ordonnance du 26 septembre 1842, dans *les contestations entre Français et indigènes, il est loisible aux tribunaux d'appliquer, suivant les circonstances, la législation française ou celle du pays;* — Que c'est le cas, dans l'espèce, de se départir des rigueurs du droit commun pour suivre la législation du pays; — Qu'il n'y a pas lieu, dès lors, de s'arrêter aux exceptions précitées; — Au fond : — Attendu qu'il appartient aux magistrats d'apprécier le véritable caractère des actes, quelle que soit la qualification qui leur ait été donnée par les parties; — Que, si on examine le fond des choses, on se convainc bientôt que l'acte en question, malgré l'étiquette de vente qui a été mise en avant, ne constitue qu'un prêt avec contrat pignoratif; — Qu'il est, en effet, impossible de considérer comme sérieux une vente comprenant 250 hectares vendus pour le prix dérisoire de 800 fr.; — Qu'il est non moins remarquable que le prétendu acquéreur ne se met pas en possession; — Que, loin de là, il laisse, sans protestation, l'État affermer les biens, objet de la prétendue vente, et qu'il cautionne le locataire vis-à-vis de l'État; — Que, plus tard, sans élever de réclamation non plus, il voit un second locataire succéder au premier; — Que le pacte de réméré dans l'acte, dans des conditions absolument contraires aux usages des indigènes, contribue encore à donner à cette convention son véritable caractère de prêt; — Que cette démonstration s'achève par la considération de la date à laquelle est intervenue la prétendue vente; — Que c'est au moment où les indigènes, prêts à se soulever, cherchaient à battre monnaie à tout prix; — Attendu, dès lors, que si Boudinet avait contre les indigènes une créance, il n'était pas devenu propriétaire des immeubles en litige; — Par ces motifs, etc.

1re Ch., M. Bazot, *prem. prés.*

L'arrêt du 15 juillet 1881 et celui de la Cour suprême rejetant le pourvoi contre cet arrêt, cités par nous n° 32, font l'application de la même doctrine à un acte reçu par un iman.

Un arrêt du 31 janvier 1881 déclare sans valeur, en droit musulman comme en droit français, une page d'écriture, prétendu acte arabe, rédigé et attesté par un simple particulier, malgré l'indication de deux témoins.

Un autre du 5 décembre 1881 porte qu'un acte, rédigé par un taleb, simple particulier, en présence de deux témoins, non revêtu d'une attestation du cadi, n'a aucune authenticité.

Et il s'agissait de droit musulman.

Un seul arrêt contraire pourrait être cité, celui du 10 novembre 1885 (*Revue algérienne*, 1885, 2, 380). Il s'agissait d'un acte de vente écrit par un taleb, signé par lui, par les acquéreurs, et par deux témoins pour les vendeurs qui avaient apposé une croix. La Cour a vu dans cet écrit un acte sous seing privé *irrégulier*, pouvant être opposé aux vendeurs après leur aveu, ce qui n'est pas douteux, et même aux tiers, ce qui n'est pas exact, quand le droit des tiers est antérieur à l'aveu. L'arrêt reconnaît d'ailleurs que l'écrit n'a aucune force probante (v. ci-dessous n° 107), et, par conséquent, quoiqu'elle le qualifie d'acte, c'est l'aveu, et non l'écrit, qui forme la preuve.

Laissons parler Laurent et Demolombe après Aubry et Rau, et Bonnier déjà cités.

Laurent, n° 196 du t. 19, s'exprime ainsi :

« La loi n'exige pas même d'une manière formelle la signature des parties contractantes. Si on l'exige, c'est qu'il est de l'essence de tout acte qu'il soit signé par ceux qui y figurent comme parties ; c'est ce qui distingue l'*acte* de l'écriture qui n'est pas un acte. L'*acte* est un écrit dressé pour constater un fait juridique ; or, c'est la signature qui certifie ce que les parties constatent ; il n'y a donc pas d'acte sans signature. Les écritures non signées ne sont pas des actes... La signature est requise pour l'existence de l'acte sous seing privé. Jaubert le dit dans son rapport au tribunat : « Il ne peut y avoir d'actes sous seing privé qu'autant que la signature de la partie s'y trouve. La qualification d'acte sous seing privé le dit assez. Une pièce d'écriture, quelque dispositif qu'elle parût contenir, ne pourrait, en règle générale, être réputée acte sous seing privé, si la signature n'y était pas apposée par celui qu'on prétend obligé, quoique la pièce d'écriture ait été écrite entièrement de sa main. » Il y a un texte en faveur de cette doctrine qui peut, du reste, se passer de texte, c'est l'art. 1318. Un acte authentique est nul comme tel, il vaudra comme écriture privée ; sous quelle condition ? S'il a été signé des parties, dit l'art. 1318. S'il n'est pas signé, il ne vaudra ni comme écriture privée, ni comme écriture authentique ; c'est dire qu'il est inexistant, il ne fait aucune foi ; *donc sans signature il n'y a pas d'acte*. La jurisprudence est en ce sens. »

Au n° 200, Laurent ajoute : « Une croix ou marque quelconque apposée en présence de témoins n'a plus aucune valeur, et ne fait plus foi ; l'acte ainsi sous-marqué n'est pas un *acte*, il doit être considéré comme non existant, dit la Cour de Liège. Nous avons malheureusement sur ce point une jurisprudence nombreuse en Belgique, cela atteste l'ignorance des populations. Il paraît qu'elle n'est guère moindre en France. Nous ne citerons pas les arrêts, puisqu'en droit la question n'est pas douteuse. Il suffira de mentionner, pour la curiosité du fait, un arrêt rendu en 1871 qui a décidé que la croix apposée à un acte ne peut être considérée comme l'équivalent de la signature, et que, par suite, l'acte ne peut pas même servir de commencement de preuve par écrit. » Voir aussi n° 496 et t. 18, n° 579.

Demolombe dit aussi, t. 29, n° 355 : « Une condition est essentielle, et de celle-ci on peut dire qu'elle est législativement requise par la dénomination même que la loi donne à cet acte. C'est la signature de la partie ou des parties contre lesquelles l'acte *sous seing privé* doit faire preuve » ; et n° 35 : « Dans notre très-ancien droit, à une époque où peu de personnes savaient écrire, on se contentait, au lieu de la signature, d'une marque quelconque, d'un sceau, d'un cachet, d'une croix. Mais cette pratique avait cessé déjà depuis l'ordonnance de 1867, et très-justement ! car ces sortes de signes ne constituant pas une écriture susceptible d'être reconnue, ne pouvaient, en vérité, servir ni de preuve, ni même de commencement de preuve. Il importe sans doute de favoriser et de faciliter la rédaction des actes sous seing privé... Mais ce qui n'est pas moins important dans l'intérêt privé des parties elles-mêmes, aussi bien que dans l'intérêt public de la bonne administration de la justice, c'est que les actes sous seing privé auxquels elles ont recours offrent des garanties suffisantes de sincérité, et fournissent, en cas de dénégation ou de méconnaissance de l'écriture, des moyens possibles de vérification. Rien donc aujourd'hui ne saurait remplacer la signature, ni sceau, ni cachet, ni croix ; et cela lors même que ces marques seraient apposées en présence de deux ou trois témoins : *Bourges,* 24 février 1832 (S. 32, 2, 539) ; *Cass.,* 8 novembre 1842 (S. 43, 1, 33). »

Ces autorités, cette doctrine et cette jurisprudence unanimes prévaudront sans doute.

Nous aurons à revenir sur cet arrêt en parlant de la transcription.

En Algérie, où les sceaux, les cachets, les marques, les attestations de témoins, en usage hier, le sont même aujourd'hui, retenons bien que l'acte sous seing privé n'a aucune force, même entre parties, s'il n'est signé par celui à qui on l'oppose. La convention peut exister, la preuve manque absolument.

85. — Un arrêt de la Cour d'Alger, 22 janvier 1887 (*Revue algérienne* 1887.2.71), a décidé qu'à Tunis un acte notarié est sans force probante contre l'Européen qui ne l'a pas signé.

Il pose en principe que la signature de l'Européen est exigée dans la Régence, même pour l'acte notarié; des autorités contraires étaient citées, et malgré la controverse, malgré l'acte notarié, l'obligation a été déclarée inexistante, puisque l'acte devait être signé et ne l'était pas.

86. — Si l'acte est signé par un mandataire, il est valable comme acte sous seing privé, mais il faut prouver le mandat, par écrit au-dessus de 150 francs, ou par témoins avec un commencement de preuve par écrit, si la valeur est moindre.

Le chef de famille est-il le mandataire de tous les membres de la famille? Non, certainement, s'il s'agit d'une terre française, ou si la vente a lieu entre personnes de statuts différents.

Un communiste ne représente pas son communiste pour les actes d'aliénation.

On peut se porter fort pour autrui ou stipuler pour autrui, mais dans les termes de l'art. 1120 et de l'art. 1121; celui pour lequel on s'est porté fort, dont on a géré l'affaire, n'est pas directement obligé, et l'acte signé par le tiers ne fait preuve que contre celui-ci; la propriété dont il a disposé n'est pas transférée.

Enfin, si, en présence de la partie, à sa prière, avec son autorisation, un tiers signe pour elle, et, du nom de la partie, l'acte sera-t il signé? Il est signé, c'est incontestable; la partie peut ne pas dénier la signature, mais si elle la dénie, la signature n'aura aucune valeur. Si elle ne la dénie pas, elle sera liée. L'acte sera-t-il opposable aux tiers? Ceci est très-douteux; une signature fausse n'a aucun caractère probant, la preuve de l'obligation résultera, non de la signature, mais d'un aveu opposable à celui qui a avoué, non au tiers dont le titre est antérieur à l'aveu.

La Cour a eu quelquefois à statuer sur ces questions entre deux acquéreurs ou entre un acquéreur et un créancier hypothécaire. Nous citerons les arrêts en parlant des effets de l'acte sous seing privé et de sa transcription à l'égard des tiers ; dès à présent nous pouvons dire que si, entre Musulmans et pour des terres non encore françaises, la Cour a admis très-souvent que la convention conclue par le chef de famille lie toute la famille, elle ne l'a jamais décidé, à notre connaissance, quand l'immeuble était devenu français définitivement ; que, le 16 mai 1881, elle a décidé que la preuve du mandat ne peut être faite par témoins quand il s'agit d'une terre française vendue par des communistes se portant fort pour tous les communistes ; que, le 7 avril 1884, elle a admis un télégramme comme preuve du mandat de vendre ; que, le 12 décembre 1881, elle a regardé comme valable la signature donnée par un tiers en présence et avec l'autorisation de celui qui aurait dû signer. A l'égard des tiers cela nous paraît quelque peu hasardé, et le fait a pu dominer le droit, comme cela arrive *quelquefois ;* le tiers n'avait pas d'ailleurs contesté la signature (1).

87. — La loi exige d'autres conditions moins essentielles que la signature : c'est le double original et la mention du double, si la convention est synallagmatique ; c'est le *bon* ou *approuvé,* si la convention unilatérale contient l'obligation de payer une somme d'argent (Art. 1325 et 1326 du Code civil).

Aux termes de l'art. 1325, la nullité pour défaut de mention des doubles est couverte par l'exécution ; l'exécution couvre également, d'après la jurisprudence et la doctrine, le défaut de double.

Enfin, la jurisprudence et la doctrine admettent que l'acte non fait double et celui non revêtu de la mention du *fait double* et du *bon* ou *approuvé* servent de commencement de preuve par écrit. M. Demolombe l'admet pour les deux derniers cas, non pour le premier.

Nous devons, dans cet ouvrage spécial, nous borner à ces idées générales pour en faire l'application à notre matière.

Il en résulte déjà qu'il y a une grande différence entre

---

(1) La Cour de cassation, 26 oct. 1887, vient de décider que si l'acte sous seing privé, non signé de toutes les parties, est nul, il ne peut être attaqué s'il y a preuve légale du mandat donné par l'une des parties à une autre de la représenter, ou exécution volontaire de l'acte par la partie absente.

l'absence de signature et l'absence des formalités exigées par les art. 1325 et 1326 : — Sans signature, il n'y a pas d'acte, même irrégulier, c'est le néant; sans double, l'acte synallagmatique subsiste; il peut contribuer à prouver la convention contre celui qui l'a signé; il en est de même du défaut de mention du double original et de l'absence du *bon pour* ou de *l'approuvé*.

88.— L'acte sous seing privé peut être écrit en langue étrangère; c'est un principe certain : Demolombe, t. 29, n° 367.

Mais, en Algérie, on y a dérogé par l'arrêté du 9 juin 1831; si les contractants ne parlent pas la même langue, l'acte doit être écrit dans les deux langues, l'une en regard de l'autre, sinon l'acte serait nul.

Ainsi jugé par arrêts du 20 décembre 1878 (1) et du 2 février

---

(1) (*Abdelkader bel Abbès c. Décrion*). — Attendu qu'aux termes de l'arrêté colonial du 9 juin 1831, dont l'autorité légale a été sanctionnée par une jurisprudencce constante, toute convention sous seing privé entre des Européens et des Indigènes n'est valable qu'autant qu'elle aura été écrite dans les langues des contractants placées en regard l'une de l'autre; — Attendu que cette disposition implique nécessairement un même texte à version alternative et dans l'espèce, version française et musulmane; — Que dans l'une et l'autre de ces versions, les clauses du contrat doivent être identiquement reproduites de manière à ce que chaque partie dans une convention synallagmatique comme le cas actuel, puisse apprécier à quoi elle s'oblige, à quoi s'oblige son contractant; — Attendu que dans l'acte de bail précité, invoqué par Décrion, il existe des défectuosités notables au point de vue de l'exécution de l'arrêté du 9 juin 1831 qui édicte ces dispositions à peine de nullité; — Qu'en effet, le texte arabe et le texte français ne sont pas en regard; — Que le texte arabe rappelant vaguement un bail antérieur de huit années, dit que cette année (suit la date du bail qui n'est pas dans la version arabe et qu'il faut prendre dans la version française), c'est-à-dire le 13 septembre 1873, le bail est prolongé de vingt-neuf ans, ce qui porterait son expiration au 13 septembre 1902, tandis que la version française, donnant à supposer aussi un bail préexistant non expiré, dit que le bail prolongé est de vingt-neuf ans, mais ne commençant à courir que le 1er septembre 1881 pour finir à pareille époque en 1910; — Qu'en un mot, d'après la version française, Décrion est reconnu locataire pendant huit années à courir de plus que dans la version arabe : — Attendu que les deux textes portent aussi d'autres différences: que dans la version française le prix du bail est de 1,200 fr. payés comptant; dans la version arabe il est dit que le bailleur est payé en totalité, sans que le prix du bail soit déterminé; que dans l'une et l'autre de ces versions, les limites des parcelles louées ne sont pas libellées de la même manière; qu'enfin l'interprète traducteur assermenté déclare que le texte arabe est empreint d'obscurité, d'incorrection et paraît émané d'un individu illettré; — Attendu qu'un acte

1880 (1).

89. — Les effets de l'acte sous seing privé sont particuliers à la loi algérienne, ou dérivent de la loi française, applicable à l'Algérie quand l'acte est passé entre individus de statuts différents ou est relatif à un immeuble français.

Au point de vue de la loi algérienne, l'acte sous seing privé diffère de l'acte authentique, en ce qu'il ne rend pas français l'immeuble qui ne l'est pas déjà, en ce qu'il ne dispense pas l'acquéreur des formalités du titre II, et, par suite, ne lui permet pas non plus de recourir à la purge spéciale du titre III.

Le législateur a redouté, non sans quelque raison, la mauvaise rédaction, les inexactitudes de l'acte sous seing privé, les fraudes dont il peut être plus facilement l'objet.

Cependant l'art. 2 de la loi du 26 juillet 1873 attache à l'acte sous seing privé les mêmes effets qu'à l'acte authentique pour la transcription. Nulle part la loi ne limite l'effet de la transcription de l'acte sous seing privé constatant la transmission d'un droit réel : la transcription du titre définitif délivré conformément à l'article 18, prévaut-elle contre la transcription antérieure de l'acte sous seing privé, quand le droit du bénificiaire du titre définitif dérive du même auteur

---

synallagmatique établi dans ces conditions est contraire aux prescriptions formelles de l'arrêté précité, en ce que les parties traitant individuellement sans l'assistance d'aucun officier public ayant qualité, n'ont pu se rencontrer dans un consentement éclairé réciproque ; que la nullité doit être prononcée. — Par ces motifs, etc.

MM. Truaut, *pr.* ; de Vaulx, *subst. du proc. gén.* ; Chéronnet, Bouriaud, *av.*

(1) *(André c. Roman).* — Les motifs sur cette question sont ainsi conçus:

Attendu que les premiers juges ont sagement décidé, en principe, que l'arrêté du 9 juin 1831 était toujours en vigueur en Algérie et, en fait, que les deux actes de vente de 1874 avaient formellement contrevenu aux dispositions de cet arrêté, puisqu'ils ne contiennent, au lieu d'une version alternative dans les deux langues, qu'une version française ; — Qu'il faut ajouter après eux, sur ce point, en présence des conclusions d'appel, que les formes de l'arrêté du 9 juin 1831 sont substantielles et que leur omission, laissant planer une incertitude sur la sincérité ou la liberté de la convention, constitue un vice qui atteint l'essence du contrat et ne permet pas même d'attacher à l'acte défectueux et incomplet la valeur d'un commencement de preuve par écrit ; — Qu'à défaut de cet instrument de preuve, on ne saurait, même en Algérie, malgré l'article 37 de l'ordonnance de 1842, admettre la preuve testimoniale en une matière que la loi du 16 juin 1851 a ramenée sous l'empire du droit commun. — Par ces motifs, etc.

MM. Bazot, *pr. pr.* ; Piette, *av. gén.* ; Chéronnet, Huré, *av.*

que celui du titulaire de l'acte sous seing privé premier transcrit? C'est une question que doit résoudre l'interprétation de l'art. 19.

90. — La règle générale de notre droit français est que toute convention, et tout acte qui la prouve, lient les parties, non les tiers, qu'ils peuvent être opposés aux ayants-cause des parties, à ceux dont le droit a la même cause, et repose sur ce titre, non à ceux qui ont un intérêt propre contraire.

« Les conventions, porte l'art. 1165, n'ont d'effet qu'entre les parties contractantes; elles ne nuisent point *aux tiers,* et elles ne leur profitent que dans le cas prévu par l'art. 1121. »

Voilà pour les conventions ; pour leur preuve, l'art. 1320 dit que l'acte authentique et l'acte sous seing privé font foi *entre les parties* de ce qui y est exprimé; — l'art. 1321, que les contre-lettres ne sont pas opposables *aux tiers.*

L'art. 1322 est ainsi conçu : « L'acte sous seing privé, reconnu par celui auquel on l'oppose, ou légalement tenu pour reconnu a, entre ceux qui l'ont souscrit et entre leurs héritiers et ayants-cause, la même foi que l'acte authentique. »

L'acte authentique fait foi de la convention qu'il constate jusqu'à inscription de faux; l'acte sous seing privé n'en fait foi que s'il est reconnu vrai *par celui auquel on l'oppose,* ou s'il a été vérifié et reconnu vrai.

L'acte authentique fait foi de sa date à l'égard de tous; l'acte sous seing privé n'a de date contre les tiers, que : 1° du jour de son enregistrement; 2° du jour de la mort de celui qui l'a souscrit; 3° du jour où sa substance est relatée dans un acte public (art. 1328).

Partout nous trouvons cette distinction entre les ayants-cause et les tiers; après une célèbre controverse le sens en est désormais fixé.

Celui dont le droit a sa cause dans le droit d'un autre est l'ayant-cause de celui-ci, il le représente activement et passivement pour le passé, pour l'époque antérieure au jour où il a acquis un droit propre, distinct, étranger, contraire même à celui de son auteur. Dorénavant ils sont *tiers* l'un à l'égard de l'autre.

L'acquéreur n'est l'ayant-cause du vendeur que pour les actes antérieurs à la vente. Il invoque les droits du vendeur et il subit les actes par lesquels ces droits ont été altérés, son auteur n'ayant pu lui transmettre que les droits qu'il avait lui-même au moment de la vente. Mais, après la vente, le vendeur ne peut plus disposer de rien, et ses actes ne peuvent nuire à l'acquéreur, qui a un droit propre sur la chose vendue.

Comment reconnaître si les actes sont antérieurs ou postérieurs à la vente? L'antidate est facile sur un acte sous seing privé. La date ne sera opposable aux tiers que si elle est *certaine ;* et la date est certaine dans les trois cas prévus par l'art. 1328.

Entre deux ventes sera préférée celle qui a une date certaine.

Cette règle générale, absolue, s'applique à tous les actes sans exception, à ceux qui confirment, qui dénient ou modifient un acte, comme à celui qui constate un aveu ; elle s'applique au jugement et au serment, tous ne sont pas opposables à l'acquéreur antérieur.

Telle est, en quelques mots, la théorie de la loi française, si différente de la loi musulmane. C'est dans ce pays qu'on peut apprécier l'excellence de notre loi : sans date certaine, la foi des contrats serait impunément violée, violée par les Indigènes, violée par les Européens ; même avec la date certaine elle court de grands risques, ce qui explique la préférence du législateur pour l'acte notarié.

Il faut donc maintenir intacte la règle de l'art. 1328.

91. — La jurisprudence a toutefois exclu le cas de fraude prouvée, résultant de la collusion d'un tiers avec le vendeur pour détruire l'effet d'un acte n'ayant pas date certaine, mais dont il connaissait l'existence.

92. — Depuis la promulgation en Algérie de la loi sur la transcription, la priorité de la transcription l'emporte sur la priorité de la date certaine, entre acquéreurs d'un même auteur, mais, entre actes non transcrits, c'est la date certaine qui sert à déterminer la priorité du droit réel, sur tous les immeubles entre Européens ou individus de statuts différents, sur les immeubles français, même entre indigènes.

Les actes du vendeur ne sont opposables à ses acquéreurs que s'ils ont date certaine antérieure à leur titre, et, malgré la transcription de son titre, un acquéreur ne peut les opposer à l'autre, que s'ils ont une date certaine antérieure à la transcription du titre de celui auquel il l'oppose. Pour les actes antérieurs à la promulgation en Algérie de la loi du 23 mars 1855, c'est la date certaine qui règle la priorité, si toutefois ils avaient une date certaine avant la promulgation.

93. — L'art. 1338 est ainsi conçu : « L'acte de confirmation ou ratification d'une obligation *contre laquelle la loi admet l'action en nullité ou en rescision,* n'est valable que lorsqu'on

y trouve la substance de cette obligation, la mention du motif de l'action en rescision, et l'intention de réparer le vice sur lequel elle est fondée ; à défaut d'acte de confirmation ou ratification, il suffit que l'obligation soit exécutée volontairement après l'époque à laquelle l'obligation pouvait être valablement confirmée ou ratifiée. — La confirmation, ratification ou exécution volontaire, dans les formes et à l'époque déterminée par la loi, comporte la renonciation aux moyens et exceptions que l'on pouvait opposer contre cet acte, *sans préjudice, néanmoins, du droit des tiers.* »

Cet article, dans ses derniers mots, ne fait qu'appliquer à la confirmation, ratification ou exécution des obligations susceptibles de nullité ou de rescision, la règle de l'art. 1165 sur l'effet des conventions à l'égard des tiers. Les art. 1322 et 1328 sur la preuve des conventions, et sur la date certaine des actes sous seing privé, régissent l'*acte* de confirmation ou ratification (1), comme tous les autres actes.

On a beaucoup discuté sur le point de savoir si l'art. 1338 concerne les obligations nulles ou inexistantes, les uns soutenant qu'il ne s'applique qu'à ces obligations, les autres qu'il ne s'applique qu'aux obligations annulables ou rescindables, le néant ne pouvant être confirmé; l'acte de confirmation n'aurait, dans cette dernière opinion, que la valeur d'un acte fait à sa date, sans pouvoir rétroagir, même à l'égard des parties. On ne confirme pas le néant, on ne donne pas la vie à un non-être. — V. Demolombe, t. 29, n° 729 ; Larombière, sur l'art. 1338; Laurent, t. 18, n° 564.

Telles sont les obligations sans cause, sans consentement, sans objet.

Ceux qui pensent que l'art. 1338 s'applique à ces obligations absolument nulles, admettent nécessairement que la confirmation ne rétroagit pas à l'égard des tiers, qu'elle ne peut leur nuire. Ils ne se séparent des partisans de l'autre système, que relativement à la confirmation de l'obligation annulable.

Ainsi, pour tous, la confirmation de l'obligation nulle n'est pas opposable aux tiers, ayant un droit propre antérieur. D'où la conséquence que non seulement l'acte confirmatif devra être prouvé par écrit au-dessus de 150 fr., mais qu'il devra avoir date certaine antérieure pour pouvoir leur être opposé.

---

(1) La ratification est l'approbation de l'acte d'un mandataire ou d'un gérant d'affaires, de l'acte auquel on n'a pas concouru. Quoique l'art. 1338 emploie ce terme comme synonyme de confirmation, nous ne l'emploierons pas, à l'exemple des auteurs, pour éviter toute confusion.

94. — Tel est l'effet de la confirmation, relative à la convention prouvée ou non par un acte régulier.

Mais si une convention que, par hypothèse, nous supposerons existante, n'est prouvée que par un acte radicalement nul, par un acte sous seing privé non signé par celui qui a transféré le droit, peut-on confirmer cet acte, et quel sera l'effet de cette confirmation?

La jurisprudence a maintes fois décidé que l'art. 1338 ne s'applique qu'aux obligations, aux conventions, et non aux actes qui prouvent une convention, qu'ils sont régis seulement par les principes de la preuve littérale; et telle paraît être la doctrine de Laurent, t. 18, n° 578 et suiv.

Que la convention, non prouvée par un acte nul, par un acte sous seing privé non signé, puisse être confirmée, si elle a un vice, nul doute; qu'elle puisse être prouvée autrement que par l'acte nul, cela est encore certain; mais l'acte nul peut-il être confirmé comme *acte*, comme preuve?

Ce qui est incontestable et incontesté, c'est que l'écrit, *nul comme acte*, n'a aucune force probante, disparaît comme preuve littérale. A cette preuve absente on peut en substituer une autre, qui aura sa date, sa valeur propre, qui n'en communiquera aucune à l'acte nul, et n'en recevra aucune.

Un écrit non signé, dit Laurent, n'est pas un acte, donc il n'y a pas de preuve littérale.

Si la signature n'a pas été donnée, c'est par oubli, par accident, par impossibilité!... Cela peut être, prouvez-le; prouvez-le par écrit, par un aveu, en prouvant la convention; mais cette preuve devra se suffire à elle-même, l'autre n'existant pas.

L'application de l'art. 1338 à la nullité radicale de forme, conduit, d'ailleurs, au même résultat à *l'égard des tiers*. La confirmation de l'acte, si elle était possible, ne pourrait nuire aux tiers, et ne leur serait opposable que si elle résultait d'un acte avec date certaine antérieure à leur droit (1).

La confirmation d'une convention radicalement nulle, inexistante, n'est pas possible. La confirmation d'une preuve qui n'existe pas est encore moins possible. En réalité, ce que l'on veut confirmer c'est la convention non prouvée, et si elle existe, si elle n'a aucun vice, elle n'a pas besoin d'être confir-

---

(1) V. sur cette question, Demolombe, t. 29, n°s 726 et suiv. ; Larombière, art. 1338; Laurent, t. 18, n° 578; Dalloz, *Oblig.* n° 4495; et non au mot *Transcription*, n° 101, dont l'auteur a fait une confusion entre la confirmation de l'acte et celle de la convention, tout en reconnaissant cependant que la confirmation d'un acte est plutôt une autre preuve qu'une confirmation. Voir surtout l'arrêt de *Douai*, 7 janv. 1836,

mée, elle ne peut l'être ; la prétendue confirmation n'est qu'une preuve ; elle peut être suffisante contre les ayants cause, elle n'est pas opposable aux tiers qui ont un titre antérieur ; l'acte confirmatif ne l'eût pas été davantage, puisqu'il n'est pas opposable aux tiers.

Il n'est donc pas douteux que toute preuve (au-dessus de 150 fr.) ou toute confirmation d'une convention nulle ou d'un acte nul, ne peut être opposée aux tiers que si elle a une date certaine antérieure à leur droit.

95. — Ces principes reconnus constants, voyons si la convention annulable, et si l'acte annulable peuvent être confirmés au préjudice des tiers, par un acte nouveau, par un jugement, par un aveu, par un serment postérieurs.

Nous appelons toujours *tiers* celui qui a un droit propre et direct ; qui, spécialement, pour rester dans notre sujet, a un droit sur un immeuble, droit de propriété, ou tout autre droit détaché de celui de son auteur.

Si grands que soient les noms de Merlin, de Toullier, de Troplong, il est impossible de soutenir aujourd'hui que l'art. 1338 ne concerne pas *l'acte de confirmation ou ratification d'une obligation contre laquelle la loi admet l'action en nullité ou en rescision.* C'est son texte même. Si ce texte comprend l'action en nullité contre un acte absolument nul, il comprend aussi l'action contre la convention *annulable ou rescindable,* et dès lors la dernière partie de l'article protège les tiers contre toute confirmation, qui leur est préjudiciable.

L'art. 1338 ne le dirait pas, que les art. 1165, 1322, 1328 suffiraient.

Ce n'est pas tout : celui, qui a le droit de demander la nullité d'une convention, peut le céder, en disposer. Si, mineur à l'époque d'une vente annulable, non réalisée suivant les conditions de la loi, le vendeur, devenu majeur, vend le même immeuble à un autre acquéreur, avant d'avoir confirmé la première vente, il lui cède par cet acte tous ses droits sur l'immeuble, il lui cède celui de demander la nullité de la première vente, seul moyen de réaliser la seconde ; il ne peut plus dès lors confirmer la première, car il est garant de la seconde, il ne peut rien faire pour l'empêcher de produire son effet : Demolombe, t. 29, n° 793 et suiv.

Laurent, t. 18, n° 157, précise cette idée en quelques mots : « L'art. 1338 suppose que les tiers ont un droit au moment où se fait la confirmation ; la confirmation, si elle rétroagissait, leur enlèverait ce droit ; or, ils le tiennent de celui qui confirme après leur avoir accordé ce droit ; il peut bien renoncer à la faculté qu'il a d'agir en nullité, mais il ne peut enlever aux tiers, en confirmant, un droit que lui-même leur a accordé. »

La jurisprudence est conforme à l'opinion de Demolombe, de Laurent, de Colmet de Santerre, de Marcadé, etc.: *Besançon,* 30 juillet 1811 ; *Cass.,* 16 janvier 1837 (S. 37, 1, 103). Les auteurs mêmes qui ont une autre opinion relativement à l'hypothèque, admettent cette solution pour la vente. Citons notamment Troplong, *Vente,* t. 1 n° 237 ; Aubry et Rau, t. 3, p. 193, § 239, note 30. En sens contraire on peut citer l'arrêt cassé de *Riom,* 28 mars 1833 et Taulier, t. 4, p. 509.

Il en est ainsi et pour la convention nulle émanée d'un incapable, d'un mineur, d'un interdit, d'une femme mariée, et pour la convention annulable par suite d'une vice du consentement.

Deux objections ont été faites et ont été repoussées : 1° La prescription de l'art. 1304 est opposable aux tiers. — Sans doute, et elle court contre l'acquéreur, qui aurait pu exercer, l'action, aussi bien que contre son vendeur ;

2° La nullité est relative. Oui, en ce sens qu'elle ne peut être exercée par l'autre partie, mais elle peut être exercée par ceux qui représentent l'incapable, ou la partie dont le consentement est entaché de violence, de dol ou d'erreur ; elle peut l'être par ceux qui ont acquis ses droits, par celui qui a acquis l'immeuble avant la confirmation de la première vente nulle.

Ce qui est vrai de la vente est vrai de l'hypothèque. Si la première hypothèque est nulle, la deuxième hypothèque, constituée valablement, prévaudra contre la première, malgré l'acte confirmatif postérieur. Le même texte et les mêmes arguments sont applicables. On a objecté que l'inscription a fait connaître la première hypothèque, que le tiers a su que la confirmation pourrait la valider. On a répondu que toute inscription n'est pas connue ; que, si elle a été connue, elle a révélé le vice, et que le tiers a pu dès lors compter sur la priorité de rang, dont l'acte confirmatif ne saurait le priver. Il a un droit acquis qu'un fait postérieur ne peut lui faire perdre (1).

---

(1) Telle est la doctrine développée par Demolombe, t. 29, n° 797 et suiv. ; Laurent, t. 18, n° 664 et suiv. ; Larombière, t. 4, art. 1338, n° 53 ; Baudry de Lacantinerie, t. 2, n° 1197 ; Marcadé, art. 1338 ; Zachariæ, t. 2, § 266, note 10 ; Grenier *Hyp.,* t. 1, n° 42 ; Duranton, t. 19, n° 344 ; Solon, t. 2, n° 371 ; Fréminville, t. 2, n° 926 ; Massé et Vergé sur Zachariæ, t. 3, § 586, p. 486, notes 27 et 29 ; Martou, t. 3, n° 279.

96. — De l'obligation, de la convention annulable, passons à la preuve de la convention, à l'*acte*, qu'il faut toujours distinguer de la convention dont il doit être la preuve littérale, et que nous supposons valable.

L'acte authentique nul, faux, n'ayant pas même la force d'acte sous seing privé, et l'acte sous seing privé non signé ou faussement signé, ne peuvent être opposés aux tiers, malgré la confirmation postérieure à l'acte qui leur confère un droit; l'acte annulable, confirmé ultérieurement, peut-il leur être opposé? Non certainement.

L'art. 1338 est-il applicable à l'*acte* comme aux obligations, aux conventions? C'est encore une question. On ne peut confirmer une preuve absente ou insuffisante que par une autre preuve. L'acte confirmatif d'une preuve, c'est une preuve nouvelle substituée à celle qui fait défaut. Si l'on confirme la convention, sans confirmer l'acte, l'acte devient inutile; il ne peut être question de confirmer une convention que nous supposons valable, il s'agit de la prouver, l'acte ne suffisant pas à faire la preuve. Cette preuve nouvelle ou additionnelle sera régie par l'art. 1341 et l'art. 1328; elle ne sera opposable aux tiers que si elle a date certaine.

Si on l'appelle acte confirmatif, l'art. 1328 devant être appliqué, la confirmation ne pourra rétroagir contre les tiers, et l'acte confirmatif devra avoir une date certaine antérieure. Le résultat est le même; on ne peut opposer aux tiers aucun acte de leur auteur postérieur à leur titre, qu'on le qualifie de preuve ou d'acte confirmatif.

Mais si l'acte annulable a une date certaine antérieure, s'il est signé, il peut servir de commencement de preuve par écrit rendant admissibles la preuve testimoniale et les présomptions. Par ce moyen, on pourra suppléer, même à l'égard des tiers, à l'insuffisance d'un acte non fait double et de celui qui ne porte pas la mention du double.

Dans la jurisprudence nous citerons :

Nancy, 1er mai 1812; *Rennes,* 4 janvier 1815; *Cass.,* 21 mars 1826, 6 juillet 1831; *Cass. belge,* 18 novembre 1833; *Douai,* 20 juin 1838; *Paris,* 23 juillet 1838; *Douai,* 18 mars 1840; *Riom,* 31 juillet 1851; *Cass.,* 7 février 1854 (D. 54, 1, 49); *Cass.,* 26 novembre 1856 (D. 56, 1, 385); *Cass.,* 3 août 1859 (S., 59, 1, 801; P. 60, 418; D., 59, 1, 419); *Montpellier,* 6 janvier 1866 (S. 66, 2, 280; D., 66, 2, 41).

La doctrine paraît donc fixée, au palais comme à l'école, malgré l'opinion contraire soutenue par Merlin *Hyp.*, § 4, n° 4; Toullier, t. 7, n° 570; Troplong *Hyp.*, t. 2, n° 487 et suiv. ; Aubry et Rau, t. 2, § 266; Pont, *Priv. et hyp.*, n° 616, et un arrêt de *Paris* du 15 décembre 1830.

97. — Nous n'avons pas parlé de l'exécution volontaire ratifiant la convention et l'acte nuls.

S'il s'agit d'un fait matériel d'exécution, il peut être prouvé par témoins et par présomptions, quelle que soit la valeur. S'il s'agit d'actes juridiques, un écrit est nécessaire, au-dessus de 150 francs, et la date de cet acte doit être certaine suivant les termes de l'art. 1328. — Telle est la doctrine fort exacte enseignée par Laurent, t. 18, n° 649.

98. — Il ne faut pas confondre la ratification avec la confirmation. Celui dont l'affaire a été gérée peut ratifier cette gestion, le mandant peut ratifier l'acte du mandataire qui a excédé le mandat.

Cette ratification lie toujours la partie qui l'a faite, quelle que soit sa date, mais elle n'est pas opposable au tiers, si elle n'a une date certaine antérieure au titre personnel de celui-ci.

99. — Nous devons appliquer au serment, à l'aveu, les mêmes principes qu'aux autres modes de preuve, et qu'au jugement.

Ce sont, tous, des actes juridiques.

Au principe : *inter alios acta*, correspond celui de : *inter alios judicata*. On ne peut opposer aux tiers la chose jugée *entre autres* (*inter alios*) ; et l'acquéreur, le créancier hypothécaire sont des tiers quand le jugement est postérieur à la convention, à l'acte qui leur a conféré un droit propre. Leur auteur ne peut plus les représenter ; il est devenu un étranger, *un tiers* pour eux.

Le jugement a date certaine ; il est opposable à l'acquéreur d'un droit réel et au créancier hypothécaire postérieurs ; si leur titre est antérieur, le jugement ne leur est pas opposable.

Il en est de même du serment et du jugement qui le constate.

Il en est de même de l'aveu : antérieur, il peut être opposé ; postérieur, non. En outre, l'aveu doit être prouvé. Au-dessus de 150 francs, il doit l'être par un acte ayant date certaine ; si la date est antérieure, l'acquéreur n'a aucun droit, son vendeur n'a pu lui transmettre les droits qu'il n'avait plus ; si elle est postérieure, le vendeur n'a pu lui enlever les droits dont il s'était dessaisi et dont il est garant.

L'aveu lie les parties entre elles ; il lie celui qui l'a fait, non les tiers.

Nous nous bornerons à citer ici ce que dit Laurent, t. 19, n° 277, p. 300 : « L'aveu, comme toute manifestation de la volonté, n'a d'effet qu'entre les parties qui interviennent dans le fait juridique; si l'acte est opposé au signataire, et s'il avoue que la signature est de lui, cet aveu est, à la vérité, absolu à l'égard du signataire, mais il n'a pas d'effet à l'égard des tiers. »

100. — Toute cette théorie se résume en ces mots : Quiconque a un droit propre est un tiers.

Les actes de son auteur peuvent être invoqués par lui, et peuvent lui être opposés, s'ils sont antérieurs; non, s'ils sont postérieurs.

Si ces actes sont des faits matériels, ils peuvent être prouvés par témoins.

S'ils sont des faits juridiques, ils ne peuvent être prouvés par témoins que pour une valeur de 150 fr. et au-dessous; au-dessus, ils doivent être prouvés par acte ayant date certaine antérieure.

Cela est vrai pour toutes les conventions, pour tous les actes qui en font la preuve, pour les actes authentiques ou sous seing privé, pour les actes de confirmation, de ratification, pour le serment, pour l'aveu, pour les jugements.

Il est essentiel de fixer les principes dont nous allons faire l'application ; l'irrégularité trop fréquente des actes sous seing privé, en Algérie, rend plus nécessaire la connaissance exacte de la doctrine et de la jurisprudence, que chacun oublie si facilement.

Toute cette matière a été traitée magistralement par Laurent, et Demolombe l'avait exposée, avant lui, avec la clarté toute française qui distingue ses écrits. C'est là qu'il faut l'étudier.

La loi sur la transcription a modifié ces principes sur un point: entre deux actes émanés du même auteur, la préférence sera due, non plus à celui qui a la date certaine antérieure, mais à celui qui a été transcrit le premier.

Toutefois ce privilège n'est accordé qu'à l'*acte translatif* du droit de propriété ou d'un droit détaché de la propriété, à l'*acte* qui constate et prouve par lui-même le transfert du droit soumis à la transcription.

Si l'acte transcrit ne fait pas preuve complète du droit, l'acte, d'où résultera le complément de preuve, devra, ou être transcrit, ou avoir une date certaine pour être opposable aux tiers, suivant que le premier acte est nul ou annulable.

Entre deux actes non transcrits, la date certaine réglera encore la priorité.

Il faut donc combiner les principes de la date certaine avec ceux de la transcription; nous connaissons les premiers, étudions les seconds.

101. — La loi du 23 mars 1855 est ainsi conçue :

« Art. 1er. — Sont transcrits au bureau des hypothèques de la situation des biens : 1° tout *acte entre vifs, translatif de propriété immobilière,* ou de droits réels susceptibles d'hypothèque ; 2° tout *acte* portant renonciation à ces mêmes droits ; 3° tout *jugement* qui déclare l'existence d'une *convention verbale* de la nature ci-dessus exprimée ; 4° tout *jugement* d'adjudication autre que celui rendu sur licitation au profit d'un cohéritier ou d'un copartageant.

» Art. 2. — Sont également transcrits : 1° tout *acte* constitutif d'antichrèse, de servitude, d'usage et d'habitation ; 2° tout *acte* portant renonciation à ces mêmes droits ; 3° tout *jugement* qui en déclare l'existence en vertu d'une *convention verbale ;* 4° les baux d'une durée de plus de 18 années ; 5° tout *acte* ou *jugement* constatant, même pour bail de moindre durée, quittance ou cession d'une somme équivalente à trois années de loyers ou fermages non échus.

» Art. 3. — Jusqu'à la transcription, les droits résultant des *actes* et *jugements* énoncés aux articles précédents, ne peuvent être opposés aux tiers qui ont des droits sur l'immeuble et qui les ont conservés en se conformant aux lois. »

La loi soumet à la transcription les *actes* translatifs de propriété ou des droits qu'elle énumère, c'est-à-dire les actes qui constatent l'existence d'une convention translative de ces droits, et les *jugements* qui déclarent ou constatent l'existence d'une convention verbale de la même nature. Ce texte paraît d'une clarté éblouissante, et presque tous les auteurs sont de cet avis. Pour transcrire, il faut : 1° une convention translative de propriété ou de l'un des droits énumérés par la loi ; 2° un *acte* ou un *jugement* prouvant ce droit ; la convention verbale ne peut être transcrite que si elle est constatée dans un jugement, ou transformée en *acte*.

Le texte le répète à satiété. M. Mourlon a contesté, mais dans des limites qu'il sera utile de préciser.

En Algérie, où les conventions verbales chez les Musulmans sont si fréquentes, il est essentiel de savoir si une convention verbale *non actée,* selon l'expression de Laurent, peut être transcrite.

102. — Avant la discussion de la loi, M. Pont (*Revue critique,* t. 4, 1854, p. 157), avait demandé que le législateur exigeât un acte public pour la transmission de la propriété à l'égard des tiers, et la transcription de cet acte public, en d'autres termes, que l'acte public seul pût être transcrit ; il démontrait que

dans nos coutumes l'acte sous seing privé n'était pas admis, si les parties ne comparaissaient devant l'officier public pour reconnaître l'acte, pour *le réaliser*; c'est la source du droit belge qui ne reçoit à la transcription que les actes publics.

En Allemagne, on vérifie avant la transcription si le droit réel appartient à celui qui la requiert; une fois faite, la transcription est la loi absolue des tiers. Celui qui conteste le droit de l'inscrit peut *prénoter* son action; cette prénotation n'est pas une inscription, une transcription, c'est un avertissement qui tient le droit en suspens jusqu'au jugement. Il ne faut donc pas la confondre avec la transcription d'une convention verbale, non plus que la transcription allemande faite après vérification du droit qu'on veut faire transcrire, avec la transcription belge ou française faite par le conservateur sans aucun contrôle, et qui n'est qu'une simple copie textuelle de l'acte.

La lutte s'engagea au sein de la Commission et au Corps législatif : l'acte sous seing privé serait-il admis à la transcription comme l'acte public ? Sous la loi de l'an VII, la question avait été déjà soulevée; l'administration exigeait un acte public, la Cour de cassation décida que l'acte sous seing privé pouvait être transcrit, et un avis du Conseil d'État interpréta la loi en ce sens. Après des débats assez vifs, la même solution a été adoptée législativement en 1855 : *tout acte,* dit l'art. 1er. Tout acte, sans doute, mais un acte. Personne n'eut même l'idée de demander que la convention verbale pût être transcrite sur une simple déclaration, l'art. 1er et l'art. 2 ne soumirent à la transcription que le jugement déclarant l'existence de la convention verbale.

103. — *Transcrire* c'est copier un écrit, c'est *transférer* un écrit sur un registre ou ailleurs; transcrire *un acte translatif de propriété*, c'est copier *un acte* authentique ou *un acte* sous seing privé, — il n'y en a pas d'autres (art. 1341), — c'est copier l'écrit, l'instrument qui sert de preuve à la convention translative de propriété. Il faut donc : 1° une convention transférant la propriété; 2° la preuve écrite de cette convention sous forme d'acte; 3° la copie entière de cet acte sur un registre, pour que la propriété soit transférée *à l'égard des tiers.* Entre parties la convention suffit; pour la preuve il faut, au-dessus de 150 fr., un acte ou l'aveu. L'aveu ne peut être opposé aux tiers qui ont un droit antérieur, pas plus que l'acte sans date certaine; et la preuve testimoniale même au-dessous de 150 fr. ne suffit pas contre les tiers, puisque la loi exige la *transcription* de l'instrument de preuve, de *l'acte,* ce qui supprime totalement, au regard des tiers, la preuve testimoniale d'une

convention translative de propriété ; pour eux il faut un écrit, un acte, et un acte transcrit, servant au moins de commencement de preuve par écrit.

104. — Pour l'hypothèque la loi exige : 1° la constitution de l'hypothèque ; 2° un acte et un acte public ; 3° l'inscription par extrait de cet acte, l'inscription des conditions essentielles sous peine de nullité. Pour la transcription, la loi impose des conditions analogues. Avant tout, il faut une convention transférant le droit. Moins exigeante pour la deuxième condition relative à l'acte, qui peut être sous seing privé, la loi l'est davantage pour la troisième, elle ne se contente pas de l'inscription d'un extrait, d'un bordereau ; elle veut la copie entière de l'acte, pour que les tiers puissent en vérifier la validité, et apprécier s'ils doivent en tenir compte, sous leur responsabilité.

Un prêteur, en présence d'une inscription nulle, quoique averti de l'existence d'une créance, peut prêter avec sécurité, sans tenir compte de l'inscription nulle ; un acheteur, au vu de la transcription d'un acte, peut traiter, si l'acte transcrit lui paraît nul. La simple connaissance de la vente, si l'acte est nul, ne le constitue pas en fraude ; il faut une collusion avec le vendeur ou des manœuvres caractérisées. C'est pour qu'il puisse juger, par lui-même, de la validité ou de la nullité de la vente, que la copie entière de l'acte est faite sur le registre public, dans l'intérêt général et supérieur du crédit foncier, sinon la date de l'acte et quelques indications sur l'immeuble vendu, sur le vendeur et l'acquéreur, eussent suffi.

105. — En Belgique on veut en outre un acte public ; en Allemagne on vérifie avec soin, on juge, avant de transcrire, si la propriété a été réellement transmise. Le fonctionnaire, chargé de ce service, fait ce qu'en France le tiers doit faire lui-même ; si l'acte est transcrit, quoiqu'il soit nul, il est opposable aux tiers, tant qu'ils ne l'ont pas fait annuler.

Pourquoi, en France, exige-t-on un acte public pour la constitution d'hypothèque, tandis qu'un simple acte sous seing privé suffit pour l'aliénation? Il y a évidemment, là, un défaut d'harmonie dans la législation. Mais, dans les deux cas, il faut un acte, et l'acte sous seing privé passe sous les yeux du conservateur, qui le copie, qui le transcrit intégralement. C'est déjà une garantie.

A ces divers systèmes on pourrait en préférer un autre, que la nécessité a fait adopter, en Algérie, pour les actes délivrés en exécution de la loi de 1873 ; c'est le dépôt d'un original de l'acte au lieu de sa transcription, qui est remplacée par la mention du dépôt sur un registre courant. L'acte sous seing privé transcrit peut être égaré ; déposé, il ne peut être perdu, et, au lieu d'une copie on vérifie l'original.

Nous n'avons pas ici à rechercher quel est le meilleur système, mais bien quel est celui que le législateur a adopté. Or, les termes si clairs, si formels, des art. 1 et 2, ne peuvent laisser de doute.

106.— Laurent, t. 29, n° 32, p. 46, s'exprime ainsi: « La première condition requise pour qu'il y ait lieu à la transcription est qu'il existe un acte translatif de droits réels immobiliers. Qu'entend-on par acte en cette matière? C'est l'écrit constatant une convention.... C'est le sens du mot *acte* que la loi distingue en actes authentiques et actes sous seing privé.... Il ne suffit donc pas qu'il y ait un contrat translatif de droits réels immo· biliers pour qu'il y ait lieu à transcription. Transcrire c'est copier, et pour copier il faut un écrit que le conservateur puisse transcrire; si les parties n'ont pas dressé d'acte de leurs conventions, elles ne pourront pas remplir les formalités de la transcription; par suite, leurs conventions n'auront aucun effet à l'égard des tiers, la condition sous laquelle elles sont opposables aux tiers ne pouvant être remplie... La vente verbale transporte la propriété à l'égard de l'acheteur, elle ne la transporte pas à l'égard des tiers; l'acheteur ne peut pas devenir propriétaire à l'égard des tiers jusqu'à ce que le contrat ait été constaté par un écrit admis à la transcription. »

Tous les auteurs enseignent la même doctrine : Flandin, n° 76; Gauthier, n° 40; Troplong, n° 99; Verdier, t. 1, n° 48; Berger, n° 29; Aubry et Rau, t. 2, p. 287, § 209, note 4. Dans ce sens, voir les arrêts de la Cour de cassation : 11 janvier 1870 (S., 70, 1, 60); 18 juillet 1882 (S., 83, 1, 377; D., 83, 1, 233); de *Paris,* 6 mars 1885 (D., 67, 2, 25).

Mourlon, t. 1, n° 26, a émis une opinion contraire que l'on trouvera, dit-il, *paradoxale.* Il a été réfuté directement et victorieusement par Flandin; mais il atténue beaucoup s'il ne le supprime complètement, le danger de cette théorie, qu'un répétiteur de droit, et non un homme versé dans les affaires, a pu imaginer. Il reconnaît, en effet, que l'aveu du vendeur ne peut être opposé à une vente transcrite, à une constitution d'hypothèque inscrite antérieurement. Ce n'est donc qu'au cas où la preuve testimoniale est admissible, que l'intérêt des tiers pourrait être atteint par cette transcription d'une convention verbale. Le danger n'en subsiste pas moins dans cette limite.

M. Beudant, en note dans Dalloz, sous l'arrêt de Paris précité, appuie cette doctrine et dit qu'il suffit que les tiers soient avertis de l'existence de la vente pour ne pas traiter avec le vendeur, avant que celui-ci n'ait fait disparaître la transcription, et déclarer la vente nulle. C'est bien là un système qu'on aurait pu adopter; remarquons toutefois qu'en Allemagne on ne l'applique qu'en soumettant la transcription à un contrôle sérieux, tandis qu'en France on transcrit tout acte translatif de propriété. La prénotation pourrait être une institution utile, mais il ne lui suffit pas d'être allemande pour la reconnaître applicable en France; il faut qu'elle ait été consacrée par une loi française. On la cherchera en vain dans la loi de 1855. Troplong, le principal auteur de cette loi, connaissait la prénotation; il n'a pas jugé utile de l'introduire en France. Si M. Beudant pense autrement, il peut faire une proposition, et, quand la loi allemande sera devenue loi française, les tribunaux l'appliqueront en France.

La loi exige un *acte;* elle est formelle : tout danger ne sera pas conjuré; l'acte pourra être nul, pourra être faux, cela est vrai, les tiers pourront être trompés; il est certain que la loi n'a pu leur donner une garantie absolue; ils en ont une pourtant; que serait-ce, si le premier venu pouvait faire transcrire une prétendue convention verbale! Le crédit serait à la disposition de tout insolvable n'ayant pas à craindre d'action en dommages-intérêts!

Et comment ferait-on la transcription? C'est là que Mourlon imagine un système arbitraire sapé par Flandin, d'après lequel le président du tribunal autoriserait la transcription, comme il autorise une saisie-arrêt.

En Algérie, la théorie de la transcription des conventions verbales, si nombreuses entre Musulmans, serait dangereuse pour le crédit et pour l'assiette fixe de la propriété. La loi du 26 juillet 1873 exige un acte administratif ou notarié pour rendre la terre française; la transcription d'un acte sous seing privé ne suffit pas, quoiqu'elle puisse transférer la propriété à l'égard des tiers, et une déclaration d'un prétendu acquéreur, par convention verbale, pourrait devenir la base équivoque du transfert de la propriété et des autres droits réels! C'est ici que, par exception au moins, on aurait dû exiger un acte public pour la transcription; c'eût été infiniment plus logique, et l'on aurait évité beaucoup de complications et de contradictions dans l'application de la loi.

107.— Faut-il citer dans le sens de l'opinion de Mourlon et de M. Beudant l'arrêt d'Alger du 10 novembre 1885 *(Revue algé-*

rienne 1885, 2, 380)? Nous ne le pensons pas, aucun arrêtiste ne l'a pensé ; voici les faits :

Le 25 juillet 1877, aux termes d'un écrit rédigé par un taleb (lettré indigène, écrivain public, dirions-nous), les frères ben Brahim, et un indigène du nom de Mouloud, qui n'avait aucun droit, vendent aux frères Couillet, pour 2,641 fr., 102 hectares d'un terrain devant provenir d'un échange, non encore réalisé, avec un autre terrain qui avait servi à l'établissement d'un village ; 1,351 francs sont payés comptant. L'écrit est signé par le taleb, par les deux acquéreurs, par Mouloud *figurant* un vendeur sans avoir aucun droit (mais recevant 300 fr.), et par deux témoins. Les vendeurs ne signent pas, ils font chacun une croix.

Cet écrit est transcrit le 13 décembre 1878.

Par acte du 7 mai 1880 seulement, l'échange est réalisé entre l'État et les frères ben Brahim.

Cependant l'un des acquéreurs était décédé, l'autre était tombé en faillite.

Les 12 mars et 21 juillet 1881, par actes publics, les deux frères ben Brahim cèdent, l'un par le 1er acte, l'autre par le second, tous leurs droits, sur les terrains provenant de l'échange, à Bouzian bou Ghrara pour le prix de 4,000 francs.

Dans un état des inscriptions délivré le 16 mai 1881, entre les deux actes, Bouzian, ayant vu la mention de la transcription de l'écrit ci-dessus, intente à Couillet un procès en nullité de la vente qui lui aurait été passée.

Par jugement du 30 juillet 1882, le tribunal ordonne la comparution des frères ben Brahim, qui reconnaissent avoir vendu à Couillet en 1877, et avoir reçu chacun 1,000 francs ; ils allèguent avoir cru que Couillet avait renoncé à cette vente, et loin de la ratifier, ils offrent de restituer ce qu'ils ont reçu.

Par jugement du 23 octobre 1882, le tribunal annule les deux ventes passées à Bouzian, condamne les frères ben Brahim à passer vente à Couillet, condamne Mouloud à restituer les 300 francs qu'il avait reçus sans avoir aucun droit sur l'immeuble.

Sur l'appel, un arrêt par défaut du 24 octobre 1884 réforme ce jugement, et annule la vente du 25 juillet 1877.

Sur l'opposition, on a bien dirigé des insinuations d'une part contre Couillet, spéculateur sur les immeubles, achetant à vil prix, devant un taleb et un indigène auquel il donne 300 francs, des terrains non encore remis en échange par l'État ; de l'autre, contre Bouzian qui, connaissant la vente faite à un Européen, aurait usé de son influence sur les indigènes pour obtenir le bénéfice de la vente en doublant le prix ; mais, en définitive, on s'est borné à plaider de part et d'autre sur la validité ou la non validité de la transcription d'une convention verbale, et l'on n'a pas débattu la principale question, la seule, celle de savoir si l'aveu fait au cours du procès, par conséquent postérieur à la transcription de la seconde vente, pouvait être opposé au second acquéreur demandant la nullité d'une première vente.

Les questions qui résultent des faits que nous avons exposés sont, en effet, celles-ci :

Il y en avait une préalable, que l'arrêt ne tranche pas directement du moins, et qui aurait éliminé toutes les autres : le second acquéreur avait-il colludé à une fraude? Si oui, l'arrêt qui a annulé la seconde vente, en réformant l'arrêt de défaut, et en confirmant le jugement, eût été très-juridique; la jurisprudence est formelle. Au fond, cette idée de fraude de la part d'un indigène contre une vente à un Européen, n'a-t-elle pas eu une influence plus grande que la solution des questions de droit, qui seules ici doivent appeler notre attention, en admettant *à priori* la parfaite justice de la décision en fait?

Le second acquéreur demandait contre le premier la nullité de la vente par lui transcrite, et la radiation de cette transcription. On lui présentait un écrit non signé par les propriétaires de l'immeuble vendu. Cet écrit, d'une forme insolite, singulière même en Algérie, et qu'un acquéreur sérieux, un colon, n'aurait jamais employée, était-il *un acte* sous seing privé? Telle était la première question. Si c'était un acte, il était enregistré, transcrit, tout était dit.

En plaidoirie, on reconnaissait volontiers que l'écrit n'était pas un acte, mais on soutenait qu'une convention verbale peut être transcrite; 2e question purement théorique, si la convention n'était pas prouvée.

Cette convention verbale, en effet, quoique transcrite, même valablement, il fallait en prouver l'existence. On invoquait l'aveu des vendeurs fait au cours du procès ; mais cet aveu était-il opposable aux tiers, au second acquéreur ayant titre avec date certaine et transcrit antérieurement? 3e question, et la seule importante, car l'aveu étant l'unique preuve de la vente, dans l'espèce, qu'importait la transcription d'une convention non prouvée?

Voyons comment ces diverses questions ont été résolues.

1º L'écrit du 25 juillet 1877 était-il un acte sous seing privé formant preuve de la convention, pouvant dès lors être transcrit ? (1).

Voici les motifs sur cette question : « Considérant que la vente est parfaite entre les parties, quand elles sont d'accord sur la chose et le prix ; qu'elles peuvent donner à *l'acte qui doit prouver leurs conventions* la forme qui leur agrée, et même se dispenser mutuellement de la garantie de tout écrit ; — que la reconnaissance par les parties de la sincérité d'un *acte irrégulier dans sa forme*, ne donne pas à cet *acte* une force que le consentement mutuel lui avait conférée dès son origine (2), mais le protège seulement contre les contestations que pouvait faire naître son irrégularité ; — qu'en fait, Couillet et Brahim, ne voulant pas faire dresser l'acte authentique de leurs conventions avant la remise des titres du domaine, *ne pouvant rédiger un acte sous seing privé régulier*, ont eu recours à *un écrit dénué de toute force probante*, mais qui fixait leurs conventions et les plaçait sous la garantie de leur bonne foi ; — que les frères Brahim, en reconnaissant devant le tribunal la sincérité des énonciations *de cet acte*, n'ont point ratifié une vente que leur consentement avait rendue parfaite, même avant la rédaction de *l'écrit,* mais renoncé à se prévaloir de ses irrégularités ; — qu'il est donc reconnu par les parties contractantes que *l'acte* du 25 juillet 1877 relate exactement leurs conventions; qu'elles l'ont *considéré comme un acte de vente,* et que Couillet est devenu propriétaire, dès cette date, des immeubles à lui vendus par les frères Brahim. »

Le mot *acte*, dans ces motifs, est pris tantôt dans le sens de convention, tantôt dans le sens d'instrument de preuve, d'où naît une véritable équivoque dans l'argumentation. Les parties

______

(1) Sur cette question, voir ci-dessus nº 86; ajoutons ce que dit Laurent, t. 18, nº 379 : « Ne doit-on pas dire des écrits non signés qu'ils n'ont aucune existence ? Cela nous paraît certain des actes sous seing privé. Chose remarquable, le Code ne dit pas que ces actes doivent être signés. Cependant, la doctrine admet que la signature est une condition essentielle. Pourquoi ? Parce que sans signature on ne conçoit pas d'acte : *l'acte n'existe donc que lorsqu'il est signé;* partant, *un acte non signé n'existe pas;* c'est une écriture, ce n'est pas un acte. » Il en conclut que ce *non être* ne peut être confirmé, t. 19, nº 493 : « Il a été jugé à plusieurs reprises par la Cour de Bruxelles que la croix ou la marque que l'une des parties appose à un écrit ne suffit pas pour constituer un commencement de preuve par écrit. *Cela n'est pas douteux.* »

(2) Le consentement mutuel crée la convention, mais ne donne aucune force à un écrit, n'en fait pas un acte ; c'est la signature qui d'un écrit fait un acte, lui donne sa force, prouve le consentement. L'acte prouve la convention. La convention peut exister sans acte ; elle ne prouve pas l'acte.

peuvent donner à leur convention la forme qu'elles veulent, mais, pour l'acte qui doit prouver la convention, elles sont obligées de suivre les prescriptions de la loi sur la preuve ; au-dessus de 150 fr., la convention doit être écrite ; tout écrit ne suffit pas, il faut un acte devant notaire ou sous seing privé (art. 1341) ; l'acte sous *seing* privé doit être signé ou il n'est rien. L'aveu prouve la convention, mais ne donne pas à un écrit *irrégulier en la forme, n'ayant aucune force probante,* la force d'un acte, surtout contre les tiers, même s'il est ratifié. *Renoncer à se prévaloir des irrégularités d'un écrit,* c'est le ratifier ; mais, en fait, les frères Brahim offraient de restituer le prix : il est bien vrai qu'ils ne ratifiaient pas, ils ne renon-çaient donc pas à se prévaloir des irrégularités de l'acte.

Au fond que décide l'arrêt sur la question posée ? Décide-t-il que l'écrit non signé des vendeurs est un acte sous seing pri-vé, un *acte* prouvant la vente ? ou que la convention de vente, *relatée* dans l'écrit, *est prouvée entre les parties contractantes* (il n'est nullement question des tiers) par leur aveu ? Pour nous, c'est là ce qu'il a uniquement décidé, et ce principe est absolument exact, aussi la Cour a-t-elle été forcée d'examiner la deuxième question.

2° Si l'écrit *n'ayant aucune force probante* était un acte, nul doute, sa transcription rendait vaine la transcription pos-térieure. Mais si la convention n'est prouvée que par un aveu postérieur à la 2ᵉ transcription, il y a nécessité de recher-cher si la transcription de l'écrit non signé par les vendeurs, d'une vente sans acte, d'une vente verbale (toutes ces expres-sions sont identiques), est opposable aux tiers.

Voici les motifs de l'arrêt sur cette question :

« Considérant que la transcription *de cet acte* a porté cette vente à la connaissance des tiers, et qu'il y a lieu d'examiner si les irrégularités du titre transcrit ont rendu sa transcription inefficace ; — Considérant que la transcription a pour but de prévenir les tiers de l'existence d'un acte translatif de pro-priété ; qu'elle manifeste la *prétention d'un acquéreur* à la propriété de l'immeuble qu'elle désigne ; qu'elle avertit celui qui voudrait l'acheter qu'il rencontrera un adversaire nanti d'un titre antérieur, et décidé à s'en prévaloir ; — Qu'il sait ainsi tout ce que la loi a voulu qu'il connût, et ce qu'il était juste de porter à sa connaissance ; — Que le tiers prévenu par la transcription ne peut ignorer que la validité de la vente n'est assujettie à aucune forme sacramentelle, et que, si l'acte transcrit contient des irrégularités de forme, il peut être néanmoins l'expression exacte et sincère des conventions qu'il contient ; — Qu'il lui est loisible de ne traiter avec le vendeur, qui lui est désigné comme ayant déjà vendu, qu'après en avoir obtenu la radiation ; mais que, s'il passe outre sans prendre cette précaution, il se soumet volontairement à la condition qui lui sera faite par l'annulation ou le maintien de la précédente vente. » Vient ensuite un motif sur la connaissance que Bouzian avait eue de la transcription, fait qui, rapprochée des autres circonstances de la cause, a pu exercer une influence prépondérante sur la décision.

Les motifs que nous venons de transcrire sont précisément ceux invoqués par Mourlon et M. Beudant pour soutenir que la convention sans acte, que la vente *verbale* peut être transcrite. Il nous est impossible de ne pas le reconnaître. Si la loi ne veut qu'une chose : manifester *la prétention d'un acquéreur à la propriété d'un immeuble ;* si le tiers doit savoir que la loi n'a assujetti *la vente à aucune forme sacramentelle* pour lui être opposable, il est clair qu'il n'est pas besoin d'un acte, ni d'un écrit, pour opérer la transcription. Mais alors pourquoi répéter si souvent dans l'arrêt, avec une insistance calculée pour appeler l'attention, que c'est *un acte* qui a été transcrit ? Probablement, parce que la Cour ne voulait pas décider que la convention verbale peut être transcrite. C'est ainsi que les trois arrêtistes qui ont publié l'arrêt l'ont compris. Cependant un écrit qui n'a aucune force probante n'est pas un acte ; il ne suffit pas de le qualifier *acte* pour qu'il le soit.

L'arrêt peut satisfaire à la fois, et celui qui soupçonne la fraude, et celui qui voit dans l'écrit un acte susceptible d'être transcrit, et celui qui croit qu'il n'est pas un acte, mais qu'une vente verbale peut être transcrite ; il satisfait moins, il est vrai, celui qui pense que le législateur a voulu que le privilège de la transcription, corrélatif à l'obligation de transcrire, ne soit accordé qu'à l'*acte* qui prouve le droit, et non à la prétention verbale ou écrite d'un acquéreur, sans la preuve du consentement du vendeur ; celui qui pense, avec le texte des art. 1 et 2, que la loi ne l'accorde à la *convention verbale,* que si elle a été constatée dans un jugement ; et que tout acquéreur doit savoir qu'au-dessus de 150 fr., la preuve testimoniale n'est pas admise, qu'il faut que la vente soit prouvée au moins par un acte signé du vendeur, et que cet acte doit avoir date certaine, même être transcrit pour être opposable aux tiers.

3° Restait la troisième question : Si la transcription, reconnue valable, n'est pas celle d'un acte prouvant la vente, ayant force probante, mais celle d'une convention prouvée par un aveu, cet aveu peut-il être opposé au second acquéreur quand il est postérieur à son titre?

C'était vraiment la seule question du procès, en dehors de celle de la fraude. L'arrêt ne la résout pas directement, mais il la pose très bien en ces termes : « La ratification de l'écrit du 25 juillet 1877, par l'aveu des vendeurs au cours du procès, peut-elle avoir un effet rétroactif et lui donner, à l'égard du second acheteur, une valeur qu'il n'avait pas au moment de la seconde vente? » Il répond ainsi :

« Considérant que c'est à tort que Bouzian attribue à l'aveu fait par les frères Brahim, de la validité de la vente qu'ils ont consentie à Couillet, le caractère d'une ratification, qui aurait dû être transcrite et qui, postérieurement à la transcription de son titre, ne pourrait lui être opposable; — qu'en effet, toute convention est indépendante de l'acte qui sert à la constater, et qu'en conséquence elle peut subsister, bien que cet acte ne puisse valoir comme preuve; — que la ratification qui intervient ne peut être considérée comme une véritable ratification, puisque l'on ne peut ratifier que les conventions atteintes d'un vice et que les parties reconnaissent que la convention était existante et valable ; — que, dès lors, la transcription de l'acte de vente seul, bien qu'atteint de nullités de forme, doit produire son effet. »

Ces motifs ne résolvent pas du tout la question posée par l'arrêt ; il s'agissait, en effet, de savoir si l'aveu de la première vente, postérieur à la seconde, peut être opposé, transcrit ou non, au second acquéreur, qui demande la nullité de la première vente. Le vendeur peut-il, par un aveu ou une confirmation, même par un jugement, lui enlever le bénéfice de sa vente? Malheureusement cette question n'avait pas été plaidée, et l'on n'avait pas produit l'état de la doctrine et de la jurisprudence que nous avons fait connaître ci-dessus, n° 95. Nous y reviendrons bientôt ; bornons-nous à dire ici, que dans l'espèce, il ne pouvait être question de ratification, mais d'un aveu ; d'un aveu sur l'existence de la convention, à défaut d'acte pour la prouver. Cet aveu était-il opposable au tiers ? Telle était la seule question. Puisque l'aveu était certainement postérieur à la transcription de la deuxième vente, sa transcription n'avait aucune importance.

Cet arrêt, où le fait paraît avoir eu plus de place que le droit, avait été précédé de deux arrêts de la Cour de cassation et d'un arrêt de Paris.

L'arrêt de la Cour de cassation du 11 janvier 1870 est relatif à une vente verbale antérieure à la loi de 1855, mais constatée dans un jugement postérieur; la Cour décide qu'elle n'a eu d'existence, au point de vue de la loi sur la transcription, que du jour de sa constatation dans le jugement.

L'arrêt du 18 juillet 1882 concerne une promesse de vente unilatérale que la Cour de cassation, conformément à la doctrine et à la jurisprudence, déclare non translative de propriété et, par suite, non soumise à la transcription.

Cependant la promesse de vente était signée du vendeur, et transcrite par l'acquéreur!

Enfin, l'arrêt de *Paris* du 6 mars 1865 décide que la transcription d'une lettre constatant le consentement du vendeur à la vente, sans la transcription de la réponse contenant l'acceptation de l'acheteur, n'a aucune valeur et ne peut être opposée à un autre acquéreur qui a transcrit régulièrement son acte. A plus forte raison, par conséquent, la Cour de Paris l'aurait-elle ainsi décidé pour la transcription d'un écrit non signé par le vendeur, quoique signé par l'acquéreur.

De tout ce qui précède concluons, que la convention verbale et l'écrit non signé du vendeur ne peuvent être utilement transcrits. Il faut *un acte*.

108. — Ainsi, il faut deux conditions primordiales et essentielles, pour que la transcription produise un effet :

1° Une convention translative d'un droit réel ou de bail ;

2° Un *acte* prouvant cette convention.

Isolée, la transcription n'a aucune valeur, elle est sans effet possible, elle ne vaut qu'autant vaut la convention, qu'autant vaut l'acte ; si la convention n'est rien, si l'acte n'est rien, elle n'est rien elle-même ; sans convention ou sans acte elle manque de base, elle reste en l'air.

Elle ne peut donner une valeur à la convention nulle, ni à l'acte nul ; elle conserve le droit, elle ne le crée pas ; elle ne prouve pas le droit, elle rend public l'acte qui le prouve, et elle assure son effet à l'égard des tiers ; elle ajoute une garantie, une force à l'acte ; elle ne le supplée pas.

Sans convention, il n'y a pas d'acte ni de transcription, sans acte, il peut y avoir une convention, sauf à la prouver, il n'y a pas de transcription, puisque la transcription est la copie textuelle d'*un acte*.

Ne faudra-t-il pas distinguer entre la convention nulle et la convention annulable ; — entre l'acte nul et l'acte annulable ? Quel sera l'effet, à l'égard des tiers, de la confirmation pour la convention nulle ou annulable, de l'aveu pour l'acte nul ou annulable ?

Les règles de la date certaine ne devront-elles pas être suivies ? Elles devront l'être nécessairement.

Nous allons le démontrer en prenant soin de ne jamais confondre la *convention* avec l'*acte,* les *parties* avec les *tiers ;* cette confusion est la source de toutes les erreurs.

109. — Si la convention est radicalement nulle, faute de consentement, de cause, d'objet ; si elle est nulle comme la vente de la chose d'autrui, à l'égard du propriétaire, il n'y a aucun transfert de propriété ; il n'y a rien ; l'acte constate une convention qui n'est pas, la transcription publie un acte ne prouvant rien. *Ex nihilo nihil ;* acte et transcription ne sont donc rien, et la convention ne peut recevoir d'eux une valeur qu'ils doivent recevoir d'elle.

Après une vente radicalement nulle, le vendeur a pu vendre valablement l'immeuble qui aurait paru en être l'objet. Son acquéreur, qui a un droit réel propre, pourra, par voie d'action ou par voie d'exception, faire déclarer la nullité, l'inexistence de la prétendue convention, et, par suite, obtenir la radiation de la transcription.

Nous avons déjà dit au n° 93 qu'une telle convention ne peut être confirmée, on ne confirme pas le néant. L'acte confirmatif pourrait être la preuve d'une convention nouvelle, valable, translative de propriété, translative d'un droit non encore transféré et soumis à la transcription ; à ce titre, il doit être transcrit, et sa transcription ne peut être opposée au tiers dont l'acte a été transcrit auparavant. C'est une convention refaite, prouvée par un autre acte, non opposable au tiers avant transcription.

Cette prétendue confirmation ne peut rétroagir à une convention inexistante : « Il est bien entendu, disent Aubry et Rau, t. 2, p. 301, § 209, que la règle précitée (qui dispense de trancription l'acte confirmatif d'une convention) ne s'appliquerait pas à un prétendu acte confirmatif d'une convention qui, à défaut de l'un des éléments essentiels à son existence, serait à considérer comme non avenue. »

Flandin, t. 1, n° 480, est le seul qui donnerait un effet à la transcription d'un acte relatif à une convention inexistante, et ne soumettrait pas à la transcription le nouvel acte dit confirmatif.

Il s'appuie sur la théorie abandonnée de Toullier qui applique l'art. 1338 aux obligations absolument nulles. Mais Toullier enseigne, au moins, que l'acte confirmatif ne préjudicie pas aux tiers. Or, avant cet acte, la transcription de la convention nulle ne pouvait être opposée à l'acquéreur, qui en aurait obtenu la radiation : l'acte confirmatif lui nuirait, s'il ne lui permettait pas d'obtenir ce résultat.

A un autre point de vue, cet acte ne peut être opposé au tiers dont le titre est antérieur. L'art. 1328 n'a pas été supprimé par la loi sur la transcription ; l'acte ne pourrait donc lui être opposé, dans tous les cas, que s'il avait date certaine antérieure à la transcription de son titre.

Nous répétons qu'il devrait, en outre, être transcrit.

110. — Passons à la convention seulement annulable pour cause d'incapacité de l'une des parties, mineure, interdite, femme mariée, ou pour vice du consentement provenant de la violence, du dol, ou de l'erreur. La nullité peut être prononcée sur la demande de celui qui était incapable, ou dont le consentement a été vicié ; elle peut l'être par l'acquéreur auquel il aurait vendu par acte postérieur à l'époque où il a repris sa capacité, et la liberté de son consentement.

L'annulation de la convention entraînerait celle de l'acte et la transcription serait radiée.

Si la nullité n'était pas demandée ou par la partie ou par son acquéreur dans le laps de 10 ans depuis la convention, la prescription serait acquise (art. 1304).

La convention, annulable peut être confirmée; la confirmation en supprime le vice, l'acte qui en a été transcrit, étant régulier, n'est pas modifié, la transcription dès lors tient, et l'acte confirmatif n'a pas besoin d'être transcrit.

Si la convention avait été confirmée avant la seconde vente, celle-ci serait nulle ; si la confirmation de la première vente intervient entre la seconde et sa transcription, la transcription de la première l'emportera sur celle de la seconde. Sans doute le vendeur, s'étant dessaisi de tous ses droits envers le second acquéreur, ne pouvait confirmer la première vente contre lui, et il sera passible d'un recours en garantie, mais la transcription seule pouvait saisir le second acquéreur contre le premier, et nous supposons qu'elle n'a pas eu lieu avant la confirmation. Au regard de cet acquéreur il n'est pas un tiers, jusqu'à la transcription le vendeur reste saisi de tous ses droits et peut en disposer.

Le même effet se produirait, si aucune vente n'étant transcrite, mais toutes deux ayant date certaine, la confirmation intervenait après la vente annulable, et avant la seconde vente; l'acte confirmatif ayant date certaine antérieure à la seconde vente pourrait être opposé au second acquéreur par le premier.

Si, au contraire, l'acte confirmatif est postérieur à la transcription de la seconde vente, dans le cas où la première est transcrite, ou à la date certaine de la seconde, si aucune n'est transcrite, il ne pourra être opposé au second acquéreur, car l'effet de l'acte confirmatif ne doit pas préjudicier aux tiers, et le second acquéreur est devenu *tiers*, par la transcription dans le premier cas, par la date certaine dans le second.

Dès lors il peut intenter l'action en nullité contre la première vente, et on ne peut lui opposer un acte postérieur à la transcription du sien, ou à sa date certaine.

Il est *tiers* par rapport à cet acte, pour lequel son vendeur, dessaisi aux yeux de tous, ne pouvait le représenter.

Il importe peu que l'acte confirmatif, dans ce cas, soit ou non transcrit, car il ne le serait qu'après la transcription de la seconde vente, puisqu'il est postérieur.

S'il est antérieur, il suffit qu'il ait date certaine, il n'a pas besoin d'être transcrit, car il se réfère à une convention qui existe, quoique pouvant être annulée, et dont l'acte régulier a été valablement transcrit. L'acte confirmatif d'une convention annulable ne tranfère pas un droit non transféré, il garantit le droit déjà transféré.

Ce que nous avons dit de la vente s'applique à l'hypothèque, constituée irrégulièrement par un mineur à un créancier, et à celle constituée valablement à un second créancier, après sa majorité, sur le même immeuble. C'est dans cette hypothèse qu'ont été rendus les arrêts cités par nous n° 95; nous renvoyons aux savantes dissertations de Demolombe et de Laurent.

111. — La confirmation est la renonciation à l'action en nullité contre une convention par l'une des parties; la ratification est l'adhésion à un contrat auquel on n'a pas concouru, l'acceptation d'une gestion d'affaires, d'un acte de mandataire excédant le mandat.

Le transfert de la propriété ne date que du jour de la ratification, et pour les tiers que du jour de la transcription de cette ratification. Le propriétaire ne donne son consentement que par la ratification. Tant qu'il ne l'a pas donné, il n'y a pas mutation. Jusque là il a pu disposer, et le tiers, qui a acquis, oppose son titre à celui dont l'acte non ratifié par le propriétaire aurait été transcrit auparavant, si la transcription de l'acte de ratification est postérieure.

112. — Il ne peut être question d'aveu pour les conventions nulles; l'aveu est une preuve, il n'y a pas de preuve

pour la convention inexistante; et la convention annulable est déjà prouvée par l'acte transcrit que nous avons supposé régulier.

113. — Arrivons à l'*acte* nul, à l'acte annulable, à l'acte qu'il faut bien distinguer de la convention dont il est la preuve, qui peut exister sans lui, qu'on peut prouver autrement, mais en se conformant aux règles de la loi sur la preuve, sur la date certaine, et sur la transcription.

Il ne suffit pas, en effet, qu'une convention subsiste à l'état d'idée abstraite, d'accord immatériel, il faut qu'elle soit prouvée, même entre parties, au-dessus de 150 fr., par un acte devant notaire ou par acte sous seing privé; à l'égard des tiers, par un acte ayant date certaine; et, si elle transfère un droit réel ou de bail, par un acte transcrit.

La loi n'admet à la transcription qu'un *acte*, il faut donc que l'écrit transcrit soit *un acte*. Or, un acte faux, même authentique, un écrit non signé du vendeur, de celui qui transfère le droit, ne peut être à aucun titre un acte translatif de propriété. C'est le *non esse* comme acte, disent les auteurs; c'est une écriture ne pouvant même servir de commencement de preuve par écrit.

La jurisprudence l'a maintes fois décidé, alors même que le vendeur aurait fait une croix, et que le fait serait attesté par des témoins signataires (voir ci-dessus, n° 84).

Nous lisons dans un arrêt de *Douai* du 7 janvier 1836 : « Attendu que la signature des parties pour les actes sous seing privé est une condition indispensable d'*existence ;* que c'est elle, en effet, qui imprime à la convention formulée le caractère d'acte ; que, par conséquent, l'absence de signature est une nullité radicale qui ne peut être couverte. »

Quelle valeur peut donner à un tel écrit sa transcription, quand c'est l'acte qui, au contraire, communique sa valeur à la transcription ?

Que vaut une inscription sans acte public de constitution d'hypothèque ?

Un acte de vente, non signé du vendeur, même transcrit, n'est qu'un chiffon de papier.

« La transcription, dit Laurent, t. 29 n° 135, ne valide pas l'acte ; l'acte reste ce qu'il était. Cela est d'évidence. Si donc l'acte était nul au fond, pour mieux dire, si la convention constatée par l'acte était nulle, elle resterait nulle, et, par conséquent il n'y aurait pas de mutation immobilière. Si l'acte était seulement nul en la forme, *en ce sens qu'il ne présente pas les caractères exigés par la loi pour être admis à la transcription,* la transcription serait nulle, et, par suite, l'acte ne pourrait être opposé aux tiers. »

Mourlon, t. 1 n° 55, dit que la transcription ne rendra pas l'acte valable, qu'il faudra faire contre le tiers la preuve de l'existence de la convention par les moyens légaux.

Si le propriétaire, prétendu vendeur par cet acte non signé de lui, vend l'immeuble à un second acquéreur, celui-ci peut seul demander la nullité ; on ne peut la lui refuser à moins qu'il n'existe un autre acte transcrit antérieurement au sien.

Pourra-t-on lui dire que la transcription lui a révélé l'existence d'une vente antérieure ? S'il l'a connue, qu'aura-t-il vu ? un écrit non signé du vendeur, une vente sans consentement, ou bien, prenant d'autres hypothèses, une vente sans indication d'immeubles, sans nom ni signature d'acquéreur, etc., et il n'aurait pu traiter avec le propriétaire à cause de ce fantôme de vente !

Quelle puissance veut-on attacher à la transcription en France, où le conservateur est tenu de transcrire ce qu'on lui présente ; où la transcription n'est pas faite, comme en Allemagne, après jugement sur la valeur du titre ; où les parties doivent juger elles-mêmes si l'acte transcrit, si la transcription et les inscriptions sont valables ! On peut opposer à l'acquéreur l'acte tel qu'il est transcrit, tel qu'on le lui a soumis, et non appuyé sur des actes postérieurs au sien.

Nous avons cité (n° 95) les nombreuses autorités qui, en jurisprudence et en doctrine, ont décidé que l'inscription d'une hypothèque consentie par un majeur doit avoir la priorité sur celle qu'il avait d'abord consentie pendant sa minorité, quoiqu'il ait confirmé celle-ci étant majeur, mais postérieurement à l'inscription de l'autre hypothèque.

L'inscription est publique comme la transcription, l'analogie est d'autant plus péremptoire que, dans cette jurisprudence, il ne s'agissait que de convention annulable, et nous parlons d'acte radicalement nul.

114. — Si la confirmation d'un acte radicalement nul était possible, il faudrait donc que l'acte confirmatif eût une date certaine antérieure à la transcription du second acte, de celui auquel on l'oppose.

Mais peut-on confirmer un acte, et un acte radicalement nul ? Nous avons déjà traité cette question (n° 94).

L'art. 1338 ne parle que d'obligations, non d'acte. L'art. 1340, il est vrai pour un acte solennel, dit que la donation nulle en la forme ne peut être confirmée, qu'elle doit être refaite. Un acte nul doit être refait.

Il ne s'agit pas de confirmer *une convention* reconnue valable, si elle existe, si elle est prouvée ; mais *l'acte* qui doit la prouver, et qui ne la prouve pas du tout, ou plutôt l'écrit présenté comme acte, et qui n'est pas un acte ; comme preuve, et qui ne prouve rien.

L'acte confirmatif ne sera pas autre chose qu'une preuve de la convention, à défaut de la première. Une preuve ne rétroagit pas ; elle se réfère au passé sans rétroagir ; l'acte d'où elle résulte reste à sa date, il ne prend pas celle de l'acte nul. Au lieu d'être un acte confirmatif, il sera un acte de vente, ou un acte d'aveu. — V. Laurent, t. 18, n° 578 et suiv. ; Dalloz, *Obligations,* n° 4495, la jurisprudence nombreuse qu'il cite et l'arrêt de Douai ci-dessus du 7 janvier 1836.

Cet acte, quel que soit son nom, devra être un acte authentique ou sous seing privé (art. 1341) ; il devra avoir date certaine (art. 1328) ; il ne pourra être opposé au tiers-acquéreur antérieur ; s'il est postérieur, il suffit qu'il ait date certaine ; s'il est antérieur, il doit être transcrit, car la transcription de l'acte nul, de l'acte *qui n'a aucune force probante*, de l'acte *qui n'a aucune existence* (arrêt de Douai) disparaît avec lui.

L'acte n'existant pas, étant radicalement nul, il n'y a pas eu d'acte transcrit. Pour opérer le transfert de la propriété, il faut transcrire un *acte* translatif de propriété. Où trouve-t-on transcrit cet *acte* translatif, quand l'acte transcrit est *inexistant* ?

Si l'on admet que la convention verbale peut être transcrite, cela est différent. Mais nous avons établi que la loi n'accorde le privilège de la transcription, en lui en imposant la charge, qu'à *l'acte* qui doit être, aux termes de l'art. 1341, ou notarié ou sous seing privé. C'est la preuve littérale de la convention qui doit être publiée, et si l'écrit qui a été publié n'est pas un acte, n'est pas la preuve légale de la convention, il faut publier l'acte réel, la preuve légale réelle, et non un simulacre, une vaine écriture non signée ne pouvant servir de commencement de preuve par écrit.

En ce moment, nous ne parlons que d'acte nul, et spécialement d'un acte de vente non signé par le vendeur.

Flandin, t. I, n° 480, combattant l'opinion de Rivière et Huguet, n° 224, citée depuis et approuvée par Aubry et Rau, t. II, p. 309, § 209, tandis qu'ils critiquent celle de Flandin, admet, sans distinguer entre la convention et l'acte, qu'on peut confirmer un acte non signé par toutes les parties (il ne dit pas lesquelles), et que l'acte confirmatif ne sera pas soumis à la transcription, par conséquent que la transcription de l'acte nul produira son effet. Il invoque, nous l'avons déjà dit, l'autorité de Toullier sur l'application de l'art. 1338 aux actes radicalement nuls (bien entendu Toullier ne s'est pas occupé de la transcription), et il ne voit pas que l'art. 1338 veut que les effets de la confirmation ne nuisent pas aux tiers. Or, la transcription ne concerne que les tiers ; si l'acte confirmatif donne une valeur à une transcription sans valeur avant lui, elle nuit aux tiers.

Le même auteur a soutenu contre Mourlon, et très vivement, que la vente verbale ne peut être transcrite. La transcription d'un acte radicalement nul, inexistant, n'est-elle pas la transcription d'une vente verbale !

Flandin est, d'ailleurs, le seul de cet avis. Laurent a bien raison de nous mettre en défiance contre les commentaires trop hâtifs d'une nouvelle loi.

Remarquons bien que si l'acte, dit confirmatif, est postérieur à la transcription de la seconde vente, il suffit de sa date pour qu'il ne soit pas opposable au tiers qui a transcrit.

115. — La convention, qui n'est pas prouvée par un acte nul, non signé, peut l'être par un aveu, par le serment. Nous venons déjà de le dire, l'aveu ne peut être opposé au tiers qui a transcrit son titre, s'il ne résulte pas d'un acte ou d'un jugement ayant date certaine antérieure.

La Cour d'Alger, dans l'arrêt précité, n° 107, du 10 novembre 1885, a décidé le contraire. L'arrêt pose nettement la question, mais il la tranche sans la discuter ; après avoir établi que l'existence de la vente a été reconnue au cours du procès par les vendeurs, qui ont offert d'en restituer le prix, que cet aveu n'est pas une confirmation (c'était, en effet, l'opposé de la confirmation, on offrait la résolution de la convention), que l'aveu prouve la convention entre les parties contractantes, sans dire s'il la prouve contre les tiers, il annule la seconde vente, quoique transcrite antérieurement à l'aveu.

Cette décision est opposée à la jurisprudence sur l'effet de la confirmation d'une hypothèque consentie par un mineur, et à la doctrine de Mourlon lui-même, lui qui, le premier, presque le seul, a admis la transcription de la vente verbale. Dès 1862, il s'exprimait ainsi, t. I, n° 51 :

« Il est entendu, au reste, que bien que transcrites, les ventes verbales, ou celles dont le titre aura cessé d'exister, ne seront opposables aux tiers qu'autant que leur existence sera ultérieurement établie par des preuves présumées certaines *erga omnes*. Ainsi, qu'on suppose la transcription d'une vente verbale, suivie de la transcription d'une seconde vente consentie par le même vendeur au profit d'un tiers et dont il existe un titre : le second acheteur pourra certainement nier l'existence de la première vente, auquel cas le premier acheteur devra en fournir la preuve. S'il réussit, son droit sera sauvegardé. Mais comment l'établira-t-il ? Notons, tout d'abord, qu'il ne lui sera point permis de restreindre le débat entre lui et son vendeur, sauf à opposer le jugement à intervenir en sa faveur en second acheteur, car ce dernier, si on ne l'appelle pas en cause, sera un tiers à l'égard duquel le jugement ne pourra avoir aucun effet. Supposons donc le procès engagé entre le premier acheteur, le vendeur et le second acheteur... Le premier acheteur pourra sans doute déférer le serment à son vendeur ou le faire interroger sur faits ou articles, mais, à supposer qu'il réussisse à faire preuve de son droit par l'un ou l'autre de ces moyens, le jugement qui reconnaîtra l'existence de la vente n'aura d'effet qu'à l'égard du vendeur : car ayant son fondement dans l'aveu exprès ou tacite de l'une des parties, il ne peut être que relatif, comme la preuve qui le motive et le justifie (art. 1356, 1365 C. civ.). *Le vendeur n'a pu compromettre par son aveu les droits de son second acheteur ;* car, bien que celui-ci soit son ayant cause, il est vrai de dire qu'il joue, dans l'espèce, le rôle d'un tiers, puisque les droits qu'il défend sont d'une date antérieure au procès. Tout le monde sait, en effet, qu'en ce qui touche la détermination des personnes qui peuvent être tenues de subir l'effet d'une convention qu'elles n'ont point faite par elles-mêmes, la qualité d'ayant cause ne convient qu'aux successeurs ultérieurs des parties, c'est-à-dire à ceux-là seulement qui ont traité avec elles postérieurement à la convention dont il s'agit. Quant à leurs ayants droit antérieurs, ce sont de véritables *tiers* à l'égard desquels la convention qu'elles ont faite demeure *res inter alios acta.* »

Nous avons déjà cité l'opinion de Laurent... Ajoutons celle de Bonnier, *Preuves,* t. 1, nᵒˢ 351, p. 446 :

« L'aveu ne saurait avoir lieu au détriment de tiers qui ont acquis un droit sur l'objet de la contestation : ainsi l'aveu du vendeur ne saurait nuire à l'acheteur. »

Il serait impossible de citer une autorité contraire.

Si l'aveu est postérieur à la transcription de l'acte auquel on l'oppose, il n'y a pas à se demander si l'acte d'aveu est ou non transcrit. Il en est autrement, s'il est antérieur.

L'écrit transcrit étant absolument nul comme acte, il n'y a eu *aucun acte transcrit;* si l'acte constatant l'aveu de la première vente est antérieur à la transcription de la seconde vente, il ne pourra être opposé au second acquéreur que s'il est transcrit. L'acte à transcrire est celui qui fait preuve du transfert, quel que soit le nom qu'on lui donne, qu'on l'appelle acte, acte confirmatif, acte d'aveu. Quand un acte est radicalement nul, il faut le refaire et le transcrire de nouveau ou, pour s'exprimer d'une manière plus conforme à la réalité, quand il n'y a pas d'acte, un simulacre, un écrit qui simule un acte n'étant pas un acte, on en fait un, et on le transcrit.

C'est ainsi que la loi ordonne la transcription d'un jugement constatant une convention verbale; eût-elle été transcrite, la convention verbale, qui n'est souvent qu'un écrit irrégulier, ne présentant pas la forme d'un acte, devra être transcrite sous la forme de jugement, la première transcription n'ayant aucune valeur.

Tout ce que nous venons de dire, pour l'aveu s'applique au serment.

116. — Nous avons parlé de l'acte radicalement nul, et nous avons pris pour type l'acte de vente non signé du vendeur; parlons maintenant de l'acte annulable, en prenant pour type l'acte synallagmatique non fait double, ou sur lequel ne sera pas portée la mention qu'il a été fait double. Nous supposerons toujours la convention valable.

Qu'il soit ou non fait double, l'écrit étant signé, c'est un acte sous seing privé; il est irrégulier, mais il *est;* il est *acte;* s'il est transcrit, il y a un acte transcrit.

Tel qu'il est, s'il ne fait pas preuve complète, il sert de commencement de preuve par écrit, il autorise la preuve testimoniale, les présomptions.

S'il est annulé, sans doute il entraînera la transcription avec lui; s'il ne l'est pas, ou s'il reste de lui ce commencement de preuve, la transcription conserve une base, et peut subsister.

Un tel acte peut être confirmé, les parties peuvent renoncer à se prévaloir de l'irrégularité; qu'on applique ou non l'art. 1338, une transcription nouvelle n'est pas nécessaire, il y a un acte transcrit, cela suffit : l'acte d'aveu, le jugement qui constate l'aveu ou le serment, celui qui, après audition de témoins, ou en admettant les présomptions, valide, consolide l'acte, n'a pas besoin d'être transcrit, la transcription appuyée sur un acte produit son effet.

Tout cela est très exact quand l'acte confirmatif, ou l'aveu, ou le serment, ou le jugement est antérieur à un second acte de transfert du droit déjà transféré, même antérieur à sa transcription ; mais, après une seconde vente, le vendeur dessaisi ne peut plus renoncer à l'action en nullité, ni avouer, ni prêter serment, ni faire juger que le premier acte est valable à l'encontre du second acquéreur. Celui-ci seul le peut. Tout acte de son vendeur postérieur à celui qui l'a investi de la propriété au regard de tous, ne peut lui être opposé, il est tiers, les actes de son vendeur, les jugements contre son vendeur sont *inter alios acta*, ou *judicata*.

L'acte, le jugement, ayant date certaine antérieure, lui sont seuls opposables.

C'est l'application pure et simple de l'art. 1328, que la loi sur la transcription n'a pas supprimé, et des principes consacrés par la jurisprudence et la doctrine. Les deux actes transcrits restent en présence, tels qu'ils ont été transcrits, avec leur perfection ou avec leur irrégularité ; le premier peut opposer au second les actes intermédiaires du vendeur réparant les irrégularités qu'il peut avoir, non les actes postérieurs.

Toutefois, le second acquéreur, qui devra subir tous les actes de son vendeur ayant date certaine antérieure à la transcription de son titre, ne pourra pas complètement écarter le premier acte transcrit ; celui-ci servira de commencement de preuve par écrit, pouvant être complété même par des présomptions.

117. — Quels actes sont radicalement nuls, et vicient absolument la transcription ?

Les points de contact entre la convention et l'acte qui la constate sont tels que la loi les réunit sous cette dénomination unique : *acte translatif de propriété,* qui signifie acte constatant la convention translative de propriété. Il y a des nullités communes à la convention et à l'acte.

Un acte translatif d'un droit réel ou de bail sur immeuble doit contenir nécessairement l'indication de l'immeuble sur lequel le droit est concédé, la nature du droit, le consentement de celui qui transfère le droit, l'acceptation de celui à qui il est transféré.

Ces quatre conditions intéressent le fond parce qu'elles doivent exister dans la convention, et la forme parce qu'elles doivent être traduites dans l'acte. Si, existant dans la convention, elles ne sont pas constatées dans l'acte, il y a nullité de forme, mais nullité substantielle, puisque la preuve qu'elles existent dans la convention manque absolument.

La transcription doit publier l'*acte translatif du droit,* c'est-à-dire la preuve littérale d'une convention translative du droit réel ou de bail sur un immeuble.

118. — Si l'acte n'indique pas l'immeuble, quand même les parties auraient été d'accord sur l'immeuble qui devait être l'objet du droit concédé, l'acte ne le prouve pas ; transcrit, il n'apprendra rien aux tiers. Il est nul radicalement, et la transcription avec lui. Si cette partie de l'acte était omise dans la transcription, elle serait seule nulle ; elle le serait radicalement.

119. — Il ne suffit pas de faire connaître qu'un droit est transféré ; il faut en indiquer la nature : Est-ce un droit de propriété, une servitude, un usufruit, un droit de bail plus ou moins long ? Si la nature du droit n'est pas clairement indiquée, sans qu'aucune forme sacramentelle soit imposée, il y aura encore nullité radicale.

120. — La preuve du consentement, dans un acte sous seing privé, résulte de la signature. Sans doute, le consentement a pu être donné sans que l'écrit ait été signé; la convention peut exister en dehors des termes matériels d'un acte. Mais une convention, qui reste dans le domaine de l'esprit, ne peut être transcrite; pour être prouvée, au-dessus de 150 francs, déjà elle doit se matérialiser en acte notarié ou en acte sous seing privé (art. 1341); dans un acte sous seing privé, le consentement doit se matérialiser en signature; la signature c'est l'*acte* du consentement; ce que l'on doit transcrire c'est l'*acte,* non l'idée abstraite de convention, et surtout l'*acte du consentement* qui est la signature.

Sans signature, il n'y a pas d'acte sous seing privé.

C'est une notion première, si élémentaire, que l'on ne conçoit pas qu'elle puisse être l'objet d'une controverse.

Un acte de vente sans la signature du vendeur, du propriétaire de l'immeuble vendu, est-ce sérieux ?

La signature a été omise. C'est très possible ? Donnez-la, et il y aura acte.

Le vendeur ne savait pas signer. C'est pour cela qu'il y a des notaires ; allez chez le notaire, et il donnera acte de votre consentement.

Et ces actes seront transcrits valablement, non l'écrit sans signature, l'aurait-on fait signer par un cadi, par un iman, par un taleb ?

Si le consentement du propriétaire était prouvé d'une autre manière, la transcription sera-t-elle valable ? Non,

c'est l'*acte* où cette preuve sera fournie qui devra être transcrit. L'acte à transcrire est celui qui fait preuve; c'est la preuve
de la vente qu'il faut publier, et non l'écrit qui ne fait pas
preuve.

S'il y a deux vendeurs, la signature d'un seul suffira-t-elle ?

Oui, s'il y a indivisibilité dans l'obligation; oui, si l'un des
vendeurs représente l'autre; oui, même au regard des tiers,
s'il y a preuve légale du mandat, de la gestion d'affaires acceptée, de la stipulation pour autrui, conformément à l'art. 1121.

Dans tous ces cas, si matériellement la signature de l'un des
vendeurs est absente, il n'en est pas moins vrai qu'il a signé
par la main du covendeur, du gérant, du mandataire (1).

Dans tous les autres cas, certainement l'acte ne vaudra rien,
n'existera pas pour le vendeur qui n'aura pas signé; ce ne
sera pas un acte en ce qui le concerne, et la transcription ne
produira aucun effet contre ses acquéreurs.

L'acte et la transcription seront encore moins valables si
l'on a fait *figurer*, en le payant ou non, un vendeur de paille
n'ayant aucun droit.

121. — La signature de l'acquéreur est-elle nécessaire ? Tout
acte synallagmatique doit être signé des deux parties. Il n'y
a pas preuve du consentement de l'acquéreur sans sa signature, et le contrat n'est pas formé tant que le consentement
des deux parties n'a pas été donné. Il a pu être donné; la
preuve manque; il n'y a pas *acte* de ce consentement, et c'est
la preuve du contrat, c'est l'*acte* qui doit être transcrit.

Les auteurs, moins Troplong, qui pense ainsi que Marcadé
qu'elle n'est pas une vente, admettent que la promesse de
vente bilatérale peut être transcrite, mais, sauf Mourlon, ils
sont d'avis que la promesse de vente unilatérale ne peut l'être;
elle n'est pas translative de propriété, dit Laurent, n° 57.

Aubry et Rau, t. II, p. 287, § 209 et note 4, disent que la
promesse de vente ne peut être transcrite qu'à partir du
moment où celui au profit duquel est intervenue une pareille
promesse a déclaré vouloir acheter, et, pour être complète, la
transcription doit porter également sur l'acte qui constate
cette déclaration.

Mourlon, t. I, n° 39, distingue, avec soin p. 93, entre la promesse de vendre et la promesse d'acheter. La promesse
d'acheter ne peut jamais donner lieu à transcription. « Comment pourrait-il y avoir mutation même conditionnelle de

---

(1) V. dans ce sens, arrêt de la Cour de cassation du 26 octobre 1887.

propriété, en vertu d'une convention dans laquelle *le proprié-taire n'a rien* promis? » Cela justifie ce que nous avons dit pour l'acte sous seing privé non signé du propriétaire qui transfère son droit. Mais, ajoute-t-il, si le propriétaire a consenti à la vente, a promis de vendre, de transférer le droit, pourquoi le consentement ultérieur de l'acheteur, condition pour que la mutation s'accomplisse, ne rétroagirait-il pas comme pour toute vente conditionnelle? Telle était aussi la doctrine de Duranton sur l'effet de la promesse de vente unilatérale.

Aubry et Rau réfutent cette doctrine, t. 3, § 349, et Laurent dit: « Comment peut-on confondre une promesse de vente, convention unilatérale, avec une vente conditionnelle, convention bilatérale? »

Flandin, t. I, n° 64, s'exprime aussi dans le même sens : « Dans une vente conditionnelle, le concours des volontés, le contrat synallagmatique existe à l'origine, et la condition n'est qu'un fait extrinsèque qui suspend l'effet du contrat, mais qui ne l'empêche pas d'exister. Dans la promesse de vente, le contrat ne se forme qu'au moment où l'acheteur éventuel fait connaître sa volonté. » Au n° 65, il ajoute que le fait de la transcription par l'acquéreur ne pourrait, à lui seul, être considéré comme une déclaration tacite de sa volonté d'acquérir.

La jurisprudence est absolument conforme : voir notamment l'arrêt de la Cour suprême du 18 juillet 1882 (S. 83. 1. 377 ; D. 83. 1. 233) et les notes des arrêtistes.

Mais si l'acte, soumis à la transcription par l'acquéreur, qui n'a pas pris la précaution de le signer, est une vente actuelle, non une promesse de vente, ne peut-on pas voir dans le fait de la soumission de l'acte à la transcription une adhésion de l'acheteur?

Le fait pourrait être encore douteux ; pourquoi n'a-t-il pas signé quand il le pouvait? A-t-il voulu lier le vendeur sans se lier lui-même? Cela est possible. L'acte signé par le vendeur ne peut valoir comme commencement de preuve par écrit du consentement de l'acheteur. La preuve du transfert de la propriété ne résulte pas de l'acte, puisqu'il n'y a transfert que par le consentement de l'acheteur, et que ce consentement, s'il a été donné, n'est pas prouvé ; l'acte qui ne prouve pas ce consentement, n'a donc pas le caractère d'acte translatif de propriété.

C'est pour ce motif que la Cour de *Paris*, 6 mars 1865 (D. 67. 2. 25) a déclaré nulle la transcription d'une lettre portant vente, signée du vendeur, mais non de l'acquéreur.

Aubry et Rau, t. 2, p. 289, § 309 et note 9, disent : « En matière de vente par correspondance, la transcription doit comprendre toutes les pièces nécessaires pour constater, d'une manière certaine, l'accord des parties. »

Mourlon, t. 1, n° 26, et Flandin, t. 1, n° 81, discutent cette question ; ils pensent qu'une lettre missive peut être transcrite, quoique l'acte ne soit pas fait à double original. Là n'est pas la question : la lettre transcrite porte-t-elle la signature de l'acquéreur, son acceptation, la preuve du double consentement nécessaire pour le transfert ? L'arrêt de *Poitiers*, 11 ventôse an X, cité par Flandin, ne fait pas plus de confusion que cet auteur, dont la doctrine manque d'enchaînement et de de suite.

L'auteur du mot *transcription* dans Dalloz, n° 301 (auquel Flandin n'est pas étranger) dit : « S'agit-il d'un acte de vente non signé de toutes les parties, et, ce que nous disons ici est applicable à toutes les nullités de forme, quelle qu'elle soit, il faut se rappeler que toute convention est indépendante de l'acte qui sert à la constater, et que par conséquent, elle peut subsister bien que l'acte ne puisse valoir comme preuve. » De quelles parties veut-il parler ? S'il s'agit d'une nullité de forme, d'une nullité d'acte, pourquoi parler de la convention qui peut subsister sans acte ? La convention serait valable si elle était prouvée ; mais l'acte est-il nul ? Telle est la seule question. D'ailleurs il dit que l'acte confirmatif d'une convention annulable n'a pas besoin d'être transcrit, que celle d'une convention nulle doit l'être ; que la confirmation d'un acte nul est plutôt une nouvelle preuve ; ceci est fort juste, et il renvoie au mot *obligations*, n° 4.495, résumé imparfaitement par lui ; c'est là qu'on trouve la jurisprudence et la doctrine.

On n'y verra pas que l'acte signé par le vendeur a une valeur quelconque.

La signature de l'acquéreur est indispensable d'après les autorités que nous avons citées, car à tous ceux qui revendiqueront l'immeuble, celui que nous appellerons le 2ᵉ acquéreur répondra : où est *votre* titre transcrit? S'il est demandeur, il opposera que le titre produit ne donne aucun droit à son adversaire.

S'il y a plusieurs acquéreurs, et qu'un seul ait signé, il y a transfert de propriété, et il importe peu que les autres n'aient pas signé, si l'immeuble entier a été vendu, et que les autres acquéreurs s'entendent avec celui qui a signé.

Diverses espèces sont citées dans Dalloz, *obligations*, n° 4.495, auquel nous avons renvoyé.

122. — La fausseté de l'acte entraîne nécessairement la fausseté et la nullité de la transcription, quand la falsification porte sur les conditions essentielles que nous venons d'énumérer.

L'action en nullité de l'acte faux appartient à l'acquéreur, et le vendeur, depuis qu'il s'est dessaisi, ne peut reconnaître l'écrit faux, et nuire, par aucun acte, aux droits de son acquéreur. Il faut appliquer à l'acte faux ce que nous avons dit de l'acte nul et de l'acte annulable, le faux pouvant, suivant son importance, rendre l'acte ou nul ou annulable.

123. — Après avoir posé les règles, parcourons les diverses décisions rendues par la Cour en cette matière.

De l'arrêt suivant il résulte, conformément aux principes rappelés ci-dessus, qu'un jugement postérieur à l'acte de vente rendu contre le vendeur, ne peut être opposé à l'acquéreur. Il y avait une particularité, c'est que le vendeur avait fait apposer sa signature par une personne présente, au lieu de l'apposer lui-même, mais il ne la déniait pas.

Le débat s'était porté sur un autre point, on soutenait que l'instance était commencée, et, qu'elle était connue de l'acquéreur.

Voici d'ailleurs les faits :

Par acte sous seing privé du 28 mars 1879, transcrit le 29 mai suivant, Mouloud vend à Jouane la terre d'El-Asla. Il y est dit que l'acte sera transformé en acte authentique lors de la remise du titre de propriété. Le 22 septembre l'acte authentique est passé; il constate que Mouloud n'a pas signé l'acte sous seing privé et que c'est un tiers qui y a apposé sa signature avec son autorisation et en sa présence, que Jouane a acquis, non pas pour lui, mais pour la Cⁱᵉ des Mines de Camerata. Le 15 juin, c'est-à-dire entre la transcription et l'acte authentique, un jugement de cadi, rendu contre Mouloud, déclarait Bou Azza propriétaire.

La Cour, par arrêt du 12 décembre 1881 (1), décide que ce

---

(1) *(Cⁱᵉ des Mines de Camérata c. Bou Azza).* — Attendu que l'acte sous signatures privées du 28 mars 1879 constate qu'il y a eu accord entre les parties sur la chose et sur le prix ; — Qu'il énonce que le vendeur devra remettre à l'acquéreur son titre de propriété et que, dès que la remise de ce titre aura été effectuée, l'acquéreur sera tenu de payer son prix ; — Qu'il

jugement n'est pas opposable à Jouane et à la Cie des Mines de Camerata pour laquelle il avait acheté définitivement, absolument par acte transcrit auparavant; que leur vendeur n'avait pu les représenter devant le cadi, et qu'il était inutile de rechercher si, au moment de la vente, Jouane connaissait l'instance engagée entre son vendeur et Bou Azza.

124. — Conformément à la doctrine des auteurs, la Cour d'Alger a décidé que la ratification donnée par le propriétaire à la vente opérée par un agent d'affaires ne rétroagit pas au jour de la vente, et que par conséquent l'acte de ratification doit être transcrit, l'aliénation ne datant réellement que du jour où le propriétaire a donné son consentement; la transcription de l'acte passé par le gérant d'affaires n'aurait donc aucune valeur, pas plus que l'acte non signé par le vendeur, par le propriétaire, quoique revêtu de signatures inutiles, pour tromper l'œil.

Voici l'espèce :

---

ressort de ces faits que l'intention des parties a été de faire une vente et non un simple projet de vente ; — Que si l'acte porte dans une dernière clause, qu'il sera transformé en acte authentique quand l'acquéreur aura entre les mains le titre établissant les droits du vendeur, l'insertion de cette clause finale dans son contexte, en l'absence de toute déclaration contraire des parties, n'a eu d'autre objet que de fournir à celles-ci le moyen de revêtir leurs conventions d'une forme plus solennelle et d'expliquer avec plus de précision leurs engagements réciproques ; — Que cette interprétation de la volonté des parties est vraie ; que l'acte authentique, reçu en exécution de la clause précitée le 22 septembre, par Me Montader, notaire à Oran, après avoir constaté le dépôt fait par les parties au rang des minutes dudit notaire de l'acte du 28 mars 1879 et le paiement du prix convenu effectué par l'acquéreur, se borne à expliquer, notamment, que l'acte du 28 mars 1879 n'a pas été signé par El-Mouloud ben Ahmed Ould Sidi Moussa, mais par un tiers avec l'autorisation de celui-ci, et que Jouane n'a pas acquis pour son compte personnel, mais pour le compte de la Cie des Mines de Camérata dont il est le mandataire, déterminant en outre les conséquences qui pourront résulter de la perte du procès intenté par Mohammed ben Sidi Ahmed Bou Azza à la compagnie ci-dessus désignée ; — Qu'il faut, dès lors, reconnaître qu'il y a eu vente parfaite du jour où est intervenue la convention relatée dans l'acte sous signature privée du 28 mars 1879 ; — Attendu que l'acte dont il s'agit, enregistré au bureau d'Oran, le 29 mai 1879, a été transcrit au bureau des hypothèques d'Oran le même jour, vol. 502, n° 52, avec inscription d'office au profit du vendeur ; — Qu'à partir de l'accomplissement de la formalité de la transcription, la propriété de la terre dite El-Asla, qui jusqu'alors était restée fixée à l'égard des tiers sur la tête d'El-Mouloud ben Ahmed Ould Sidi Moussa, est passée sur la tête de Jouane qui en a été désormais investi à l'égard de tous ; — Qu'à compter de ce

Le 13 mars 1875, 4 indigènes agissant tant en leur nom personnel qu'au nom de 39 autres indigènes, en vertu d'un mandat verbal, et au besoin se portant fort pour eux, vendaient à Laffitte tous les immeubles situés sur la tribu des Gourayas. L'acte était transcrit le 5 avril. La vente était ratifiée le 27 février 1877. Dans l'intervalle, et le 4 août 1875, Granery prenait inscription contre l'un des vendeurs qui n'avait pas comparu au premier acte du 13 mars.

La Cour, par arrêt du 16 mai 1881 (1), a décidé que la preuve

moment El-Mouloud ben Ahmed Ould Sidi Moussa ayant cessé d'être propriétaire de l'immeuble vendu, n'a pu représenter son acquéreur dans les instances qu'il a pu soutenir relativement à cet immeuble ; — Attendu que, postérieurement à la transcription de la vente consentie à Jouane et à la date du 15 juin 1879, un jugement rendu par le cadi d'Aïn-Temouchent entre El-Mouloud ben Ahmed Ould Sidi Moussa et Mohammed ben Sidi Ahmed Bou Azza, rejetant une demande en revendication formée par El-Mouloud, a déclaré Mohammed ben Ahmed Bou Azza, propriétaire de la terre dite El-Asla ; — Attendu que ce jugement ne saurait être opposé soit à Jouane, soit à la compagnie sa mandante, bien que l'instance à laquelle il a mis fin ait été engagée antérieurement à la transcription de l'acte de vente du 28 mars 1879 ; — Qu'en effet, Jouane et la compagnie, sa mandante, avaient acquis sur l'immeuble en litige avant le jugement rendu par le cadi d'Aïn-Temouchent, par l'accomplissement de la formalité de la transcription, un droit réel que le vendeur El-Mouloud ben Ahmed Ould Sidi Moussa ne pouvait plus compromettre, puisqu'il avait cessé de les représenter ; — Attendu qu'il est sans intérêt dans la cause de rechercher si au moment de la transcription de l'acte de vente du 28 mars 1879, Jouane et la compagnie des Mines de Camérata ont eu ou non connaissance de l'instance engagée entre El-Mouloud ben Ahmed Ould Sidi Moussa et Mohammed ben Sidi Ahmed Bou Azza, puisque El-Mouloud qui, par l'effet de la transcription, avait cessé d'être propriétaire à l'égard des tiers, ne pouvait plus les représenter qu'en vertu d'un mandat dont l'existence ne saurait être présumée dans le silence de la loi ; — Qu'il n'en serait autrement qu'autant que la compagnie des Mines de Camérata, faisant le procès sien, aurait elle-même dirigé, sous le nom de son vendeur, le procès intenté par celui-ci à Mohammed ben Si Ahmed Bou Azza ; — Mais que ce fait n'est pas articulé et que dans tous les cas la preuve n'en est pas rapportée ; — Par ces motifs etc.

MM. Parisot, *prés.* ; Chéronnet et Huré, *av.*

(1) *(Granery c. Laffitte).* — Attendu que suivant acte notarié du 13 mars 1875, Laffitte a acheté, moyennant un prix de 6,090 francs payé comptant, tous les immeubles possédés dans la tribu de Gourrayas, près et sur les deux rives de l'oued Kellarlane, par 43 indigènes dénommés, sans aucune indication de la part revenant à chacun d'eux, soit dans les propriétés vendues, soit dans le prix ; — Que quatre desdits indigènes, agissant chacun, tant en son nom personnel que pour et au nom et comme mandataire verbal d'un certain nombre d'autres, et pour lesquels il déclare au surplus se

du mandat ne pouvait être faite par témoins, les immeubles
en litige étant régis par la loi française; qu'il résultait des
éléments de la cause qu'il y avait eu, non mandat, mais gestion d'affaires, et que la ratification ne pouvait opérer effet
rétroactif, le consentement du propriétaire à la vente n'ayant
été donné que postérieurement à la transcription de Garnery,
la transmission de la propriété ne pouvait remonter à une
époque antérieure et rétroagir au jour de la transcription.

Si le gérant d'affaires avait agi pour l'acquéreur et si l'acte
avait été passé par le vrai propriétaire, d'après la doctrine, la
ratification n'a pas besoin d'être transcrite. Le contraire a été
jugé par la Cour de *Chambéry*, 17 juin 1865, et est enseigné
par Laurent, t. 2, n° 60.

Dans l'espèce ci-dessus le mandat n'aurait pu être opposé
aux tiers que s'il avait été prouvé par un acte ayant date certaine antérieure. A défaut de preuve du mandat, il ne pouvait
y avoir que gestion d'affaires.

---

porter fort et répondre, suivant les termes uniformes de l'acte, intervenaient
comme vendeurs; que si Mohammed El-Miliani, débiteur de l'appelant,
figurait parmi les 39 indigènes ainsi représentés, et que Ali ben Toumi se
portait son mandataire; — Attendu que cet acte a été transcrit le 5 avril
suivant et que, par autre acte du 27 février 1877, qualifié de complément
de la vente du 13 mars où figuraient 59 indigènes, copropriétaires présents
ou dûment représentés cette fois, ceux-ci, dans les mêmes termes, décla-
raient se déssaisir de tous droits sur les biens vendus, approuver et ratifier
la vente du 13 mars et entendre que la ratification rétroagisse au jour de la
vente; — Attendu qu'à la date du 4 août 1875, depuis la transcription de
la vente, mais avant sa ratification, l'appelant avait pris l'inscription dont
s'agit, en vertu d'un jugement de condamnation au paiement d'une somme
de 3,200 francs rendu à son profit contre Si Mohammed ben El-Miliani et
qu'il s'agit de savoir, en cet état de faits, si cette inscription a été utilement
prise et si elle doit produire effet au profit de l'appelant; — Attendu que
pour la négative, l'intimé se fonde : 1° sur le mandat verbal sus-énoncé
susceptible, suivant lui, d'être prouvé par témoins, le mandataire et le
mandant étant musulmans; 2° sur les effets de la ratification du 27 février
1877; — Attendu, sur le premier point, que la transcription a pour objet
essentiel de révéler au public les mutations de la propriété immobilière et
de fixer, par sa date, le jour à partir duquel l'acquéreur est définitivement
saisi de la propriété à l'égard d'autres intéressés qui n'ont acquis des droits
sur la même propriété qu'à une date postérieure; — Qu'il suit de là que la
transcription ne produit ses effets qu'autant que l'acte qui en est l'objet
est translatif de propriété et qu'il en fait preuve par lui-même; — Attendu
que la vente du 13 mars, fort incomplète d'ailleurs en soi, ne remplissait
pas ces conditions, du moins en ce qui concerne les indigènes représentés

125. — Le mandat peut-il être donné, prouvé par témoins, si la valeur du litige n'est pas supérieure à 150 fr. et s'il y a commencement de preuve par écrit ?

Rainero télégraphie à Fargues le 2 novembre de vendre sa maison à Guarinos pour 16,500 fr. Fargues vend aussitôt par acte sous seing privé qui est enregistré et transcrit le 3. Rainero télégraphie à son notaire qu'il avait trouvé acquéreur à 16,500 fr. Le 3, il donne ordre à Fargues de vendre à Clément au prix de 17,000 fr. Fargues lui fait connaître qu'il a vendu la veille à Guarinos au prix de 16,500 fr. Malgré cela, le notaire passe vente à Clément pour 17,000 fr. ; la vente est transcrite le 10 novembre. Rainero ne ratifiant pas la 1ʳᵉ vente un jugement la déclare valable et ratifiée. Le 2ᵉ acquéreur

---

verbalement ; — Que rien ne justifiait leur consentement, élément essentiel de la vente, et que celle-ci, bien que transcrite le 5 avril, n'avait pas d'existence à l'égard des tiers intéressés, et ne pouvait opérer une mutation qui leur fût opposable ; — Qu'ainsi, à ce point de vue, l'inscription du 4 août 1875 sur les biens de El-Miliani est opposable à Laffite ; — Que la preuve de l'existence du mandat verbal, faite depuis cette date, serait tardive et qu'au surplus elle ne saurait être administrée par témoins, la loi française étant incontestablement la seule applicable ; — Sur le deuxième point : — Attendu, au surplus. que du rapprochement et de la comparaison des deux actes du 13 mars 1875 et du 27 février 1877, il ressort avec évidence que ce n'est point comme mandataires, mais bien comme gérants d'affaires et se portant fort pour les indigènes non comparants, que quatre d'entre eux ont vendu les droits communs à tous, y compris seize autres non indiqués dans la vente du 13 mars, et qu'il s'agit d'apprécier si, comme Laffitte le prétend, la ratification donnée dans les termes ci-dessus énoncés par les 59 indigènes, à l'acte du 27 février, produit effet du jour de la vente, avec effet rétroactif, au préjudice de l'inscription de Granery ; — Attendu qu'il résulte des art. 1338 et 1339, d'accord avec les principes, que la ratification ne saurait opérer effet rétroactif qu'autant qu'elle s'applique à un acte entaché d'un vice susceptible d'être réparé et qui n'empêche pas cet acte imparfait d'avoir une existence légale et de produire certains effets ; — Mais qu'il n'en saurait être de même si l'acte est entaché de nullité radicale, absolue, qui lui ôte tout principe d'existence, de sorte qu'il ne produise pas les effets qu'il a pour but d'opérer, et que la ratification d'un pareil acte ne peut valoir que comme contrat nouveau à sa date ; — Attendu que la vente des droits immobiliers, appartenant à autrui par un gérant qui s'est porté fort, ne saurait transférer à l'acquéreur aucun droit, même en germe, en dehors de tout consentement, de toute adhésion du propriétaire, seul habile à aliéner sa propre chose ; — Que nulle transmission ne résultant de l'acte en ce cas, il n'est pas susceptible d'être utilement transcrit ; — Attendu que la ratification qui en est donnée vaut vente à sa date et emporte seule transmission ; — Que c'est donc elle qui doit être transcrite ; — Par ces motifs etc.

MM. Mɪɢɴᴏᴛ, *cons. prés.* ; Bœɴᴇʀ, *av. gén.* ; Lᴇᴍᴀɪʀᴇ et Cʜᴇ́ʀᴏɴɴᴇᴛ, *av.*

soutenait que Fargues n'avait pu vendre que sous la condition de ratification, et que la transcription antérieure n'avait aucune valeur. La Cour, 7 avril 1884 (1), a décidé que Fargues était un mandataire, et que le mandat était prouvé par le télégramme, que dès lors la vente était parfaite dès le 2 novembre et avait pu être transcrite le 3.

Cette décision nous paraît juridique, car le télégramme formait au moins un commencement de preuve par écrit, s'il était écrit par l'expéditeur, et la date certaine résultait de sa mention dans l'acte enregistré.

-----

(1) (*Clément c. Guarinos*). — Attendu que ne pouvant méconnaître ces faits, Clément soutient que le télégramme que Guarinos invoque comme une procuration aux fins de lui vendre l'immeuble dont s'agit, ne peut constituer une procuration régulière, que l'art. 1985, C. civ., porte bien, à la vérité, que le mandat peut être donné par lettre missive, mais qu'un télégramme ne peut être assimilé à une lettre missive, cette dernière étant revêtue de la signature du mandant, tandis que le télégramme n'est que la copie faite par l'administration, de l'écrit du mandant; — Attendu, en droit, que par le mot *lettre*, dont se sert l'art. 1985 du C. civ., on doit entendre tout écrit quelconque, adressé à un tiers; — Que le mode de transmission de cet écrit importe peu et que le télégraphe ne fait que transmettre plus rapidement à destination, que la poste, l'écrit de l'expéditeur, quand toutefois l'authenticité du télégramme n'est pas contestée; — Attendu qu'il s'agit donc uniquement dans la cause, de vérifier si les télégrammes adressés à Fargues par Rainero, émanent bien de ce dernier; — Attendu que leur authenticité ne peut être sérieusement contestée; — Qu'elle résulte, en effet, du rapprochement des dates des divers télégrammes, notamment de celle du télégramme adressé par Rainero à Fargues, en réponse à celui qu'il lui adressait, pour être autorisé à accepter les offres de Guarinos et de celle du télégramme adressé au notaire Mathis, pour lui faire connaître qu'il avait trouvé acquéreur; — Attendu, en surplus, que leur sincérité n'a pas été contestée sérieusement en première instance, bien qu'en appel Clément, pour les besoins de la cause, ait allégué qu'ils n'émanaient pas de Rainero et qu'on s'est borné à soutenir devant les premiers juges, qu'ils n'avaient pas un caractère suffisant pour constituer un mandat; — Attendu que Rainero n'a pas protesté contre les prétentions de Guarinos, son premier acquéreur, quoiqu'il n'ait pas craint de vendre une deuxième fois le même immeuble, pour réaliser un bénéfice de 500 fr., tout en reconnaissant par son télégramme du 8 novembre, adressé au notaire Mathis, qu'il l'avait déjà vendu une première fois, et s'est laissé condamner par défaut, par le tribunal, qui a ratifié la vente consentie à Guarinos; — Attendu que le mandat n'est soumis à aucune formalité sacramentelle et qu'il suffit que la volonté du mandant, de transmettre ses pouvoirs, résulte clairement des termes employés par lui; — Qu'il ne peut rester aucun doute sur les instructions données par Rainero a Fargues, d'après le contexte des télégrammes qui lui ont été adressés, et qu'il avait bien une procuration de vendre; — Attendu que cependant Clément prétend que Rainero n'a jamais

126. — Il ne nous reste plus qu'à appliquer aux actes musulmans en conflit avec les actes français, les principes généraux du droit algérien, exposés aux chapitres 1, 2 et 3, et les règles essentielles du droit français sur la preuve, la date certaine et la transcription, que nous avons cru nécessaire de préciser dans ce chapitre d'après les autorités les plus incontestées, en les citant textuellement autant que possible dans l'intérêt des *hommes d'affaires* auxquels surtout cet écrit s'adresse, et qui n'ont pas toujours les ouvrages spéciaux.

Pour les prémunir contre des erreurs trop fréquentes, nous devons insister sur un point que nous avons cherché à mettre en relief, vu son extrème importance en Algérie dans cette période de transition où l'on est porté à vouloir consolider rétroactivement par des confirmations, des aveux, des jugements, d'anciennes conventions dénuées de preuves (si elles ont existé !), d'anciens actes nuls ou annulables, à dates problématiques. Nous avons fait tous nos efforts pour démontrer que soit avant, soit après la loi sur la transcription, l'acte confirmatif, l'acte d'aveu, le jugement ne peuvent être opposés au tiers que s'ils ont une date certaine antérieure à la date certaine, ou à la transcription de son titre, que ces actes doivent en outre être transcrits, depuis la loi de 1855, à moins qu'ils ne se réfèrent à un acte, non point nul, mais seulement annulable déjà transcrit. Nous leur conseillons, par mesure de prudence, de faire enregistrer tous les actes nouveaux

---

cu d'autre mandataire qu'Attard, pour la vente de sa maison, mais que cette assertion ne peut se soutenir devant ce fait, que, dès le 31 octobre, Fargues se présentait avec un sieur Bougaud, acquéreur, chez le notaire Mathis, et produisait une dépêche de Rainero ainsi libellée : « Voyez notaire Mathis, a toutes les pièces, traitez de suite; » — Attendu qu'il est encore avancé que Fargues n'a traité que comme *negotiorum gestor* de Rainero, à charge, par suite, de ratification, et ne pouvait que passer une vente provisoire, l'acte de vente provisoire, l'acte de vente définitif devant être passé devant le notaire Mathis ; mais qu'il n'y a lieu de s'arrêter à cette objection, que le télégramme du 2 novembre : « *Vendez 16,500 fr., passez acte Orléansville* », constate bien l'intention de Rainero de vendre à Guarinos ; qu'il importe peu, dès lors, que la vente ait été passée devant notaire, ou faite seulement par acte sous seing privé, puisqu'il s'agissait d'une vente définitive ; — Attendu que les parties étant tombées d'accord sur l'objet de la vente et sur le prix, aux termes de l'art. 1583 du C. civ., la vente était parfaite et définitive, la transmission de la propriété ayant été opérée vis-à-vis des tiers, par la transcription, et qu'il n'était pas besoin, ainsi que l'a fait Guarinos, par surcroît de précaution, de la faire ratifier par le Tribunal ; — Par ces motifs etc.

MM. Sautayra, *pr. pr.*; Gariel, *av. gén.*; Robe, Jouyne, *av.*

relatifs à la propriété immobilière, alors même qu'ils se rapporteraient à des actes transcrits, ou à d'anciens actes musulmans, et en outre de les faire transcrire, s'il y a le moindre doute sur la validité d'une première transcription relative à un acte nul ou annulable.

Pour l'avenir, aucune difficulté spéciale à l'Algérie ne peut se présenter, si la propriété repose sur un titre français, administratif, judiciaire, ou notarié (voir n° 18). Depuis la loi du 26 juillet 1873 si le titre est antérieur, depuis sa date s'il est postérieur, tous les actes, même entre Musulmans, sont assujettis, à la preuve écrite entre les parties, à la date certaine et à la transcription à l'égard des tiers. Tout conflit entre les deux lois devient donc impossible.

127. — Il n'en est pas de même pour le passé, la transcription ne le purge pas entièrement : opposable à ceux qui ont acquis des droits du même auteur, elle ne l'est pas à ceux dont les titres viennent d'auteurs différents, ni à ceux qui ont acquis la propriété par prescription. Des conflits peuvent donc surgir entre la loi musulmane et la loi française, relativement au passé, entre la vente française et la vente musulmane dont on veut prouver l'antériorité par témoins, ou par un acte sans date certaine, ou par un acte avec date certaine, mais non transcrit, quoique postérieur à la promulgation de la loi sur la transcription en Algérie.

De ces deux lois régissant, l'une la convention musulmane, l'autre la convention française, laquelle servira à déterminer l'antériorité juridique de l'une à l'égard de l'autre ? On ne peut les appliquer toutes les deux, il faut choisir; laquelle ?

A toutes les périodes (n°ˢ 2, 8, 9) nous avons répondu, et nous répondons encore : la loi française, le statut réel, auquel doit céder le statut de faveur exceptionnellement concédé aux Musulmans *entre eux*.

L'ordonnance du 1ᵉʳ octobre 1844 prescrit l'application de la loi française à toutes les acquisitions d'immeubles, l'arrêté du 28 mai 1832, la loi du 16 juin 1851, et celle du 26 juillet 1873 autorisent l'application de la loi musulmane à la convention entre Musulmans, mais ordonnent que la loi française soit appliquée à la convention entre Musulmans et non-Musulmans (arrêté de 1832), entre toutes autres personnes (loi de 1851), entre personnes de statuts différents (loi de 1873).

Un Musulman contracte directement avec un non-Musulman, la loi française est appliquée, d'après ces quatre lois; à plus forte raison, si un Français contracte avec un Français, sous l'empire de la loi française, on ne pourra lui opposer la loi musulmane en faveur d'une convention entre Musulmans, à laquelle il n'a pris aucune part?

Il contracte avec le Musulman, la loi française le protège; il ne contracte pas avec lui, et la loi musulmane l'asservirait!

Nous ne concevons pas qu'une telle doctrine, repoussée par le droit des gens et le droit français, par le texte de toutes les lois algériennes et les travaux préparatoires de ces lois; par la jurisprudence de la Cour d'Alger et de la Cour de Cassation (voir chap. 3), puisse être soutenue par des Français!

On dirait vainement que les Musulmans, en contractant entre eux, ont contracté suivant la loi musulmane; les Français contractant entre eux, ou avec des personnes de statuts différents, n'ont-ils pas contracté suivant la loi française? Si les Musulmans ont compté sur la loi musulmane, les Français ont compté sur la loi française. Entre ces deux conventions, entre ces deux lois en conflit, on ne peut en appliquer qu'une, la loi de la terre, de la terre algérienne qui est terre française; la loi française, et non la loi musulmane, à moins de faire échec au sens commun, en même temps qu'au sentiment patriotique.

Il n'y a pas de milieu, il faut opter entre l'un ou l'autre droit. Si l'on opte pour le droit musulman, l'antériorité de l'acte musulman pourra être prouvée par témoins; si l'on opte pour le droit français, la date certaine prouvera seule cette antériorité à l'égard des tiers jusqu'à la promulgation de la loi de 1855, et, depuis cette promulgation, la transcription sera nécessaire pour déterminer juridiquement l'antériorité de l'acte musulman contre l'acte français, et réciproquement.

Par anachronisme nous avons entendu invoquer l'ordonnance du 26 octobre 1842. L'avocat français ne disait pas aux magistrats français : vous *devez* appliquer la loi musulmane contre le titre français; mais vous *pouvez* opter pour l'une ou l'autre loi en vertu de l'ordannance. Si le juge français avait cette faculté, il ne devrait pas en user; il ne l'a pas. L'ordonnance régit encore les droits personnels ; si elle a jamais régi les droit réels, ce qui est fort douteux (voir n° 5), elle ne les régit plus certainement, depuis l'ordonnance du 1er octobre 1844 qui porte (art. 4) que toutes les actions réelles seront jugées d'après les lois françaises, et (art. 7) qu'à l'avenir les ventes seront soumises aux dispositions du droit civil; après elle, la loi du 16 juin 1851 a abrogé l'ordonnance de 1842 sur ce point, avec toutes les dispositions antérieures relatives à la transmission de la propriété.

C'est ce qu'a jugé un arrêt du 23 octobre 1884 (*Revue algér.* 1885, 2, 187); et, avant lui, un arrêt du 2 février 1880 (n° 80).

L'arrêt du 2 avril 1868 (cité n° 13) avait décidé que, si l'ordonnance pouvait être appliquée, le juge devrait opter pour la loi française dans l'intérêt général, dans l'intérêt même des indigènes, qui réclame la sécurité des transactions immobilières.

L'acte sous seing privé musulman n'a de date certaine contre l'acte français que dans les trois cas prévus par l'art. 1328. L'acte de cadi doit-il être assimilé à un acte sous seing privé ? Oui, d'après une décision ministérielle du 3 novembre 1851, mais cette décision a été modifiée par les décrets sur la justice musulmane (art. 67 et suiv. déc. du 1er mars 1854; art. 67 et suiv. déc. du 31 décembre 1859).

La date certaine pour les actes de cadi résulte de l'inscription de l'acte sur le registre dont la tenue est prescrite par les décrets : *Cass.* 23 novembre 1858, et 5 juillet 1859 (Dalloz, 1859, 1, 130 et 312).

Les actes de rabbin restent assimilés aux actes sous seing privé (Voir Ménerville. *Enregistrement*, t. 1, p. 312).

Ainsi, sous les ordonnances de 1832 et de 1844, sous la loi de 1851, non seulement la preuve testimoniale n'est pas admise pour la convention musulmane contre l'acte français, mais l'acte musulman doit être signé, il doit avoir date certaine, les règles du droit français sur la confirmation, sur l'aveu, doivent être observées, pour qu'il puisse être opposé à l'acte français.

Par le même motif, depuis le 4 juillet 1855, date de la promulgation en Algérie de la loi du 23 mars 1855, cette loi française protège l'acte français contre l'acte musulman, elle a été promulguée sans restriction, et si elle n'est pas applicable entre Musulmans et entre actes musulmans, c'est en vertu de la loi du 16 juin 1851 qui en même temps rend la loi française seule applicable entre toutes autres personnes, entres tous autres actes.

La loi de 1873, art. 2, a emprunté ce principe à la loi de 1851, ainsi que le rapporteur et M. Humbert l'ont dit à l'assemblée; en le respectant pour le passé, bien loin de l'abroger rétroactivement, elle l'a consacré pour l'avenir que, seul, elle voulait régler.

Appliquons ces principes aux espèces révélées par la jurisprudence ou prévues par la doctrine.

La première est celle-ci :

Un Musulman vend à un Français par acte notarié transcrit, rendant définitivement l'immeuble français. Un acquéreur musulman prétend avoir acheté le même immeuble du même vendeur avant la promulgation de la loi sur la transcription, même avant la loi de 1851, et demande à en faire la preuve.

Il n'est personne aujourd'hui qui, dans cette hypothèse, admette la preuve testimoniale contre l'acte français.

Si l'acquéreur musulman a un acte avec date certaine, en vertu de l'art. 11 de la loi du 23 mars 1855, il l'emportera sur le titre français.

Si son acte est postérieur à la promulgation de la loi sur la transcription, et qu'il ne soit pas transcrit, il sera sans valeur contre le titre français par le même motif qu'auparavant, s'il n'était pas écrit, s'il n'avait pas date certaine.

Que décider si l'acquéreur par acte notarié transcrit est Musulman? La solution serait la même.

Avant la loi de 1873 la loi musulmane eût été seule applicable entre deux actes musulmans. Mais l'acte notarié, depuis cette loi, rend l'immeuble français, la loi française applicable à cet immeuble à l'égard de tous; c'est le propre du statut réel de s'appliquer à toutes les personnes, en régissant la terre, non les personnes ni les actes. Quand la transcription a eu lieu, l'immeuble était français et définitivement, la transcription produira donc ses effets à l'égard des Musulmans, comme à l'égard des Européens.

Si les deux actes ne sont pas transcrits, c'est la date certaine qui déterminera la priorité; à défaut de date certaine, l'écrit; à défaut d'écrit, la preuve testimoniale.

Les deux ventes peuvent provenir de deux acquéreurs du même vendeur. Si l'un de ces acquéreurs avait transcrit et l'autre non, le sous-acquéreur de ce dernier ne pourrait opposer sa transcription personnelle au sous-acquéreur de l'autre, et la faire prévaloir contre la transcription de l'auteur de celui-ci. Il aurait dû faire transcrire le titre de son vendeur.

Si les deux acquéreurs étaient Musulmans et avaient acheté avant que l'immeuble fût devenu français, la loi musulmane réglerait les rapports des sous-acquéreurs, qui ne peuvent, chacun, invoquer contre l'autre que les droits musulmans de leur vendeur, et non leur droit personnel. Il importe peu que les sous-acquéreurs soient Européens.

L'effet de la transcription est limité aux acquéreurs d'un même auteur. Entre acquéreurs de divers auteurs il est nul.

Les deux ventes émanent du même auteur quand elles ont été faites, l'une par l'ascendant, l'autre par le descendant, par l'héritier.

128. — En droit français, comme en droit musulman, la prescription est un moyen d'acquérir la propriété à l'égard de tous, sans transcription. Ce principe vient d'être consacré par un arrêt du 21 octobre 1887 (2ᵉ Ch.).

Il s'agissait, dans l'espèce, d'un bail à complant, qui devait rendre le bénéficiaire du bail propriétaire de la moitié de la terre complantée. Le bail datait du 29 novembre 1853, et résultait d'une convention passée devant la mahakma ; un jugement du cadi du 9 février 1858 constatait que les plantations avaient été faites, et reconnaissait le droit sur la moitié de la terre complantée au profit de celui qui avait fait les plantations. La Cour a décidé qu'en droit français comme en droit musulman la propriété avait été prescrite par la possession de plus de 10 ans, et que le titre sur lequel elle s'appuyait n'avait pas besoin d'être transcrit.

Un arrêt de la cour de cassation, 14 juin 1877 (Dalloz, 1878, 1, 432) a été rendu dans le même sens en rejetant un pourvoi contre un arrêt d'Alger.

Dans cette espèce la prescription était invoquée par des Musulmans contre des Musulmans, dans la première elle était invoquée contre des Israélites. Dans l'une et l'autre, les terres après avoir été l'objet d'un acte français, étaient revenues aux mains de Musulmans sous l'empire de la loi de 1851.

En droit français pur, la même doctrine est enseignée pour la prescription de 10 et 20 ans par Aubry et Rau, t. 2, p. 288, § 209, note 105, très bien motivée; Mourlon, t. 2, n° 512; Rivière et François, n° 39; Lesenne, n° 40; Rivière et Huguet, n° **238**. — Un arrêt dans ce sens a été rendu par la Cour d'*Agen*, 24 novembre 1842 (S. **43**, 2, 177). — Dans le sens contraire : Troplong, n° 177; Flandin, t. 2, n° 905; *Lyon*, 17 février 1834 (S. 35, 2, 18).

Ce moyen d'acquérir, commun au droit français et au droit musulman, sert de lien entre les deux législations, et permet de valider, au regard de la loi française, la transmission de la propriété par actes musulmans, si elle est consacrée par la possession de 10 ou 20 ans. V. dans le même sens : Narbonne, *Prescription*, n° 1; *Aix*, 21 décembre 1865; *Cass.*, 20 mai 1868, 13 mai 1872.

129. — L'origine indigène de la propriété laisse donc planer une grande incertitude sur le droit transmis même par un acte notarié, ou dérivant d'un titre judiciaire ou administratif. Aussi la loi a-t-elle, par son art. 25, donné à tout acquéreur d'une propriété indigène par une purge spéciale, le moyen de faire trancher immédiatement toutes les difficultés et de la

rendre libre à l'égard de tous. En mettant à la disposition des acquéreurs de propriété indigène, par acte notarié, la formalité de la purge spéciale, la loi a exonéré l'administration des formalités analogues du titre II relativement aux immeubles ainsi devenus français, et dispensé les acquéreurs des obligations qui leur auraient été imposées : leurs titres ne sont pas soumis à la vérification du commissaire enquêteur, et aucun titre nouveau ne peut lui être délivré.

130. — L'acte sous seing privé ne rend pas l'immeuble français, mais, s'il est transcrit, aux termes formels de l'art. 2, sa transcription produit tous les effets attachés à cette formalité par la loi du 23 mars 1855. N'oublions pas, pour l'interprétation de l'art. 19, que nulle part la loi ne restreint ces effets, pas plus qu'elle ne restreint ceux de l'inscription d'une hypothèque.

Il faut appliquer ici les principes du statut transitoire mixte exposés par nous au n° 19, et dont nous venons de faire l'application aux conventions antérieures à l'acte notarié.

La règle est la même : la loi musulmane ne régit que les conventions musulmanes entre elles, et entre Musulmans.

Si l'acte sous seing privé transcrit transmet le droit à un Européen, la loi française le régira, la transcription sera opposable aux Musulmans, et aux conventions musulmanes antérieures, auraient-elles date certaine, à plus forte raison quand elles ne sont pas prouvées par écrit.

Le Musulman ne peut opposer ni son acte avec date certaine, ni la transcription à un autre acquéreur musulman. Entre eux la loi musulmane est seule appliquée, à moins qu'ils n'acceptent la loi française. V. n° 32 et 33.

Aux termes de l'art. 2 du décret du 10 septembre 1886 l'acte notarié emporte de lui-même acceptation de la loi française, il n'en est pas ainsi de l'acte sous seing privé, ni du fait de la transcription.

La loi française est toujours applicable quand l'un des contractants est Européen et l'autre Musulman. L'art. 2 applique la loi du 23 mars 1855 aux conventions entre personnes de statuts différents.

Le Musulman qui a contracté avec un Européen peut donc opposer la transcription de son acte à un autre acquéreur musulman qui n'aurait pas transcrit avant lui.

Ce que nous avons dit relativement au passé, pour l'acte notarié, rendant français l'immeuble qui ne l'était pas auparavant, s'applique à l'acte sous seing privé; il n'en est pas de même pour l'avenir. Après l'acte notarié, une seule loi, le statut réel français. Après l'acte sous seing privé, passé au profit d'un Européen, quoique transcrit, l'immeuble retombe sous la loi musulmane, s'il est revendu de Musulman à Musulman. La situation se complique, mais toute difficulté se dénoue par le principe que, depuis 1832, nos lois ont maintenu, et que la jurisprudence a jusqu'à présent respecté. C'est la boussole au milieu des obscurités qui peuvent naître du concours de ces deux lois personnelles régissant l'immeuble. Il ne faut pas oublier que la loi réelle existe, que, si elle s'efface entre Musulmans pour leurs conventions exclusivement musulmanes, elle reste la règle des conventions entre personnes de statuts différents, et prédomine entre les conventions, les unes musulmanes, les autres mixtes.

Nous ne reproduirons pas les espèces relatives au passé, déjà énoncées à propos de l'acte notarié, prenons des hypothèses relatives aux aliénations postérieures à l'acte sous seing privé :

L'acquéreur Européen, par acte sous seing privé, vend à un Musulman. Ce Musulman peut invoquer la transcription de son vendeur contre les acquéreurs antérieurs, même Musulmans, qui n'auraient pas transcrit.

Il ne transcrit pas lui-même, et son vendeur vend une seconde fois le même immeuble à un autre Musulman qui transcrit; celui-ci peut-il opposer sa transcription à son coreligionnaire? Oui, son acte est une convention entre deux individus de statuts différents.

Chacun d'eux vend à un Musulman ; il y a alors deux conventions entre Musulmans. Le sous-acquéreur du Musulman qui avait transcrit pourra opposer la transcription de son auteur. Mais si aucun de leurs vendeurs n'avait transcrit, la transcription de leur acte personnel ne pourrait être invoquée par l'un contre l'autre, car leurs titres proviennent de deux auteurs différents, se rattachant, il est vrai, à un auteur commun, mais par des actes non transcrits; c'est la transcription de l'un de ces actes français qui seule pouvait être opposée à l'autre. (Voir Aubry et Rau, t. II, p. 315, § 209, note 99).

Le sous-acquéreur doit faire transcrire le titre de son auteur s'il veut l'opposer à un autre acquéreur de l'auteur commun.

L'acquéreur Musulman d'un Européen revend à un premier Musulman, puis à un second ; la transcription de l'un des

sous-acquéreurs pourra-t-elle être opposée à l'autre? Non, il
y a deux ventes musulmanes, toutes deux régies par la loi
musulmane. La date certaine et la preuve écrite ne seront
pas mieux exigées; le juge pourra recourir à la preuve testimoniale. Aujourd'hui que ce juge est français, il n'y recourra
pas souvent, et, en fait, la loi française prévaudra généralement.

131. — Le vendeur Européen conserve son privilège contre
les acquéreurs et sous-acquéreurs Musulmans, pourvu qu'il
l'inscrive qnand la loi française l'exige; la transcription par
l'acquéreur musulman vaut inscription du privilège de son
vendeur. (Voir n° 4).

C'est la loi française qui est applicable à l'Européen. Le
Musulman vendeur, à son tour, peut l'invoquer contre l'Européen avec lequel il a traité. Entre Musulmans il n'y a
d'autre privilège ni d'autre hypothèque, que le droit résultant
du contrat de *Rahnia*.

132. — L'hypothèque n'existe pas en droit musulman qui
ne reconnaît que le droit de *Rahnia ;* mais un Musulman peut
constituer et obtenir une hypothèque, le droit français seul la
régira, le droit musulman étant inapplicable à une matière
qui lui est étrangère.

On s'est demandé si une hypothèque peut être constituée par
acte du cadi. Nous ne pensons pas, la loi exige un acte
notarié, le cadi n'est pas un notaire, il reçoit les actes de droit
musulman, en la forme musulmane.

Le créancier hypothécaire, musulman ou français, a un
droit propre sur l'immeuble (art. 3 de la loi du 23 mars 1855);
il peut donc exciper du défaut de transcription contre celui
qui se présenterait comme propriétaire, ou de l'antériorité de
son inscription.

Il peut aussi, invoquant le droit de son débiteur, opposer
l'antériorité de la transcription de celui-ci contre ceux qui
prétendraient avoir acquis avant lui.

Un Musulman donne hypothèque à un Européen, puis vend
à un Musulman par acte non transcrit, l'Européen inscrit son
hypothèque postérieurement à cette vente. Ce créancier hypothécaire Européen peut opposer au Musulman le défaut de
transcription de son acte, le défaut de date certaine, l'absence
de preuve écrite.

Entre les deux actes, l'un de Musulman à Européen, l'autre
de Musulman à Musulman, c'est la loi française qui doit être
appliquée. (Voir arrêts cités n°ˢ 13, 27, 28, 34.)

La même solution doit être adoptée pour l'hypothèque constituée par l'Européen à un Musulman; c'est encore une convention entre individus de statuts différents.

Malgré l'acte notarié, la constitution d'hypothèque de Musulman à Musulman ne donne pas au créancier un droit contre l'acquéreur musulman s'il s'agit d'immeuble non soumis au statut réel français. L'acte ne vend la terre française que s'il porte sur le droit de propriété lui-même.

Il en est autrement si le constituant est propriétaire en vertu d'un titre français.

Un Musulman vend un immeuble à un second Musulman, qui revend à un troisième Musulman, celui-ci à un Européen.

Le premier vendeur avait concédé une hypothèque à un Européen qui a inscrit avant la transcription de la dernière vente. Peut-il faire valoir son inscription contre cet acquéreur Européen? Nul doute, son contrat est régi par la loi française, et il serait opposable à un acquéreur Musulman comme à l'acquéreur Européen, son droit n'a pu être purgé que suivant la loi française.

L'inscription de l'hypothèque, donnée par un Musulman à un Musulman par acte notarié français, serait valable contre l'acquéreur Européen, non contre l'acquéreur Musulman, et la revente à un Européen ne la ferait pas revivre; contre elle le sous-acquéreur Européen ferait valoir les droits de son vendeur Musulman.

133. — Les créanciers saisissants peuvent, du chef de leur débiteur, opposer le défaut de transcription, de date certaine, ou l'antériorité de son droit. La Cour en a fait souvent l'application dans les arrêts rapportés n° 27, 28, 34.

La transcription de la saisie leur donne un droit propre.

Si le débiteur a vendu entre la saisie et sa transcription, peuvent-ils opposer la saisie aux tiers? Nous ne le pensons pas. La question est fort controversée. Les arrêts d'*Angers,* 1er décembre 1858 (D. 59, 2, 31); *Nîmes,* 13 mars 1862 (S. 63, 2, 58); *Grenoble,* 1er juin 1865 (S. 65, 2, 332; D. 65, 2, 181) sont favorables aux tiers; ceux de *Caen,* 1er mai 1858 (S. 58, 2, 449); *Besançon,* 29 novembre 1858 (S. 58, 2, 212; P. 59, 10; D. 59, 2, 33); *Caen,* 13 février 1866 (D. 68, 2, 141) sont favorables aux saisissants.

134. — La fraude fait exception à toutes les règles; il faut la prévoir en Algérie, où les spéculations sur les immeubles ont appelé si souvent l'attention du législateur, on doit la réprimer

énergiquement chez les Européens comme chez les indigènes.

Les indigènes ne se font aucun scrupule de vendre leur propriété successivement à plusieurs, et même de le reconnaître ensuite, surtout si on les paie pour cela; de vendre ce qu'ils n'ont pas, et de comparaître à un acte public sous le nom des vrais propriétaires, en déclarant ne savoir signer.

Les marchands de domaines Européens sont plus coupables encore de payer les indigènes pour remplir ce rôle de faussaires ou de figurants. La Cour d'assises a dû condamner de nombreux indigènes; l'Européen est rarement atteint.

L'acheteur de *latifundia*, d'immenses terrains sans limites précises, sauf à faire passer le géomètre pour limiter et obtenir un titre spécialement purgé, n'est pas toujours curieux de rechercher les titres, ni les droits de ses vendeurs, il achète d'abord; l'indigène lui donne libéralement et sans compter (d'ailleurs il ne sait pas compter) un nombre d'hectares indéfini, celui qu'il désire, pourvu qu'il touche un peu d'argent; si l'opération aboutit heureusement, cela va bien; si elle ne réussit pas tout à fait, l'indigène touche rarement le solde.

Des hypothèques peuvent aussi être frauduleusement concédées après une vente non transcrite pour la faire tomber.

Toutes ces fraudes peuvent être réprimées au civil (nous n'avons pas à nous occuper du criminel).

Pour la preuve écrite, pour la date certaine, pour la transcription, la règle fléchit devant la fraude.

La simple connaissance d'une vente antérieure par un second acquéreur ne suffit pas pour l'annulation de la seconde vente, surtout si la première est nulle : Troplong, n° 190; Mourlon, t. 2, n° 451 et 452; Flandin, t. 2, n° 871 à 882; Aubry et Rau, t. 2, p. 308, § 209 et note 81. En Belgique, il en est autrement : Laurent, t. 29, n° 191.

Mais la jurisprudence, conforme au principe admis d'ailleurs par la doctrine, annule tout acte, vente ou hypothèque, provenant d'un concert frauduleux : *Cass.*, 8 décembre 1858, 14 mars 1859, 21 juillet 1885 (S. 1887, 1, 175).

Nous terminerons par un conseil :

Il ne faut pas se réserver d'attaquer un acte comme frauduleux, il faut prouver la fraude et un tel procès est toujours dispendieux.

Enregistrer et transcrire est plus simple, plus sûr. Si l'immeuble n'est pas certainement français, il faut ajouter à ces garanties celle de l'acte notarié.